韶关市曲江区革命老区发展史

韶关市曲江区革命老区发展史编委会　编

SPM 南方出版传媒 广东人民出版社
·广州·

图书在版编目（CIP）数据

韶关市曲江区革命老区发展史 / 韶关市曲江区革命老区发展史编委
会编. —广州：广东人民出版社，2020.6
　（全国革命老区县发展史丛书·广东卷）
　ISBN 978-7-218-14000-1

　Ⅰ.①韶…　Ⅱ.①韶…　Ⅲ.①曲江区—地方史　Ⅳ.①K296.54

中国版本图书馆 CIP 数据核字（2019）第 242552 号

SHAOGUAN SHI QUJIANG QU GEMING LAOQU FAZHANSHI

韶关市曲江区革命老区发展史

韶关市曲江区革命老区发展史编委会　编

出 版 人：肖风华

责任编辑：曾玉寒
装帧设计：张力平
责任技编：周星奎

出版发行：广东人民出版社
地　　址：广州市海珠区新港西路 204 号 2 号楼（邮政编码：510300）
电　　话：(020) 85716809（总编室）
传　　真：(020) 85716872
网　　址：http://www.gdpph.com
印　　刷：广州市浩诚印刷有限公司
开　　本：715mm×995mm　1/16
印　　张：25　插　页：6　字　数：320 千
版　　次：2020 年 6 月第 1 版
印　　次：2020 年 6 月第 1 次印刷
定　　价：90.00 元

如发现印装质量问题，影响阅读，请与出版社（020-85716849）联系调换。
售书热线：(020) 85716826

广东省编纂《革命老区县发展史》丛书
指导小组

组　长：陈开枝（广东省老区建设促进会会长）

副组长：林华景（广东省老区建设促进会常务副会长）

　　　　宋宗约（广东省农业农村厅二级巡视员、广东省老
　　　　　　　　区建设促进会副会长）

　　　　刘文炎（广东省老区建设促进会副会长）

　　　　郑木胜（广东省老区建设促进会副会长）

　　　　姚泽源（广东省老区建设促进会副会长兼秘书长）

　　　　谭世勋（广东省老区建设促进会副会长）

　　　　廖纪坤（广东省农业农村厅总经济师）

办公室

主　任：姚泽源（兼）

副主任：韦　浩（广东省农业农村厅扶贫协作与老区建设处
　　　　　　　　处长）

　　　　柯绍华（广东省老区建设促进会副秘书长）

　　　　伍依丽（广东省老区建设促进会副秘书长）

在举国欢庆新中国成立 70 周年前夕，中国老区建设促进会王健会长请我为《全国革命老区县发展史》丛书作序，作为一名在老区战斗过并得到老区人民生死相助的老兵，回首往事，心潮澎湃，感慨万千，深感义不容辞，欣然应允。

中国革命老区，是以毛泽东为代表的中国共产党人在领导人民推翻帝国主义、封建主义和官僚资本主义三座大山，争取民族独立和人民解放伟大斗争中建立的革命根据地，在这片红色的土地上，诞生了无数可歌可泣的革命英雄儿女，为后人树起了一座不朽的丰碑，她是新中国的摇篮，是党和军队的根。

在艰苦卓绝的战争年代，老区人民把自己的命运与中华民族的命运紧紧地联系在一起，与中国共产党和人民军队的命运紧紧地联系在一起，他们生死相依，患难与共。我曾亲历过战争年代，并得到过老区红哥红嫂的救助，切身感受到发生在身边的一幕幕撼天动地的革命故事，在那极其艰难的条件下，老区人民倾其所有、破家支前，不怕艰难困苦，不怕流血牺牲。"最后一碗米送去做军粮，最后一尺布送去做军装，最后一件老棉袄盖在担架上，最后一个亲骨肉送去上战场"，这是当时伟大的老区人民为建立新中国做出巨大牺牲的真实写照，它将永远镌刻在中国共产党、中国人民解放军、中华人民共和国的历史丰碑上。他们的光辉业绩永载史册，他们的革命精神必将影响一代又一代的革命新人，造就一代又一代的民族脊梁。

在社会主义革命和建设时期，革命老区和老区人民响应党的号召，面对落后的面貌、脆弱的经济、恶劣的生态环境，他们本色不变，精神不丢，自力更生，艰苦奋斗，干一行爱一行。始终坚持"革命理想高于天"，自觉做共产主义远大理想的坚定信仰者和忠实实践者，勇于向恶劣的自然环境和贫穷落后宣战，他们在各条战线上为国建功立业，用平凡的双手创造了一个又一个不平凡的奇迹，彰显了老区人的崇高精神和人格力量。

在改革开放的伟大进程中，老区人民解放思想，勇于创新，发奋图强，攻坚克难，老区的经济社会建设取得了辉煌成就。特别是在改变中国的面貌、中华民族的面貌、中国人民的面貌、中国共产党的面貌的伟大实践中发挥了至关重要的作用。老区人民既是改革开放的参与者，也是改革开放的推动者。

艰苦练意志，危难见精神。老区人民在近百年的革命战争、社会主义建设和改革开放的伟大实践中，孕育形成了伟大的老区精神：爱党信党、坚定不移的理想信念；舍生忘死、无私奉献的博大胸怀；不屈不挠、敢于胜利的英雄气概；自强不息、艰苦奋斗的顽强斗志；求真务实、开拓创新的科学态度；鱼水情深、生死相依的光荣传统。这是党和人民宝贵的精神财富、丰厚的政治资源，是凝心聚力、振奋民族精神的重要法宝，也是社会主义核心价值观的重要内容。

中国老区建设促进会怀着强烈的政治责任感和历史使命感，组织全国各地老促会人员克服困难，尽心竭力编纂《全国革命老区县发展史》丛书，记录老区的光辉历史和辉煌成就，传承红色基因，弘扬老区精神，是功在当代、利及千秋的一件大事。手捧这部丛书的部分书稿，读着书中的故事，倍感亲切，深感这部丛书具有资政、育人、存史的社会功能，有着重要的时代和历史价值。它是不忘初心、牢记使命的源头活水，是赞颂共产党、讴歌老区人民的一部精品力作，是弘扬老区精神、传承红色记忆的丰厚载体，是一项继承优秀传统文化、弘扬革命文化、发展社会主义先进文化，坚定"四个自信"的宏大文化工程。它必将成为一种文化品牌，为各界人士了解老区宣传老区支持老区提供一部有价值的研究史料。希望读者朋友们能从中了解并牢记这些为党和民族的利益不断奉献的老区人民，从中得到教益，汲取人生奋斗的精神动力。

新时代赋予新使命，新起点开启新征程。让我们更加紧密地团结在以习近平同志为核心的党中央周围，坚持以习近平新时代中国特色社会主义思想为指导，增强"四个意识"，坚定"四个自信"，做到"两个维护"，弘扬老区精神，铭记苦难辉煌。为实现"两个一百年"奋斗目标，实现中华民族伟大复兴的中国梦作出新的更大的贡献！

2019 年 4 月 11 日

2017 年 6 月，中国老区建设促进会组织全国各地老促会启动编纂《全国革命老区县发展史》丛书，按照"建立中国共产党、成立中华人民共和国、推进改革开放和中国特色社会主义事业"三大里程碑的历史脉络，系统书写革命老区百年历史，深入挖掘革命老区红色文化资源，这对于充实丰富中国革命史籍宝库、在新时代传承红色基因、弘扬革命精神、强固根本，对于激励人们在新的历史条件下夺取中国特色社会主义伟大胜利，实现中华民族伟大复兴的中国梦具有重要意义。

丛书编纂以习近平新时代中国特色社会主义思想为指导，以《中国共产党历史》《中国共产党的九十年》等重要文献为基本依据，以党的领导为核心，以老区人民为主体，以老区发展为主线，体现历史进程特征，突出时代发展特色，坚持辩证唯物主义和历史唯物主义相统一、历史真实性与内容可读性相统一的原则，书写革命老区从站起来、富起来到强起来的光辉革命史、不懈奋斗史、辉煌成就史，把老区人民的伟大贡献、伟大创造、伟大成就、伟大精神充分展示出来，形成一部具有厚重历史特征和鲜明时代特色的精品力作。这是一部培根铸魂、守正创新，既为历史立言，又为时代服务，字里行间流淌着红色血脉、催生着革命激情的传世之作。丛书的编纂出版将成为讴歌党讴歌人民讴歌时代、传播红色文化、为革命老区和老区人民树碑立传的重要载体。

　　丛书按照编年体与纪事本末体相结合、以编年体为主的编写体例确定框架结构；运用时经事纬、点面结合的方式记述史实；坚持人事结合、以事带人的原则处理人与事的关系；采取夹叙夹议、叙论结合以叙为主的方法展开内容。做到了史料与史论、历史与现实、政治与学术统一，文献性、学术性、知识性相兼容。

　　为编纂好《全国革命老区县发展史》丛书，打造红色文化品牌，中国老区建设促进会认真组织积极协调，提出政治立场鲜明、史料真实准确、思想论述深刻、历史维度厚重、时代特色突出、编写体例规范、篇目布局合理、审读把关严格、出版制作精良的编纂出版总要求，力求达到革命史籍精品的精神高度、思想深度、知识广度、语言力度，增强丛书的权威性和社会影响力。各省（区、市）、市（州、盟）、县（市、区、旗）老促会的同志，以强烈的使命感、责任感和紧迫感，勇于担当，积极作为，认真实施，组织由老促会成员、专家学者等参加的十余万人编纂队伍。编纂工作主体责任在县，省、市组织协调、有力指导、审读把关。各方面人员以高度负责的精神和科学严谨的态度，满腔热情地投入工作，为丛书编纂出版做出了重要贡献。丛书编纂工作还得到了党和国家有关部委、地方各级党委政府及有关部门的大力支持和积极参与，社会各界也给予了热情帮助。中共中央政治局原委员、中央军委原副主席、原国务委员兼国防部长迟浩田上将，对老区人民怀有深厚感情，对革命老区建设发展十分关注，欣然为《全国革命老区县发展史》丛书作总序。

　　丛书由总册和 1599 部分册（每个革命老区县编纂 1 部分册）组成，共 1600 册。鉴于丛书所记述的史实内容多、时间跨度长和编纂时间紧，不妥之处，敬请批评指正。

中国老区建设促进会

曲江城区全貌

京广澳高速公路马坝立交枢纽

曲江经济开发区

曲江境内的大型中省企业——宝武集团韶关钢铁公司

北江的乐广高速公路大桥和濛浬电站

穿越曲江境内的武广客运高速铁路和列车

曲江境内的中省企业韶关发电厂

曲江区演山水厂

曲江城区污水处理厂

小坑水库

苍村水库

新建的曲江中学

新建的九龄小学

曲江区职业技术学校

曲江艺术幼儿园

老区乡村公路

农机收割优质水稻

韶关市曲江人民医院综合大楼

扩建中的南华寺

坐落在革命老区小坑镇的经律论小镇（国际度假村）

革命老区罗坑镇农村新貌

曲江区马鞍山文化广场千人广场舞

被评为"广东省宜居示范村"的马坝镇石堡村委张屋新村

罗坑镇中心坝村委下罗屋新村

马坝镇龙岗王屋新村

樟市镇西约都坡新村

白土镇龙皇洞新村

《韶关市曲江区革命老区发展史》编辑部成员：
前排左起：徐炳根　曾广清　李景昌　刘灶金　朱志伦　叶利辉　甘　峰
后排左起：伍时毅　尤　其　罗炳荣　侯龙妙　冯禄源　杨良清　何建峰

四、加强党风廉政建设、严惩腐败 / 294

一、以史为体裁的主体，兼记、传、图、表诸体。

二、采用章、节、目、子目的结构形式。全书由序言、概况、专史、附件、后记五部分组成。

三、记述文体、夹叙夹议。

四、称谓。历史称谓沿用当时称谓，如"农军""中共地下党"。以 2004 年 8 月曲江撤县设区的时间为界，之前用"曲江县"，之后用"曲江区"。

五、数字和计量按国家颁布的《出版物上数字用法》和《中华人民共和国法定计量单位》执行。数字采用曲江区统计局公布的数据。为表述的准确性，涉及 20 世纪五六十年代之前的小部分单位仍用"市制"，如"亩""斤""担"等。

六、本史资料大部分来源于党史、档案资料、县志、单位志，以及县（区）委、人大、政府工作资料汇编等。一般不再注明材料出处。

七、革命烈士简介按参加革命工作时间先后安排；重要革命人物依照当年职务高低安排。

中国老区建设促进会为了贯彻落实习近平总书记关于"发扬红色资源优势，深入进行党史、军史、老区革命史优良传统教育，把红色基因代代传下去"的指示精神，在全国范围开展革命老区发展史的编纂工作，这对推动老区历史资料及红色文化的挖掘整理，对弘扬老区精神，为老区脱贫攻坚，全面建成小康社会，对在新时代坚定走中国特色社会主义道路，实现中国梦，都有十分重大的历史和现实意义。

曲江地处粤北中部、北江上游，傍依南岭南麓，汇集浈武两水。高速铁路纵贯南北，公路四通八达，地理位置和自然环境都十分优越。曲江置县已有两千多年历史。新中国成立后，曲江县域几经变动，2004 年撤县设区。全区现有土地面积 1619.78 平方千米，总人口 31.68 万人，有世居的汉、瑶两个民族，瑶族人口占全区总人口的 0.8%。曲江是山区，水力资源、矿产资源、森林资源、旅游资源和农业特产都十分丰富。

新中国成立后，曲江经历了 1957 年、1990 年和 1992 年三次革命老区的评（补）划工作，全县经省人民政府批准的老区镇有马坝、乌石、罗坑、小坑、白沙、江湾 6 个，省、市人民政府批准的老区村 456 个。2004 年撤县设区后，下辖马坝、乌石、罗坑、小坑（以上 4 个为老区镇）、白土、樟市、沙溪、枫湾、大塘 9 个镇和松山街道。有分布在 9 个镇和一个街道下面 53 个村（居）委的 422 个老区村。共有 13487 户、61298 人。

曲江是革命斗争历史悠久的老区，有光荣的革命传统。早在大革命时期，轰轰烈烈的农民运动席卷全县，老区人民大力支持孙中山北伐。在土地革命战争时期，曲江老区农军举旗北上武汉，反对 1927 年四一二反革命政变，部分农军参加了南昌起义，继而在曲江组织武装暴动，坚持游击斗争，在国民党白色恐怖下抗争。1937 年 7 月抗日战争全面爆发后，老区许多进步青年奔赴延安（陕北），投身抗日前线。曲江各地开展了声势颇大的抗日救亡运动。老区人民积极支持了中共广东省委、北江特委、广东青年抗日先锋队以及八路军驻韶关办事处的工作和斗争。当曲江沦陷时，老区人民同仇敌忾，拿起武器，抗日保乡。解放战争时期，在中国共产党领导下，建立和不断扩大游击根据地，筹粮筹枪，传送情报，掩护干部，参军参战，支援前线，为曲江乃至广东的解放作出了较大贡献。在长达二十多年艰苦卓绝斗争的岁月里，老区人民始终与中国共产党同心同德，竭尽所能，在人力、物力、财力各方面支持革命，参加斗争，许多老区优秀儿女甚至献出了自己宝贵的生命。

新中国成立之后，曲江老区跟随国家前进的步伐，经历了土地改革、人民公社化等重大变革，以及"大跃进""四清""文化大革命"等运动，经济和社会建设在曲折中发展。中共十一届三中全会之后，消除了"左"的影响，确立了以经济建设为中心的方针，曲江老区进行了改革，全面实行家庭联产承包责任制，大力发展农村经济，老区人民生活水平有了较大提高。进入社会主义建设新时期，老区的发展更是驶上了快车道，各级党委和政府更重视和关心老区的建设，在经济、政治体制方面继续深化改革，继续推出一系列惠农强农的政策措施，加大对老区的投入，加强老区的基础设施建设，致力改善老区人民的生产生活条件，推进社会主义现代农业和新农村的建设，曲江老区的面貌发生了重大变化。在中共十六大以来的十多年，特别是中共十八大以后，曲江老区更是进入了全面加速发展阶段，物质、政治、精神、社会和生态文明建设全面推进，老区人民生活质量大大提高，逐步迈向小康。过去，长期困扰老区群众的用电难、通信难、行路难、读书难、饮水难、就医难已成为历史。城乡医保和义务教育实现全覆盖。群众文化、体育活动日益丰富，新农村建设加快，贫困户得到精准扶持，贫困面大大缩小，老区人民生活质量大大提升，绝大多数农户年人均收入达到或超过全区的水平（2017 年年人均收入 15312 元）。老区正呈现出一派生机勃勃的景象，前途光明。

在社会主义建设的各历史时期，遵照国家经济和国防建设的需要，曲江老区人民识大体、顾大局，腾出土地、让出资源，甚至不惜举村（家）搬迁，大力支持和参加了韶关钢铁厂、韶关发电厂、大宝山矿等一批中央、省属企业在曲江的建设。中国人民解放军炮兵部队也先后在曲江建师（旅）部。京广澳高速、乐广高速和武广高铁纵穿曲江几个老区镇。几十年来，曲江老区人民处理好工农关系，相互支持，军民共建双拥模范县，为国家经济的发展、国防巩固和社会安定作出了新贡献。

曲江老区九十多年的历史，是老区人民在中国共产党的正确领导下，经历了从站起来，到富起来，以至实现小康的历史。目前，曲江坚持以习近平新时代中国特色社会主义思想为指导，全面实施党和国家乡村振兴战略决策，在中共曲江区委、区人民政府的坚强领导下，老区干群进一步发扬革命传统和自力更生、艰苦奋斗的精神，正继续加快老区的全面发展，朝着建设富强、民主、文明、和谐、美丽的社会主义强区目标奋进！

1

第一章

曲江概况

第一节 基本情况

曲江历史悠久，是广东省文明古县之一。距今约 12.9 万年前，就有早期智人马坝人生活在这块土地上。此后，古人类长期在这里活动。在距今 4000～5000 年之际，曲江石峡新石器时代晚期的原始居民，已与同期的湘、赣、闽、江、浙、鲁等地的原始居民发生过不同程度的文化交流。在历史长河中，逐渐形成了曲江的名称及其辖境。

曲江文化底蕴深厚。有 12 万年前的旧石器时代中期的石峡文化。唐代高僧慧能曾在曲江宣扬佛法 37 年，意大利耶稣会传教士利玛窦曾在曲江传播天主教和西方科学技术长达 6 年。有杰出人物：张九龄、刘轲、余靖、廖燕。其中张九龄、余靖、廖燕三人被学者誉为"粤北三杰"。有采茶戏等民间文化艺术传统文化。全县人口以使用客家方言为主。

曲江旅游风光旖旎。有唐宋时期已遐迩闻名的韶石 36 峰，有名声远播东南亚的禅宗祖庭南华寺，有马坝人化石的出土地点狮子岩、石峡文化遗址以及小坑经律论小镇等。枫湾花果节、罗坑茶文化节、马坝小坑杨梅节和龙岗马蹄品鉴会亦连年举办。曲江每年都吸引数百万海内外游客前来游览观光。

曲江自然资源得天独厚。曲江地形属山地、丘陵、盆地地貌。山地面积占全区土地总面积的 80.6%，水面面积占 4.7%，平坝地占 14.7%，素有"八山一水一分田"之称，是广东省 48 个山区县之一及省林业重点县之一。1983 年被列为全国 100 个农村电气化重点县之一。曲江是有名的"煤炭之乡""黑色金属之乡"和"有色金属之乡"。已发现的有色金属及贵金属矿产 11 种，稀有分散元素矿产 14 种。铜、钼、锑、砷的储量居全省第一位，铁、铅、锌的储量居全省第二位，钨的储量居全省第三位。

曲江区位独特、交通便利。曲江向有"入粤之咽喉、百粤之雄都而五岭之奥区"以及"欲治粤之北境必先治韶，欲治韶必先治曲江"之说。新中国成立后，曲江更发挥其"咽喉"和"枢纽"的重要作用。经过多年的建设，公路铁路交通运输网络日趋完善。至 2017 年，形成以"二铁三高"和区乡道为经络的公路交通运输网络。

曲江物产富饶闻名遐迩。曲江境内所产马坝油粘米、乌石红瓜子、火山粉葛、罗坑茶、南华草菇、南华李、南华茶、枫湾水蜜桃和沙溪粉是省内小有名气的土特产。据考证，清代南华寺僧人所培植的南华草菇是世界上最早用人工栽培的草菇。目前，马坝油粘、火山粉葛成为国家地理标志产品。

第二节 老区简况

革命老区是新中国诞生的摇篮，没有革命老区就没有中国革命的胜利。革命老区同中国共产党有割不断的情结。新中国成立近七十年来，特别是改革开放以来，党和政府始终重视、关怀老区的建设，给老区注入了强大的活力，曲江老区的经济和社会各项事业有长足发展，老区群众生活水平不断提高。但是，由于历史和地域条件制约等原因，目前曲江老区依然存在基础设施建设滞后、经济不够发达、群众生活质量不高、还有部分贫困户等问题亟待解决，要实现小康还须努力。

曲江老区有光荣的历史和革命传统，具有建立中国共产党组织时间早，开展农民运动早，革命重大事件多，斗争历史长，红旗不倒的特点。在25年的艰苦卓绝的革命岁月里，曲江老区人民紧跟共产党，竭尽所能，从各方面支持革命，投身革命斗争，许多优秀儿女献出了宝贵生命。老区的革命历史是老区人民给我们留下的珍贵精神财富，它对我们在以习近平同志为核心的党中央领导下，在新时代进行中国特色社会主义建设具有重要的历史和现实意义。

第三节　曲江区（县）行政区划沿革

　　1949 年 10 月 7 日，曲江解放。10 月 10 日曲江县人民政府成立后，全县设第一区、第二区、第三区、第四区、第五区、第六区（城关区）6 个区、62 个乡。县人民政府先后隶属广东省北江临时人民行政委员会、北江专区、粤北行政区、韶关专区（地区、市）。1949 年 11 月 25 日成立韶关市，县城城关区划归韶关市管辖。1950 年 3 月，韶关市降格为韶关镇，回归曲江县。1951 年 5 月，从第五区划出重阳等 6 个乡成立第七区，全县有 7 个区政府和 102 个村政府。1951 年 6 月，再升韶关镇为韶关市，从此不再属曲江县管辖。1952 年 3 月，曲江县、乳源县合并成立曲江乳源县（简称"曲乳县"）。1953 年 5 月，撤销曲乳县，各自恢复原建制，曲江县仍辖合并前的 7 个区。1958 年 10 月后，全县成立樟市、大塘、马坝、龙归、周田、韶北 6 个人民公社。1959 年 1 月，曲江、乳源、仁化三县与韶关市合并为韶关市，撤销曲江县建制，原曲江县 6 个公社划归韶关市；同年 3 月，马坝公社分为马坝、乌石两个公社，7 月，撤销韶北公社，分设犁市、重阳 2 个公社。并将原犁市公社的黄塑、下坑及龙归公社的白芒、坝厂划给韶关市。1961 年 3 月，恢复曲江县建制，并将原乳源县的乳源公社、古母水公社划归曲江县管辖。其间，曲江县辖马坝、龙归、周田、大塘、犁市、樟市、重阳、乌石、乳源、古母水 10 个公社。6 月，从乌石公社分出沙溪公社，从龙归公社分出白土、江湾两个公社，从周田公社分出黄坑、长坝两个公社，从大塘公社分出枫湾公社，从犁市公社分出仙人庙公社，原乳源县境新增洛阳、龙南两个公社。1962年6月，撤销乳源公社，分设附城、侯公渡公社，全县时有20个公社。1963年10月，乳源瑶族自治县成立，将附城、侯公渡、古母水、洛阳、龙南5个公社回归乳源县，曲江县江湾公社红山、白石、梁屋3个大队划归乳源县。仍隶韶关专区。1970年，韶关专区改称韶关地区，辖曲江等15县1市。1975年6月，曲江县大塘公社的石山、陈江大队，长坝公社的黄浪、湾头大队，犁市公社的腊石大队，龙归公社的甘棠大队划归韶关市管辖。1977年1月，韶关市改由省府直辖，曲江县划归韶关市领导。同年11月后，全县共有21个公社、3个镇、228个大队，2044个生产队。1983年6月，韶关地区与韶关市合并，统一称为韶关市（地市级），曲江等12个县属之。同年11月，实行撤公社建区乡体制改革，将21个公社改称区公所，全县共设置21个区3个镇138个乡、5个乡级镇和7个乡级管理区。1986年12月再次实行撤区建乡镇的行政体制改革，全县共有15个镇、8个乡，170个行政村。1989年12月，原行政村改称管理区，1993年11月，8个乡政府改称镇政府，1998年12月，管理区复称行政村。2000年，全县共有23个镇，182个行政村，28个居民社区。其组织机构有23个镇政府，1个街道办事处，28个居民委员会，182个村民委员会，2010个村民小组。2001年12月，镇级行政区划再次变更，即白沙镇并入白土镇，凤田镇并入龙归镇，火山镇并入大塘镇，梅村镇并入犁市镇，灵溪镇并入周田镇。合并后有18个镇。

2004年5月29日，国务院批准调整韶关市行政区划，撤销曲江县，设立韶关市曲江区，将原曲江县的花坪镇、犁市镇划归浈江区管辖；将原曲江县的重阳镇、龙归镇、江湾镇划归武江区管辖；将原曲江县的黄坑镇、周田镇、大桥镇划归仁化县管辖；新设立的曲江区管辖原曲江县的马坝镇、罗坑镇、樟市镇、大坑口镇、乌石镇、沙溪镇、大塘镇、小坑镇、枫湾镇、白土镇，区人民政府驻马坝镇。同年 8 月 3 日，举行撤县设区挂牌仪式。2006 年 3 月，经广东省人民政府同意，撤销曲江区大坑口镇，将其行政区域并入乌石镇。2012 年 7 月 31 日，广东省民政厅下发《广东省民政厅关于同意设立韶关市曲江区松山街道办事处的批复》。2013 年 8 月 20 日，广东韶关钢铁有限公司与韶关市曲江区政府签订韶钢街道办事处与居委会移交协议书。2014 年 3 月 19 日，松山街道办事处正式挂牌成立。

2014 年 3 月至今，韶关市曲江区管辖马坝镇、罗坑镇、樟市镇、乌石镇、沙溪镇、大塘镇、小坑镇、枫湾镇、白土镇 9 个镇和松山街道办事处。有 85 个村民委员会，22 个居委会，1176 个村民小组。

第四节 经济社会发展情况

新中国成立初期，百废待兴，曲江县人民政府致力于恢复生产。在农村实行土地改革；对私营工业给予扶持；对私营商业贯彻"公私兼顾，劳资两利，城乡互助，内外交流"的政策，积极扶持指导私营商业。同时打击"投机倒把"，平抑物价，致力于安定人民的生活。从 1950 年至 1957 年，经过三年经济恢复时期和第一个五年计划，完成了对农业、手工业和资本主义工商业的社会主义改造，工农业生产顺利恢复和正常发展。

自 1957 年下半年始，受"左"的思想干扰，曲江县经济处于曲折发展的状态。中共韶关地委、市委将许多政治运动的试点定在曲江县，使领导的精力和县里的财力、物力、劳力在政治运动中被消耗掉，挫伤了广大群众发展生产的积极性，致使经济发展缓慢。

1978 年底，中共十一届三中全会的召开，拉开了中国改革开放的序幕。曲江县与全国人民一起，首先进行了农村经济体制改革，随之又进行了经济体制改革，取得了显著成果。从 1979 年开始，曲江经济从低速爬行走向持续、稳定发展阶段。至 2000 年，曲江县进入了一个以经济建设为中心，全面推进社会主义物质文明和精神文明建设的新时期，取得了令人瞩目的新成果。特别是在中共十八大以后，曲江经济社会事业更是高速发展。至 2017 年，全区生产总值 167.74 亿元，一般公共预算收入 8.5 亿元，完成固定资产投资 59.13 亿元。

旅游发展势头良好。改革开放后，特别是进入 20 世纪 80 年代，曲江县政府把旅游业作为一种新兴产业、朝阳产业来抓，提出了"旅游旺县"的方略，1986 年正式成立旅游管理机构，大力进行资源开发、景点建设和资源配置及宣传促销，使曲江成为韶关这个全国优秀旅游城市的重要组成部分，有力地促进了曲江旅游业的发展，仅 2000 年，接待游客就有 71 万人次，旅游收入 8200 万元。2012 年至 2016 年，曲江区旅游产业发展加快。经律论文化旅游小镇大森林温泉世界项目建成并投入运营，大南华文化旅游创意产业园、马坝人国家考古遗址公园建设加快推进，枫湾坝美农禅养生园等项目进展顺利，各镇特色旅游竞相发展。南华诞·禅悦人生祈福活动、罗坑茶文化节等节庆活动呈现常态化。2017 年，全区接待游客总数 440 万人次，实现旅游总收入 31.8 亿元；投入 4980 万元完成马坝人——石峡遗址（核心区）风貌整治首期工程。

工业经济平稳发展。改革开放以来，曲江提出"农业稳县、工业富县、旅游旺县"的发展方略，逐步走出传统农业的圈子，不断向工业化迈进。通过 20 世纪七八十年代的努力，以较大的投入建设了能源、矿产、钢铁、化工、建材、轻纺和食品七个工业系列。到 2000 年，工农业产值比重达到 62∶38，改变了传统农业县的经济模式。遵照《中共中央关于经济体制改革的决定》和"调整、改革、整顿、提高"的八字方针，进行工业改革，进一步扩大国营工业企业自主权，对国有企业按照改革、改造、改组和转制一批、重组一批、发展一批的工作思路，以转制为突破口进行改革，切实让弱势企业退出市场，使一批国有企业改革转制后焕发出新的生机。2002 年，全县民营企业发展到 18571 家，实现产值 10.1 亿元，占全县国内生产总值 40% 以上。2006 年至

2010 年，中共曲江区委、区人民政府出台一系列政策措施，相继引进一批高新技术项目，改造提升一批企业。区属工业增加值占区域工业增加值比重由 2006 年的 21.9% 提高到 2010 年的 39.4%，至 2010 年，规模以上工业企业增加到 56 家。至 2016 年，以钢铁、电力、机械加工、食品饮料、纺织等产业为主导的支柱产业集群基本形成。2017 年，曲江产业共建成效初现。抢抓东莞韶关、常平曲江对口帮扶契机，以产业共建为重要抓手，积极参与珠江西岸先进装备制造产业带建设分工合作，打造跨区域产业链，形成同等水平、优势互补的区域产业分工合作格局。主动对接中省企业，依托两大园区，聚焦食品饮料、先进装备制造等主导产业，主动搭建招商引资平台，有效开展精准招商、产业招商，力争把更多更好的大项目、好项目"引进来"。2017 年新签招商引资项目 46 宗，合同投资总额达 119.1 亿元，其中超亿元项目 8 宗。

农村发展步伐加快。曲江在改革开放的三十多年中，进行一系列的农村经济体制改革，完善统分结合的双层经营体制、农业产业化、农业结构调整、适度规模经营和产业化经营、建立农村合作基金会等改革，取得了显著成效。1990 年以后，随着农村产业结构的合理调整，发展"高产、高质、高效"的"三高"农业、种粮、种蔬菜、种果、种蔗、养猪、养"三鸟"、养鱼等各类专业户、大耕户不断涌现，经营规模扩大，发展步伐加快，推动了农产品生产基地的发展。在不断推进农业产业化，积极推广"三高"农业的同时，曲江加大农村新村建设和农房改造的力度。1998 年至 2002 年共投入农房改造资金 3200 万元，共建成文明新村 28 个，农房改造 2.47 万户，农民住房条件大为改善。2006 年，曲江全面取消农业税，全区发放直补和综合补贴资金 346.8 万元。之后，曲江以推进粤北现代农业示范县（区）建设为契机，积极实施科技兴农战略，大力发展特色农业，至2010年，曲江相继被命名为"全国农技推广示范县""国家级粮油高产创建示范县"。全区农业龙头企业发展到9家。全区农民专业合作社发展到24个，走在全市前列。至2016年，成功创建全国"平安农机"示范县（区），全区农作物耕、播、收机械化水平分别达到96%、9.4%、42%。2017年，深入开展精准扶贫、精准脱贫工作，共筹集各级扶贫资金1.17亿元，投入各类扶贫资金8457.82万元。全力推动社会主义新农村创建工作，29个省定贫困村320个自然村和10个非贫困自然村全部实现"四个100%"。全区共有711户2193贫困人口实现脱贫，完成精准脱贫任务的75.3%。全区成立村民理事会605个，发放农村土地承包经营权证2.6万本，颁证率达95.89%，农村土地承包经营权确权登记颁证工作基本完成。扎实推进供销合作社综合改革工作，通过开放办社、联合合作，推动网上"供销社"建设，"互联网＋供销社＋专业合作社＋农民"服务模式得到上级充分肯定。

基础设施不断完善。改革开放以后，曲江县不断增强城市经营理念，加大城市建设投入，努力实施城市建设工程。1997年9月，成立曲江县飞马客运汽车有限公司，开创韶关地区县域有公交车的先河。1999年底，实现县至镇至村委公路硬底化，2002年又延伸到自然村。通信电信业发展迅速，电路线路和电话用户逐年增多，电信设备不断更新换代。2000年9月，全县23个镇182个村委会实现"村村通电话"。至2002年，县城人口拥有电话比例居全市八县（市）之首。农村电网改造一、二期工程基本完成，首期投资6821万元。2006年至2011年，基本完成枫湾至小坑公路路基工程。城乡电网结构进一步改善，完成马鞍山变电站、白土变电站扩建和南华变电站综合自动化改造工程。苍村水库投入运营，城区马坝河防洪工程建设基本完成。2012年至2016年，名镇名村示范村建设顺利开展，完成 1 个名镇、10 个名村、25 个示范村建设任务。2017 年，投入 3800 万元，拓宽和硬底化农村公路 51.6 千米，新改建县乡公路 15.4 千米。投入 730 多万元，提升改造 64 个村（居）委基层公共文化服务中心。投入 1000 万元，基本完成 25 个村级卫生站规范化建设和 27 个教学点标准化改造工程。投入 2.6 亿元，完成 483 个农村电网改造项目。投入 5500 万元建成覆盖 63 个行政村的"村村通"自来水工程，惠及 10.7 万群众。

社会民生事业加快发展。1979 年以来，曲江县和全国一样，全面进入改革开放新时期，中共曲江县委、县人民政府在抓好物质文明建设的同时，坚持"两手抓，两手都要硬"的方针，切实抓好精神文明和政治文明建设，推动了社会事业的全面发展。曲江相继获得"全国双拥模范县""全国文化先进县""全国群众体育工作先进单位""全国民政工作先进县"等荣誉称号。2008 年，曲江区被评为"全省安全生产先进单位"，被国家体育总局评为"全民健身活动先进单位"；乌石镇被授予"创建全国文明村镇工作先进村镇"称号。2007 年和 2008 年曲江区被评为"广东省人口与计划生育先进单位"。2012 年至 2016 年，成功创建"广东省教育强区"，投资建成九龄小学、余靖小学，全区教育教学条件持续改善。全区医疗卫生服务能力稳步提升，人民医院新业务大楼建成并投入使用。政策生育率、出生人口性别比等各项指标均达到省、市要求。2016 年，新型农村和城镇居民社会养老保险制度实现全覆盖，就业形势稳定。农村"五保户"、城乡低保户和残疾人、高龄老人基本生活有保障，并得到各种照顾。2017 年，深入推进卫生强区建设，大塘镇、乌石镇和枫湾镇卫生院标准化建设基本完成。积极推进教育现代化先进区创建工作，收回马坝镇幼儿园改建为公办曲江区第二幼儿园，回购沙溪中心幼儿园创办为沙溪镇中心幼儿园。深入推进巩卫创文工作，大力培育和践行社会主义核心价值观，九龄小学荣获第一届"广东省文明校园"和第一届"全国文明校园"称号。提高食品药品监管水平，成功创建小坑镇省级餐饮服务食品安全示范街。深入开展文化惠民工程，加大文化"三送"资金投入，大力挖掘传承曲江传统文化，群众文化生活日益丰富。免费开放体育运动场（馆）12处共8.9万平方米，统筹竞技体育和群众体育协调发展，青少年竞技体育在全市名列前茅。

第五节 发展远景

曲江区以习近平新时代中国特色社会主义思想为指导，按照"四个全面"战略布局，坚持发展为第一要务，聚精会神谋发展，凝心聚力抓落实，以全面建成小康社会和长远发展为总目标，以主动融入珠三角为总战略，以工业化和城镇化为主战场，以交通基础设施建设、曲江新城区规划建设、产业园区扩能增效为抓手，坚持走生态发展道路，打造两大产业园区，推进传统产业转型升级，发展战略性新兴产业，优化经济结构，促进文化发展繁荣，保障和改善民生，维护社会和谐稳定，确保全面建成小康社会，并向更高目标迈进。

曲江的经济和社会发展，围绕中央提出的"创新、协调、绿色、开放、共享"五大发展理念，结合自身实际，遵循坚持加快发展、坚持民生为先、坚持改革创新、坚持绿色生态、坚持依法治区五大原则。

曲江的经济和社会发展，分两个阶段。第一阶段到 2020 年要实现如下目标：

（一）全区生产总值要达到 200 亿元以上，人均地区生产总值超过 6 万元，超过全国同期平均水平。地方财政预算收入达到 11.18 亿元。固定资产累计投资额要达到 350 亿元以上。经济结构不断优化，三次产业比为 7.2：59.3：33.5。民营经济占国民经济的比重达 60% 以上。社会经济运行的信息化水平显著提升，国民经济实现高效发展。

（二）全区基础设施建设提速升级。现代综合交通运输体系不断完善，融入珠三角的大交通格局基本形成，基本实现"镇镇通高速"，能源、水利、环保、信息等基础设施支撑保障能力明显提升。

（三）到 2020 年，城镇化进程加快推进。全区城镇化率每年提高 0.5 个百分点，达到 60% 以上。统筹推进城乡基础设施一体化发展和社会事业均等化发展，形成以城带乡、城乡互动的协调发展格局。

（四）生态环境质量持续改善。资源利用效率和环境质量不断提升，宜居城乡建设成效明显，人居环境显著改善。到 2002 年，单位生产总值能源消耗降低 16% 左右，单位生产总值二氧化碳排放减少 30%，主要污染物排放减少量达到省下达的约束性指标要求，空气质量指数达到国家二级标准。耕地保有量不低于19074 公顷，基本农田保护面积不少于 16476 公顷。森林覆盖率要达到 75.8%。

（五）深入推进依法治区工作，法治曲江建设取得成效，基本实现经济、政治、文化和社会生活的法制化。社会管理更加完善，服务型政府建设全面推进，基层民主更加健全，平安曲江的建设再上台阶。

（六）社会各项事业稳步发展。城乡居民人均可支配收入达到 2.79 万元，以 10% 的速度提升。城乡居民参加基本养老保险实现全覆盖，基本医疗保险参保率超过 98%，城镇登记失业率在3% 以内，贫困人口全部实现脱贫。防灾减灾和公共安全保障能力提高。教育、文化、卫生、体育等社会事业进一步发展，公共文化服务体系完善，初步实现公共服务均等化。

第二阶段在 2020 年以后的 5～10 年，曲江的经济和社会发展朝着更高目标迈进。力争全区生产总值每年保持 10% 的增长速度，地方公共财政预算收入每年增长 8%，城乡居民每年可支配收入增长 10% 以上。

曲江区将继续保增长，促进经济平稳较快发展；继续调结构，促进高效发展；继续创新，推动产源研融合发展；继续强合作，加快融入珠三角；继续抓统筹，全面实施乡村振兴战略，有序推进城乡和谐发展；继续惠民生，促进社会事业全面发展；继续重环保，促进生态文明发展；继续优法制，保障社会经济秩序；继续崇文化，增强文化软实力。

这期间，曲江规划全力打造"一城五地"，将全区的经济和社会发展推上一个更高的阶段。

（一）打造韶关南部智慧生态新城。以马坝、大塘、白土三镇部分区域被纳入芙蓉新区规划建设范围为契机，以曲江新城建设和旧城改善为抓手，将节能、生态、环保、智慧等先进城市建设、管理理念融入到城市发展的全过程，全力打造韶关南部智慧生态新城。

（二）打造韶关融入珠三角示范地。充分发挥曲江区的交通优势、产业优势和体制优势，加快产业的转型升级，不断扩大开放程度，寻求广泛交流合作，继续优化投资环境，加快融入珠三角步伐。

（三）打造先进制造业基地。充分发挥钢铁产业优势，大力发展机械制造、汽车配件等产业，着力打造"特钢园"，促进曲江装备制造产业与珠江西岸先进装备制造产业带韶关配套区融合发展，探索构建材料制备、部件制造，整机生产的机器人产业区域。加强与省食品行业协会和省制造业协会的合作，着力建设食品机械设备制造业基地。加快发展电子电器、半导体照明等产业，着力打造粤北先进制造业基地。

（四）打造粤北重要临港经济集聚地。充分发挥曲江高速公路、铁路、航道三位一体的交通优势，加快建设北江航道扩能升级工程，以及韶关港水运口岸码头、韶电港、乌石大坑口台泥码头等配套项目，进一步促进曲江与珠三角地区的货物流通。

（五）打造广东生态休闲旅游目的地。依托特色文化资源和生态环境资源，重点打造"大南华""大马坝"等世界级的文化旅游胜地，以及小坑、罗坑、枫湾、樟市等特色旅游小镇，积极建设"九龄故里·百里画廊"和"生态休闲·梦里茶乡"等休闲度假旅游线路。

（六）打造特色文化产业承载地。加大对禅宗文化、遗址文化、石峡文化等优质文化资源和岭南文化、九龄文化等地方特色文化资源的传承和开发力度，进一步发展壮大文化旅游、文化创意、节会庆典等文化产业，打响世界级"禅宗祖庭"和"马坝人故乡"两大品牌。

曲江的发展远景是十分美好的。在不久的将来，一个富强、民主、文明、和谐、美丽的曲江强区将展现在我们面前。

第二章

新民主主义革命时期曲江的革命斗争

（1924 年—1949 年 10 月）

大革命时期曲江农民运动的兴起与发展

五四运动拉开了中国新民主主义革命的帷幕，在国内、国际革命形势的发展中，中国共产党于 1921 年 7 月诞生。在 1924 年至 1927 年的大革命中，共产党人有力推动了曲江工农运动的兴起和发展，在斗争中创建发展了自己的队伍。

一、蓬勃发展的农民运动

农会组织、农民武装的建立和发展

1924 年 1 月，第一次国共合作的实现，为广东农民运动的发展创造了有利条件。同年 9 月，正值孙中山在韶关督师北伐，电召以彭湃为团长的广东农民自卫军（以广州农讲所第二期学员组成）和施卜任团长的广东工团军从广州开赴韶关，进行军事训练和担任北伐后方宣传工作。他们于 9 月 21 日到达曲江县城，遵照孙中山努力做好宣传工作的旨意，翌日组成宣传队，分别到城厢内外宣传发动群众支持、赞助孙中山北伐，开展工农运动。在彭湃、阮啸仙等人的支持鼓励下，东厢翻溪桥村的叶国棠、叶凤章及腊石坝村的黄希盘等人发动群众，率先组织起翻溪桥、腊石坝两个村农民协会（即犁头会，简称"农会"），叶国棠、叶凤章和黄希盘分别被选为村农会的执行委员。这是曲江县最早组织起来的村级农会。至 1924 年冬，曲江的东水和乌石鹅鼻洞、重阳暖水村等一大批村、乡农会纷纷成立，共有会员两千多人。

1925 年春，马坝的农会组织也迅速发展起来。当时，马坝行政区域分为安山、石堡、小坑、南华、潭（转）溪、苍村、演山、小江、山子背、陶马墩 10 个乡，每乡都有乡农会，绝大部分村庄都有村农会，会员达千余人，比较活跃的有矮石、石板冲、小江、老叶屋等村。在斗争中，涌现了如叶子芳、陈锡光、叶家强、陈子强、罗玉麟、丘世柱等一批先进分子。此时，曲江一区（东厢）、四区（乌石、白沙）、十三区（重阳）分别成立了区农会。

1925 年秋，马坝、大塘、龙归、桂头和樟市以及城郊等区、乡农会又相继成立。至此，全县已成立 7 个区农会，141 个乡农会，农会会员达 11320 人。

1925 年 11 月 20 日，曲江县第一次农民代表大会在县城韶关下后街"宏仁善堂"（今市建国路小学）内召开，出席大会代表 112 人。由于曲江是北江地区第一个成立县级农会的县份，中共广东区委和省农会对这次代表大会的召开高度重视，正值彭湃率广州农讲所第五期学员 111 人来韶训练，即委派彭湃为代表并率领这期学员参加大会，受到各区农会百余人在火车站的列队欢迎。省妇协代表杨洁贞和湖北省党部代表蔡以忱也参加了大会。会议由国民党中央农民部特派员刘胜侣主持，彭湃代表省农会向大会致贺词，发表了热情洋溢的讲话。他对曲江农运工作所取得的成绩和经验给予了充分肯定，并希望继续努力，巩固现有的成果，发展大好形势。他还向大会授犁头大旗和农会印章，并亲自指导成立了曲江县农民协会执行委员会。大会选举王士宾、叶国棠为常务委员，梁展如、欧日章、叶凤章等 15 人为执行委员或候补执行委员。县农会办公地址在宏仁善堂内。

农运开展初期，地主豪绅的政治势力比较强大，一度出现畸形发展。1926 年 7 月，在省农会的协助下，改组了县农会，共产党员梁展如、欧日章、叶凤章等当选为县农会常务委员。至 1927 年春，曲江成立了十多个区农会和一百五十多个乡农会，发展会员近两万人，几乎遍布全县各区、乡。

随着曲江农民运动的兴起和发展，农民武装应运而生。1925 年春，重阳区农会执行委员欧日章在西水（重阳、桂头、一六）地区，发动贫苦农民自筹枪支组织起三十多人枪的重阳区农民自卫军中队。这是曲江县农民自发组织起来的第一支农民武装。1926 年 8 月后，队伍逐渐扩大至一百多人。1925 年冬，曲江农民自卫军按县设大队、区设中队、乡设小队的建制进行组建。这时，全县成立了 6 个区中队，有一千多人。在此基础上，县农会决定，由各区抽调共三百多人成立曲江县农民自卫军大队，大队长欧日章，副大队长叶凤章。1926 年 5 月，农民自卫军成为公开合法的组织。

伴随着曲江县农会和县农民自卫军大队的成立，曲江农民运动逐渐进入高潮。在县农会的统一领导下，先后从各区乡农会中挑选了一百多名积极分子到各类学校、学习班学习政治和军事技能。1925 年 5 月 1 日至 9 月 1 日，广州农民运动讲习所第四期开办，曲江学员 16 名，其中，正式学员是陈子强、叶凤开、叶振华、刘本初、张献筹；旁听生是丘世柱、张铠澄、朱胜芳、杨慎民、丘汉文、杨耀富、高志光、黄宗贤、罗玉麟、龚辉祥、林志良。1926 年 11 月后，曲江参加北江农军学校一、二期学习的有丘皆棠、杨润先、叶剑群等 53 人。参加"南韶连政治讲习所"学习的有吕维汉等 30 人。参加广东农民训练所学习的有叶凤标、陈志奋、林永福等 31 人。参加学习培训人数之多，居北江地区之首。

在曲江农民自卫军的建立和发展过程中，由于加强了党对这支武装的领导，同时，充实了一大批经过严格的政治和军事训练的骨干，战斗力得到了较大的提高。他们在大革命洪流的实际斗争中得到了锻炼，其中不少人成为曲江农民运动的中坚力量，对发展曲江农民运动，壮大农军组织和保卫曲江农民的利益起到了重要的作用。

在斗争中发展的农民运动

曲江迅猛发展的农民运动引起了地主豪绅的仇视，土豪劣绅勾结土匪以武力镇压农民，发生了民团、土匪袭击和捣毁农会的事件。在中共北江地委和省农会北江办事处的领导下，并取得国民革命军的支持，曲江农民对地主豪绅进行了几次重大斗争。

惩戒非法代表和农会的整顿。1926 年 5 月发生的"曲江县非法代表"事件，是广东农运史上一起有重大影响的事件。

5 月 1 日，广东省第二次农民代表大会在广州召开。开幕时，出席大会的曲江代表王朴民、叶国棠、张德崇和何宗尧，有强迫选举、违背会章、不受上级机关指挥，并在大会造谣、煽动破坏农会纪律及统一指挥，诬蔑上级职员等违法行为而被指控。为维护农会统一，顾全农友利益，经省农代会一致通过，取消王朴民等 4 人代表资格，遂行扣留查办，并向全省各地农会发出《大会惩戒曲江县非法代表文电》。同时，派出侯凤墀、赖彦芳及国民革命军第六师党代表肖劲光赶赴曲江，协助重新召开县农民代表会议，另选举了欧万民等 4 人为正式代表出席会议。

曲江县非法代表事件的发生，是曲江农会在选举出席省第二次农代会代表过程中，少数坏人操纵会议，采取非法手段决定代表造成的。省农代会对曲江 4 位非法代表进行了查办处分。其中，对叶国棠"姑念其为曲江农会开始筹办人，应从轻议处，着令具悔过书，除取消其代表资格及革除协会职务外，仍应革除会员资格一年"①。然而，叶国棠等人被释放回到曲江后，到处造谣煽动、攻击、诬蔑省农会，蒙骗了部分农会会员和干部，导致县农会濒临分裂。

1926 年 7 月，为使曲江农运走上健康发展的道路，省农会常委彭湃、蔡如平、周其鉴等到达曲江，指导对曲江县农会实行改组。他们依靠曲江的党团组织，排除反动势力的阻挠和威胁，广泛宣传发动群众，彻底揭露叶国棠等人的罪恶活动，使一些头脑不清醒，一时上当受骗的会员觉悟起来，广大农民群众也进一步认清叶国棠等人的狰狞面目，思想觉悟有了很大提高。改选后的县农会，领导权重新掌握在能为人民群众利益服务的共产党员梁展如、欧日章、叶凤章等的手中。

围剿乌石土匪。正当曲江农民运动兴起时，乌石街大地主、民团团长成玉山对农会开展减租运动怀恨在心，于 1925 年夏秋间，竟指使团丁开枪杀害一名东安寨赶圩的无辜农民，激起了农民的极大义愤。为抗议成玉山的不法行为，第四区（乌石）农会干部发动赶圩群众，拿着扁担等物作武器赶到现场，把尸首抬到成家铺子，包围了团防局，愤怒砸烂了团防局的部分设施和铺店门面，逼使成玉山向死者家属赔偿损失。这是曲江农民对地主豪绅的一次坚决斗争。

事后，成玉山不甘失败，招匪首黄细苟下山充当"司令"，双方聚众六七百人，盘踞乌石险要，为非作歹，导致了粤汉铁路和北江河道不能正常运行，而且还严重破坏了农民运动的开展，危害极大。

---

① 中共曲江县委党史研究室 1991 年编：《曲江党史参考资料》第三部分报刊资料第 753 页，原载《犁头旬报》第九、十期合刊，民国 15 年 6 月 15 日出版。

为清剿乌石股匪，中共北江地委根据中共广东区委和省农会的指示，动员曲江农军，在梁展如、欧日章的指挥下，加紧了斗争准备。1926 年初，时值北伐前夕，为扫除北伐障碍，广州国民政府命令国民革命军第二军进剿北江各地股匪。4 月 27 日，第六师和教导师一部，在曲江农军的配合下，实施围剿乌石股匪，首战夺取了李家山的据点。

4 月 30 日，国民革命军第六师师长戴岳亲率罗团长带 5 连人马从韶关到达乌石加入战斗。曲江农军积极配合，占领了火车站、狮子岭等外围工事。众匪只好退缩至街内继续顽抗。5 月 2 日，国民革命军第二军副党代表兼政治部主任李富春偕同方维夏（第五师党代表）、肖劲光（第六师党代表）、苏联顾问曾米诺夫一行从广州赶赴乌石剿匪前线督战。在制高点鸡公岭顶，梁展如机警地护卫了李富春，而自己却被子弹击中脚趾，幸未造成重伤。为安全起见，他们迅速转移，在鸡公岭反斜面设立临时指挥所。同时，向广州国民政府电请派飞机前来乌石参战助剿。5 月 3 日，广州国民政府航空局指派军事处长林伟成驾机前往乌石助剿。当飞机在乌石上空盘旋侦察后，对准土匪指挥机关、制高点及火力点猛烈轰炸，把众匪炸得哭爹叫娘。随后，国民革命军指挥员一声令下全线出击，广大指战员和曲江农军向乌石街冲去，突击队在靠近火车站的街边炸开一个大缺口冲进街内进攻顽匪，巷战处于胶着状态。为迅速消灭顽匪，国民革命军加强了攻势，曲江农军亦英勇追杀残匪。匪首黄细苟摸黑逃脱，成玉山欲逃未遂被农军活捉，在乌石公审后押往韶关枪决。这场战斗至 5 月 5 日胜利结束，毙匪大部，俘匪两百多人，缴获轻重武器一批。乌石匪巢终于被彻底捣毁。

乌石剿匪战斗的胜利，恢复了粤汉铁路的正常运行和北江河的顺利通航，曲江农军作出了应有的贡献。

征剿龙归反动民团和土匪武装。1927年3月8日，正逢龙归圩日，区农会在龙归街社学召开重要会议，有赖兆仪等农会干部和农军24人参加。当地民团头子丘超华、豪绅刘冠武勾结土匪罗子平、陈太佳、龚耀章等三百多人袭击会场。担任警卫的农军中队长邹超先当场牺牲。区农会干部和农军仓促应战，用土枪土炮英勇还击，打退敌人的多次围攻，坚持激战一天一夜，在弹尽粮绝又无援兵的情况下，全部被捕。当晚，被捕的农会干部和农军，除一名因与敌人有亲戚关系被释放外，其余均被押到留村河畔惨遭杀害。史称"龙归惨案"。

为打击敌人的嚣张气焰，中共北江地委和北江办事处决定组织北江农军学校学员和曲江农民自卫军，前往龙归歼灭这股反动势力。于是，北江办事处主任欧日章、县农会常委梁展如迅速组织各区农军六百多人和朱云卿带领的北江农军学校学员一百六十多人，配合国民革命军第二军教导师陈嘉佑部一个营进行联合征剿。在强大的攻势下，龙归反动民团和土匪武装闻风丧胆，夺路逃窜至多田村龟缩，企图顽抗。国民革命军就在天子岗用炮火轰击。此时，敌人已土崩瓦解，毫无反击之力，只好乘夜色作鸟兽散。刘冠武在逃跑中被农军击毙。至此，龙归反动势力迅速瓦解。4月7日，曲江县农会和北江办事处分别在龙归、韶关两地为死难农友举行了追悼大会。在韶关南教场举行的追悼大会尤为壮烈，"到会群众3000余人。由上午11时开会至下午3时散会，群众均肃然静听，革命之精神，至堪钦佩"①。会议一致通过，所有北江农会会员每人一律捐助4个铜板给龙归死难家属。

龙归惨案，激起了北江各县广大群众对反动派的极大愤慨，

---

① 原载民国16年4月11日《广州民国日报》：《曲江各界追悼龙归死难农友》。见《曲江党史参考资料》第756页。

激励了革命斗志。

二、曲江党组织的建立

共产党人早期在曲江的革命活动

1923 年至 1925 年，在广州大元帅府和国民党中央组织部、农民部、工人部的派遣下，一批共产党员和共青团员先后到曲江地区进行革命活动。

1923 年 8 月，桂系军阀沈鸿英在广东北江实行武装叛乱被孙中山派兵平息后，广州大元帅府孙中山大本营宣传委员会，派委员谭平山（广东的共产党早期组织主要创始人之一，广东高明县人），同宣传员杨殷、刘尔崧、侯桂平（均系共产党员）等到曲江各地进行宣传慰问和战地调查。8 月 2 日，谭平山等人到达韶州后，首先在韶州城的南门、新东门两个地方发表演讲，宣传孙中山先生的革命主张。他们的演讲，得到了韶州城绅商学界的热烈欢迎，前往听演讲的多达一千多人。8 月 6 日，谭平山等又会同韶城绅商学界六百多人，在风度街举行民众大会，再次宣传孙中山先生的革命主张和民主自由思想，声讨沈鸿英、方本仁的罪行。这是共产党人最早在曲江地区的活动。

此后，侯凤墀、韦启瑞、丘鉴志等一批共产党员和共青团员先后到达曲江，担任农民运动特派员，参加改组、建立国民党县党部，指导开展工人运动。他们在工作过程中，注意培养有觉悟的工人、农民和知识分子，促使曲江地区的农会、工会、妇女解放协会等革命群众组织迅速建立和发展起来。

1924 年 9 月，共产党员谭平山、罗绮园、阮啸仙等奉孙中山的电召，随同广东工团军和农民自卫军（农团军）开赴曲江训练。其间，组成小分队深入曲江城乡工人农民中去，广泛宣传组织工会、农民协会的必要性，深受群众欢迎。主动前来联络的工人、农民络绎不绝。

1925 年 7 月，共产主义青年团曲江特别支部在曲江县城成立。这是北江地区最早建立的共青团组织。共青团曲江特别支部成立之初，由共青团广州地委工农委员会指派农民运动特派员侯凤墀主持工作，隶属团广州地委领导。1925 年 10 月下旬，共青团广东区代表大会召开后，按照新团章改组了共青团曲江特支，由省农民运动特派员徐金良担任特支书记，共有团员 7 人。

1925 年 12 月 20 日，中共广东区委妇女部部长蔡畅在曲江召集团员会议，进行教育整顿。随后在曲江举办了共青团训练班，培训青年运动的干部，指导曲江妇女的解放斗争，协助发展曲江的党团组织。1926 年 3 月，共青团曲江特支再次改选，特支书记由王造时（王度慈）担任，时有团员 25 人，至 5 月发展到 28 人，隶属团广东区委领导。

中共曲江党组织的建立

当曲江农民运动如火如荼地开展起来的时候，共产党员刘胜侣、侯凤墀以国民党中央农民部特派员的身份到曲江指导农民运动，他们深入南水、东水、西水等地积极引导农民运动积极分子认识共产党和马克思主义，启发他们寻找救国救民的真理。1925 年 12 月，发展了梁展如、欧日章和叶凤章加入中国共产党。在县城韶关下后街县农会办事处成立了中共曲江县支部，书记梁展如，隶属中共广东区委领导。中共曲江县支部是曲江最早建立的党组织，也是北江地区较早建立的一个党支部。此后，梁展如、欧日章和叶凤章在当地注意考察培养农运积极分子入党，建立起基层党支部。

1926 年 5 月 15 日，中共曲江乌石支部成立。梁展如在乌石鹅鼻洞塘面梁屋家中主持召开了支部成立会议。新党员有 12 名同志。与会的新党员学习了党的知识，进行宣誓。然后，梁展如宣布党支部成立，梁展如兼任书记，林永福任组织委员，李春富任宣传委员。根据党员居住分布情况，支部分为三个党小组。塘面村（包括斗龙湾）为第一党小组，组长林永福，党员有林永金、林永祥、梁庭勋和梁展如；徐屋村为第二党小组，组长徐茂由，党员有徐兴秋、徐景招、徐景松和徐赞修；白沙乡为第三党小组，组长李春富，党员有丘皆忠和朱德养。会上，梁展如要求新党员要遵守党的纪律，严守党的秘密，坚定跟党走；要同贫苦农民交朋友，宣传革命道理。同时还研究了近期工作：一是广泛发动农民筹款买枪，组织农民自卫军，同地方反动民团作斗争；二是继续将"二五"减租减息运动进行到底。中共曲江乌石支部是曲江县第一个农村党支部。

1926 年夏，欧日章介绍了欧典章、欧年魁、张国安、雷炳松、雷国光、欧元利等 23 名同志加入中国共产党，成立了中共曲江重阳支部，欧日章任书记，欧典章任组织委员，雷炳松任宣传委员。与此同时，叶凤章在曲江东水发展了叶凤标、叶发青、叶凤阳、刘福等 21 名同志加入中国共产党，成立了中共翻溪桥支部，书记叶凤章，组织委员叶发青，宣传委员叶凤标。马坝、大塘、龙归、城厢内外等地也发展有中共党员，如罗玉麟、丘世柱、邓如兰（女）、张九成等。1926 年冬，中共韶城支部成立。

1926 年 12 月，为了加强党的领导，经中共广东区委决定，在曲江县城韶关成立了中共北江地方执行委员会（简称"北江地委"），书记卓庆坚，委员有卓庆坚、侯凤墀（组织）、甄博亚（宣传）、朱云卿、陈秩常、蔡如平等人，负责领导英德以北各县的党组织。这是中共北江地区第一届地委。

1927 年 2 月，曲江县的党组织已先后建立起 5 个党支部，全县有党员八十多人，外地党员四十多人，成立中共曲江县委的条件已经成熟，经上级批准，在韶关县农会办事处内，成立了中国共产党曲江县委员会，梁展如（一说刘胜侣）任县委书记，委员有刘胜侣、卢克平等人。

曲江党组织的建立，为统一和加强党对工农运动的组织和领导，提供了组织上的保证，在大革命运动中发挥了坚强的领导核心作用。

三、支援北伐战争

为了推翻北洋军阀在中国的黑暗统治，1922年至1926年，国内先后进行了三次北伐战争。其中1922年和1924年的两次北伐为孙中山领导，1926年的北伐由国共合作一起领导。曲江（韶关），作为北伐出师之地，曲江人民对北伐战争的有力支持永载史册。

1922年，孙中山来韶关时，大本营设在城内。在曲江县府和韶州商团的积极支持下，腾出房屋和门店，解决了四万多候令北伐官兵的住宿困难。

1924年1月国民党改组，国共两党合作，确定了国民革命的政纲，中国第一次国内革命由此展开。同年9月，孙中山再次北伐，在曲江督师一个多月，践行联俄、联共、扶助农工的革命政策，对曲江工农运动的开展产生了积极的影响。曲江人民也从各个方面以实际行动支持和帮助北伐。9月29日，由广东农工团军和南韶连民团总局联合倡议，召开了韶州各界赞助孙中山北伐大会，到会的有26个团体三千多人。孙中山在会上作了题为《北伐的目的》的长篇讲演，还表扬了韶州各界人民赞助北伐的革命精神，对韶州商民特别给予高度的评价和嘉奖。会后在城内举行盛大的游行。此次大会，声势之大，人数之多，代表之广，影响之深是曲江前所未有的。

1926年的北伐，中国共产党是这次革命的主要倡议者和推动者。曲江是北伐主力部队进军的始发地，也是输送军用物资的必经之地。北伐军出师之前，为了扫除北伐障碍，安定北伐后方，

1926 年 2 月至 5 月间，国民革命军第二军第四、五、六师和教导师与炮兵和空军相结合，在共产党人李富春、方维夏、肖劲光及苏联顾问等指挥下，在曲江梁展如、欧日章领导的农军支援配合下，已将枫湾和乌石的悍匪歼灭和击溃。5 月 30 日，曲江各界群众举行纪念"五卅"惨案周年大会，声讨帝国主义罪行。7 月，国民革命军经过曲江时，在中共党组织发动下，人民群众踊跃捐钱粮衣物赞助北伐，大批工人、农民、学生参加了支前工作，"协助北伐运输，随军效力者不下万人"①，仅曲江就有三千多人。时值盛夏，他们冒着溽暑炎蒸，忍饥挨渴，风餐露宿，挑着重担跋涉于崎岖山路，日夜兼程，其艰苦情形可想而知，不少人因劳累致病、致伤，甚至牺牲了生命。1926 年 9 月 19 日《战士周报》报道：广东曲江，……的工人、农民、学生，"其参战之力猛烈，已可概见"。② 北伐期间，曲江妇女也积极参与做好支前工作。北伐军所到之处，都受到了热烈的欢迎，她们为部队送茶送水，并对北伐军家属给予照顾和帮助。

当北伐胜利的捷报传到曲江时，中共北江地委于 1927 年元旦在曲江县城召开各界庆祝北伐胜利大会。韶州各界一百多个团体共数万人参加了庆祝大会。

北伐军出师 10 个月，从广州打到武汉、南京、上海，把革命从珠江流域推进到长江流域，席卷了半个中国，沉重地打击了帝国主义及其走狗封建军阀的统治。曲江党组织和各界群众对北伐战争作出了不可磨灭的贡献。

---

① 中共广东省委党史研究室著：《中国共产党广东地方史》（第一卷），广东人民出版社 1999 年版，第 196 页。

② 中共广东省委党史研究室、广东省中共党史学会编：《北伐论丛》，广东人民出版社 1997 年版，第 124 页。

第二节 土地革命战争时期曲江的革命斗争

1927 年 4 月 12 日，蒋介石在上海发动反革命政变，公开背叛革命。4 月 15 日，国民党反动派在广东发动反共政变。广东各地实施全面"清党"，白色恐怖笼罩全省。这标志着以国共两党合作为基础的革命统一战线在广东已经破裂，国民革命已归于失败。曲江陷入了国民党新军阀的统治。因此，新的革命高潮的到来是不可避免的。

一、曲江农军北上武汉讨蒋及参加南昌起义

曲江农军北上武汉讨蒋

1927 年四一二 反革命政变后，革命形势骤变。为讨伐蒋介石，中共党组织决定由北江地委成员率领北江工农自卫军随陈嘉佑部北上武汉。中共曲江党组织积极做好农军集训和整编工作，4 月下旬，将以西水、东水、南水为主的各区乡约 400 名农军集中韶关，分别住在宝灵寺（现韶关市委大院）和中德中学，整装待命。北江工农军统一机构成立后，曲江的欧日章任总指挥部参谋，梁展如任军需长。曲江农军被编在第一大队，杨吉松、杨润先、丘皆棠、孙俊雄、蔡标等分别担任中队长或小队长。

5 月 1 日，中共北江地委和工农自卫军总指挥部在韶关宝灵寺召开誓师大会，支持陈嘉佑部的讨蒋行动。罗绮园、周其鉴、朱云卿、卓庆坚等地委和总指挥部的领导参加了大会，北江工农

自卫军总指挥罗绮园在大会上发表讲话。大会结束后，曲江农军与各县工农军举起犁头红旗，吹起军号，浩浩荡荡踏上了北上征途。当天在桂头宿营，2日到乐昌。后同仁化、乐昌农军和北江农军学校第二期学员会合继续北上。

5月14日到达湖南耒阳时，工农军遇到不少困难，疾病流行，药物少，医生缺，病人多，且死亡时有发生。5月17日，湖北夏斗寅叛变，5月21日长沙发生"马日事变"，指挥部立即开会，分析形势，研究对策，决定去向。经过讨论，多数人主张回家乡打游击。总部遂把经费分发，由连队保存。6月3日便离开耒阳开赴永兴县十八都驻扎。

6月8日，工农军继续北上，准备出发时，原属曲江、仁化的部分农军要求回师粤北，以打击向农民反攻倒算的土豪劣绅。于是，队伍分成两路：一路南返，一路北上。南返农军约一百二十多人，由梁展如、叶凤章和仁化的蔡卓文率领，在永兴县鲤鱼塘与地主武装打一仗后折回仁化，于6月23日拂晓，攻下仁化县城，冲进监狱，将受害的"监犯"八十多人全部释放，并公审惩处了仁化县县长陈仲章。打下仁化县城以后，曲江农军继续南返行至桂坨途中，突然遭到从韶关去仁化增援的数倍于我之敌的伏击，农军仓促应战，严重受挫，叶凤章中弹负伤，死里逃生回到家中。梁展如率余部辗转仁化溆溪山、湖南桂阳等地坚持活动。在溆溪山时农军只有12人，在桂阳时还剩下梁展如、林永福、林永招、叶桂才、廖绍忠、余德招、丘皆棠、余茂修8人。不久，他们陆续回到曲江。

继续北上的曲江农军约两百人，6月11日，他们随工农军到衡阳，12月13日由衡阳乘船到株洲，14日乘火车通过长沙，15日到达武昌，驻徐家棚琴园。北江工农自卫军只剩六百多人，改编为国民革命军陈嘉佑第十三军补充团。

工农军初到武昌，深受中央农民部和社会各界的欢迎。武昌城头，大街路口，到处挂满彩旗和欢迎标语。"欢迎粤北工农武装来鄂"、"支持革命、反对叛变"① 等标语耀眼夺目。中共中央政治局候补委员苏兆征，中央农民部、中华全国总工会、湖北省总工会、妇女解放协会、汉阳各区农会等领导和机关团体，带着深情厚谊和各种物资，纷纷前往驻地表示亲切的慰问，盛赞粤北工农军"不失数千里山河跋涉的威武不能屈的精神，实堪钦佩"②。北江工农军向武汉各界表示"要继续努力，以红色恐怖打倒白色恐怖，以求贯彻反对军阀和帝国主义的初衷而酬雅望"③。

参加南昌起义，汇入全国革命洪流

1927 年 7 月 15 日，以汪精卫为首的武汉政府，亦最后撕下伪装革命的假面具，干起了与蒋介石同样的反革命勾当，举起屠刀，屠杀共产党人和革命群众，置武汉于一片白色恐怖之中，使国共合作彻底破裂，中国大革命彻底失败。

7 月 21 日，北江工农军接到中共中央的命令："要迅速脱离十三军，开赴南昌集中。"④据此命令，北江工农军于 7 月 28 日离开武汉，乘三艘小轮船于 29 日到达江西九江，30 日乘火车到达南昌，被编为第二十四师教导团第一营，仍为独立建制，归属叶挺领导，驻扎新营房，参加即将举行的武装起义。

8 月 1 日凌晨，南昌起义的枪声打响。经过 5 小时激战，起义军全歼南昌守敌三千多人，控制了全城。战斗中，担任进攻任务的教导团一营（北江工农军），以迅雷不及掩耳之势，解决了敌军的卫兵，冲进敌人兵房，敌官兵梦中惊醒，来不及抵抗便成

①②③④ 许来成：《北江工农自卫军的建立及其战斗历程》，载《广东党史研究文集》（第一册），中共党史出版社 1991 年版。

了俘虏。随后负责警戒新营房驻区，并成功配合对新营房南端守敌的进攻，坚决执行了起义总指挥部的命令，出色完成党交给的光荣任务。参加八一南昌起义的曲江农军有欧日章、杨润先、欧怡金、欧永祥、欧僧金、林祥、杨光、邓其森、蔡标、温玉成、刘祝清、曾海棠、廖文楷、卢家茂等人。

南昌起义打响了武装反抗国民党反动派的第一枪，树立了武装斗争的鲜明旗帜，开创了中国共产党独立领导革命战争和创建革命军队的新时期。

8 月 3 日至 5 日，起义军撤离南昌，经临州、宜黄、广昌南下。参加南昌起义的曲江农军先后参加壬田、会昌、汤坑、三河坝、流沙镇等地的战斗。欧怡金、欧僧金等壮烈牺牲，欧永祥等身负重伤。

9 月流沙战斗后，起义军受挫，队伍被打散。南昌起义革命委员会决定，分散活动，回家乡组织群众，积蓄力量，等待时机，再行起义。于是，曲江农军便于 10 月陆续返回家乡。欧日章则和卢克平等三十多人在陆丰县甲子港乘船到达香港，于 10 月 15 日参加了中共中央南方局和中共广东省委召开的联席会议，在这次会议上，欧日章当选为中共广东省委委员。不久，他带着党的指示回到家乡，和省委派往北江工作的赵自选、王果强、卢克平等一起重新点燃北江革命的烈火。

曲江农军自 1927 年 5 月北上武汉，继而参加了举世闻名的南昌起义，到 1927 年 10 月，历时约 6 个月，转战广东、湖南、湖北、江西、福建 5 省，他们可歌可泣的英雄事迹在曲江革命斗争史中留下宝贵的一页。

二、西水农民武装暴动

1927 年 12 月 22 日，曲江农民运动领袖、中共广东省委委员欧日章，在曲江西水地区发动和领导了农民武装暴动，带动十多个乡，有一千多人参加，历时 31 天，还得到朱德部队的支援，影响较深。

西水农民武装暴动是从 1927 年 12 月 22 日开始，一直持续到 1928 年 1 月 21 日，同地主豪绅、国民党反动军队进行了四次较量。

12 月 22 日上午，欧日章率领重阳欧屋、水心、乐夫、青水塘等村一百多名农军和数百农民手持步枪、鸟枪、大刀和锄头等，同时先联络前来支援的朱德部队的一连官兵包围了大沙洲下村，向该村地主武装发起进攻，取得了胜利。击毙地主 1 人，处决 1 人。将没收地主的耕牛 36 头，谷米七千多斤（1 斤 = 0.5 千克）和财物一批，分给穷苦农民。

12 月 28 日上午，国民党重阳乡乡长冯佩赞和民团头子雷丰霖纠集地主民团一千多人，围攻水心、暖水和青水塘 3 个村庄，向暴动的农军、农民猖狂反扑。水心村农军和群众死伤二十多人，财物被大肆洗劫，房屋烧得精光。暖水和青水塘两村在欧日章的指挥下，众志成城，奋力抵抗，坚持了一整天。下午，在闻讯从犁铺头赶来支援的朱德一个连的配合下，两村解围，毙伤敌一百多人。

1928 年 1 月 6 日，雷丰霖纠集反动地主民团数百人，伙同国民党军队一个团共千余人再次攻击暖水和乐夫。两村坚守一天一夜，毙伤敌十多人，但农军死伤数人，暖水村房屋三百多间被焚。

1 月 15 日上午，冯佩赞、雷丰霖集结民团，勾结国民党军队一部共千余人，再次围攻乐夫及青水塘。当时，青水塘虽然只有农军四十多人，但群众斗争情绪异常高涨，青壮年男子都拿起土枪到第一线参战，老人妇女则主动组织后勤组，为战士煮饭送水。当敌人上来时，农军沉着瞄准毙敌。敌人发起冲锋，欧日章指挥农军点燃炮楼上的土炮向敌猛轰。到了晚上，欧日章则指挥农军，在村四周点燃用竹筒装满浸过煤油的棉花火把，把村周围照得通亮，以监视敌人的动静，直至天亮，敌人夜间偷袭的阴谋未能得逞。战斗进入第五六天，国民党军队和反动民团又发起十多次冲锋，都被坚守的军民打退。

战斗到第七天，坚守在青水塘的军民已陷入粮尽弹缺，水源断绝的困境，同上级又失去了联系，得不到外援。在此情况下，为保存有生力量以利再战，欧日章决定在除夕晚突围。深夜 12 点钟，欧日章指挥农军从炮楼脚挖洞，安全突围上山，与乐夫的农军会合。在青水塘七天七夜的战斗中，农会干部雷炳松，农军战士雷毛虫、雷有年等光荣牺牲，18 岁的姑娘雷亚东也在一次给作战的农军送水送饭时被敌炮弹打中，身负重伤，流血过多光荣牺牲。敌人死十多人，受伤百余人（其中国民党军队死伤五十多人）。农军撤离青水塘后，国民党军队和民团涌进村里把群众财物洗劫一空，一百多间房屋全遭烧毁。

西水暴动是中国共产党领导的、在北江地区较早的一次农民武装暴动，在土地革命战争时期曲江乃至北江地区农民武装斗争史上留下了光辉的一页。

三、朱德部队在曲江

1927 年 12 月上旬，朱德率领南昌起义军余部七八百人从湘南进入粤北，转战仁化、曲江、乳源、乐昌等地，1928 年 2 月初离开，历时一个多月。其中在曲江二十多天时间里，部队进行了整训，还支援了当地农民的土地革命斗争。

12 月 12 日，遵照中共广东省委的指示，朱德部队从湖南汝城经仁化董塘日夜兼程南下支援广州起义，14 日在韶关得知广州起义已经失败，于是转驻曲江犁铺头（今犁市镇，属韶关市浈江区）休整。朱德化名王楷，公开身份是国民党第十六军四十七师一四〇团团长，住在街西李达材当铺楼上。

在犁铺头，朱德编写了《步兵操典》和《阵中勤务》两部军事教材，并亲自给教导队官兵授课、讲解、示范，在全团开展了新式的练兵运动，大大提高了指战员的战术水平和部队的战斗力。

在犁铺头期间，朱德执行中央的指示，组织官兵深入附近乡村发动群众，帮助恢复农会，发展农军，两次派兵支援曲江西水农民暴动。

12 月底，朱德与毛泽东派来的代表何长工取得了联系，相互交换了南昌起义部队南下经过现着手策划湘南暴动和毛泽东在井冈山的情况，为朱毛井冈山会师作了准备。

1928 年元旦，朱德突然接到国民党第十六军军长范石生秘书杨昌龄送来的密信，同时也得到中央要他"坚决的脱离范石生"①的指示。于 1 月 2 日晚，率部以"野外演习"为名，离开犁铺头，冒着大雨向南雄方向进发。当部队行至周田鸡笼时，悉闻南雄方向有敌方鼎英部南移，便折转北上，向仁化董塘前进。后经乐昌梅花进入湘南，发动了湘南暴动，最后上井冈山和毛泽东会师，建立革命根据地。

四、曲江的游击斗争

为贯彻中共中央八七会议确定的土地革命和武装反抗国民党反动派的总方针，中共广东省委很重视北江的农民起义，1928 年 1 月上旬把北江列为全省的武装起义中心地区之一，决定成立中

---

① 参见《中共中央给朱德并转全体同志的信》（1927 年 12 月 27 日），见《工农红军在粤北》，第 35 页，中共韶关市委党史办公室 1986 年 10 月编印。

共北江特委，特委机关设在曲江县城韶关。随即中共北江特委先后制定和发出了《关于各县暴动工作纲领》和《关于目前形势与党的任务给各县委的指示》。在此形势下，中共曲江党组织在中共广东省委、北江特委的领导下，在曲江各地区开展农民武装游击斗争。

在西水地区。1928年1月21日晚，西水农军撤出了青水塘，由欧日章带领到龙归耙齿山一带坚持活动。欧日章设法与北江特委取得联系，在省委巡视员黄甦和海陆丰代表等人的协助下，代表北江特委改组了中共西水区委，恢复党的支部，健全组织机构。在此基础上，成立广东工农革命军北路第六独立团，领导人为卢克平、欧日章、叶凤章等，西水农军编为该团第三营，营长欧日章，在曲江、仁化等县交界的山上坚持斗争。

1928年1月下旬，第六独立团第三营在欧日章带领下，集中力量打击了重阳暖水黄屋的反动分子，处决了13名地主豪绅。2月底攻占了重阳圩。

4月中旬，欧日章率队转移，意欲与东水农军取得联系，扩大农民武装斗争力量，并到马坝乐村坪紫薇岩石洞中休整，待机而行。不料，被背叛了农会的乐村坪农会负责人刘某告了密，农军遭到东水地区叶国棠、何宗尧的反动武装和驻韶关国民党桂系军队王应瑜部数百人的"围剿"。农军便与敌人展开激战，一直抵抗到4月17日晚上。最后，冒死冲出重围，星夜转移。

1928年9月至10月，欧日章（1928年4月和12月连续两次当选省委委员）遵照中共广东省委和北江特委的指示，带领一百多名农军到仁化澌溪山与李载基、蔡卓文带领的仁化农军会合，四处出击，牵制围困石塘之敌。其间，欧日章代表省委主持改选了中共仁化县委和仁化县革命委员会。并将农军改编为"广东工农革命军北路赤卫队"，使仁化农民暴动以后的游击斗争能够坚持下来。

1929年1月，按照党的指示，欧日章从仁化渐溪山游击根据地率领三十多名农军骨干返回曲江龙归耙齿山，继续在西水一带坚持游击战，搅得地主豪绅提心吊胆，十分恐惧，国民党曲江反动当局亦惶惶不安。

3月22日，西水农军在耙齿山被黄绍兴率领的西水各乡警卫队共两百多人包围，农军奋力抵抗，与"围攻"之敌激战两个多小时，毙敌三四十人。在敌众我寡的情况下，农军仍顽强抗敌，且战且退。欧日章、欧年魁、夏德标3人，只好退到山上一个岩洞里坚守。最后，在敌人将要冲至洞口的危险时刻，欧日章和欧年魁毫无惧色，毅然引枪，壮烈牺牲。夏德标冒死冲出洞口，跳下悬崖，死里逃生。欧日章牺牲时年37岁，敌人将其头颅和左手砍下，挑着到重阳、犁市、韶关等地示众，惨不忍睹。从耙齿山突围出来的农军骨干欧典章亦在同年冬遭敌杀害。至此，轰轰烈烈的西水农民武装斗争转入低潮。

在东水地区。东水是曲江农民运动的策源地，共产党的地方组织也建立得比较早，农民革命热情极为高涨。1927年5月，北江工农自卫军北上武汉，继而转赴江西南昌。在这支工农革命武装队伍中，东水的党员、农会干部和农军就有一百多人。邓其森、蔡标、温玉成、刘祝清、曾海棠、廖文楷、卢家茂等人参加了八一南昌起义，经过艰苦转战，于当年先后回到家乡。1927年10月，东厢的陈异峰不幸在韶关被捕，送至广州坐牢被杀害。

1927年冬，叶凤章、欧日章、梁展如三位曲江农运领导人重新取得了联系。根据分工，叶凤章、刘福仍继续负责东水方面的农运工作。同年12月，朱德、陈毅率领的南昌起义军余部驻韶关时，在东河坝刘福家里，朱德秘密会见了叶凤章、刘福、邓其森、叶发青、叶凤标等人，使东水农会、农军领导人受到了极大的鼓舞。1928 年 2 月，重新恢复的中共曲江县委机关设在洋村时，恢复了第一区区委，刘福任曲江县委常委，叶发青为委员。在他们的组织领导下，东水农民自卫武装在城镇和铁路沿线进行游击战，破坏敌人的交通运输，继续与敌开展斗争，维护农民的利益。对此，叶国棠一伙恨之入骨，公开勾结国民党桂系军阀王应瑜，于 1928 年秋，先后两次派兵"围剿"翻溪桥、洋村、石安等村，全部房屋被烧光，群众财物被洗劫一空，叶凤章的叔父被杀害。

1928 年 4 月，在中共广东省委扩大会议上，依据中共中央关于选举六大代表的指示，选举出席中国共产党的第六次全国代表大会广东代表团组成人员，其中正式代表 16 人，非正式代表 5 人，列席代表 1 人。曲江县委委员叶发青是非正式代表之一，也是广东唯一的农民代表。同年 5 月上旬，叶发青离家启程乘船经海参崴到莫斯科参加中国共产党第六次全国代表大会。会议于 6 月 18 日在莫斯科郊外一座别墅开幕。叶发青的代表证编号为 42 号。在中共六大会议期间，叶发青被选为"农民土地问题委员会"和"广州暴动问题委员会"委员。中共六大会议结束后，叶发青于同年 8 月初从苏联回到广东曲江后，在白色恐怖笼罩的斗争环境中，继续与梁展如、欧日章、叶凤章并肩战斗。

1928 年秋，翻溪桥、石安、洋村再次遭受敌人的洗劫，形势极为险恶，为了保存有生力量，叶凤章、叶发青率领二十多名党员和农军骨干撤离东厢，转移到曲南的乌石与梁展如的农军会合，继续开展游击斗争。

在南水地区。南水地区的马坝、乌石是中国共产党在曲江活动的重要基地，1926 年 5 月，在乌石就由梁展如建立起曲江县第一个农村党支部——中共曲江乌石支部。1926 年至 1928 年间，在马坝发展了罗玉麟、丘世柱、张献筹、张安养，在曲江发展了叶子芳、叶高氏、叶兰芬、陈锡光、陈志奋等十多人入党。中共乌石支部和这批党员成为曲江南水地区革命斗争的中坚力量和领导核心。

由于大革命的失败，马坝、乌石的土豪劣绅拼凑了"清党委员会"，对当地共产党员和革命群众实行残酷的搜捕和杀害。面对这一严酷的形势，北上讨蒋回来的梁展如召集欧日章、叶凤章于1927年冬在乌石鹅鼻山开会研究今后的斗争，梁展如负责南水一带，待机发展。

1928年1月，为配合西水农民暴动，时任中共曲江县委书记的梁展如遵照中共北江特委的指示，先后两次进入西水宣传和组织群众支援。中共北江特委委员卢克平也先后到乌石和马坝，发动两地农民起来在铁路沿线剪断电线，破坏交通，牵制敌人。在乌石还布置一个党小组处决了在乡里行盗、拐骗人口的反动分子王相古。

1928年秋，乌石农军与东水农军会合，组织起曲江县第四区农军大队，梁展如任大队长，叶凤章任副大队长，继续坚持斗争。11月13日，国民党反动派调集一团兵力对乌石鹅鼻洞进行"围剿"，农军大队的领导和骨干十多人被困在塘面村一座独屋。面对敌人重重包围，梁展如、叶凤章英勇果敢，沉着镇定指挥农军拼杀，用抬枪打开一条血路，毙敌排长以下十余人，突出重围。在战斗中，梁永兴、叶凤洲、叶建荣等7名农军壮烈牺牲，叶凤章身负重伤，后牺牲在马坝南华圳背村的山窝里。敌人进村后，把梁展如的父亲梁东锦活活烧死，把梁家的房屋化为焦土，又捉去一百多群众，并悬赏1000块大洋通缉梁展如。这支农民武装受到重挫，转入低潮。以后，梁展如埋名隐姓，以看风水、行医、教书为掩护，在英德、翁源、佛冈、新丰等地，秘密开展革命宣传活动，积蓄革命力量。

1936 年秋，梁展如离开英东石角营子村，与时任北江共产主义青年团书记廖宣（廖梦光）一起回到家乡，跋山涉水，辗转马坝、大塘、白沙、龙归各乡，联络大革命时期的农会会员和进步师生，宣传党的抗日主张，反对内战，了解曲江的状况，并继续设法寻找党组织。

第三节 抗日战争中的曲江

1937 年 7 月 7 日，日本帝国主义发动卢沟桥事变，开始了全面的侵华战争。1938 年 10 月广州沦陷后，广东省国民党党政军机关及一批学校团体、大批著名文化界人士来到粤北曲江，中共广东省委、八路军广州办事处也迁到这里，曲江一度成为广东抗战的大本营。曲江老区人民在中国共产党的领导下，开展了抗日救亡运动、抗日武装斗争和抗战文化活动，为夺取抗日战争的胜利作出了贡献。

一、曲江党组织的恢复

中共马（坝）乌（石）支部的建立

1938 年 4 月，广东成立了以张文彬为书记的中共广东省委，认真贯彻中共中央《关于大量发展党员的决议》的精神，确定了广东工作应以建党为中心的方针，先后派巡视员到广东各地恢复、建立和发展党的基层组织。同年 6 月，张尚琼以广东省委粤北巡视员的身份到曲江马坝，正式恢复了梁展如的组织关系，给廖宣办理了由共青团员转为中共党员的手续，同时还吸收了马坝救亡书店老板何国文加入共产党。于是，梁展如、廖宣和何国文三人组成了中共马坝党小组，由梁展如任组长。这是抗战时期在曲江农村恢复的第一个党组织。

1938 年 8 月，中共马坝党小组根据中共广东省委的指示，经过认真的审查，恢复了马坝地区罗玉麟、丘世柱、陈志奋、张安养、张宪谋、叶兰芬等人的组织关系，并且发展了杨维常入党，成立中共马坝支部，梁展如任书记，廖宣任副书记，何国文任组织委员，杨维常任宣传委员。支部机关设在马坝救亡书店，由中共广东省委直接领导。接着，中共马坝支部恢复了大革命时期乌石的党员林永福、徐兴秋、徐景招、徐茂由、徐茂香的组织关系，支部改称中共马乌支部，下分马坝和乌石两个党小组。

1938 年 10 月，由于广州沦陷，中共广东省委由广州北迁曲江（韶关）。此时梁展如、廖宣调离，中共广东省委先后派李明、徐侠梅（女）、廖琼（女）来马坝领导中共马乌支部。中共广东省委妇女部部长张越霞多次来马坝救亡书店指导支部工作。省委组织部秘书长黄松坚也曾来马坝巡视、调查，布置发展党组织的工作。

中共曲江县委和中共曲江中心县委的成立

1939 年 1 月，中共广东省委第四次执委扩大会议在韶关黄田坝召开，决定成立中共东江特委、中共北江特委、中共西江特委和中共高雷工委，并要求全省各地迅速建立县工委或县委以适应抗战形势的发展。为了培养相应的领导干部，同年 3 月，中共广东省委从"抗先"骨干和北江当地党员骨干中抽调了三十多名党员，在韶关西河坝秘密举办了一期县级党员干部训练班，学习马列主义、统一战线、党的建设、游击战争和秘密工作等课程，中共广东省委主要领导亲自授课。经过 3 个月的学习，同年 6 月训练班结业，学员大部分由中共广东省委分配去各县担任党的领导干部，负责组织工委或县委，发展党的组织，准备抗日武装斗争。这期训练班学员、曾任中共党支部书记的岑振雄在结业后，由中共广东省委派任中共曲江县委书记，张尚琼任县委组织部部长兼宣传部部长，王仲华任组织干事。这时，中共曲江县委正式恢复，县委机关设在县城韶关，由中共广东省委领导。

1939 年 11 月，中共广东省委为了加强对曲江邻近的乳源、乐昌和仁化三个县党的工作的领导，决定中共曲江县委改为中共曲江中心县委，负责领导曲江、乳源、乐昌和仁化四县党组织的恢复和发展工作，积极开展抗日救亡运动。中共曲江中心县委由岑振雄任书记，黄焕秋任组织部部长，吴震乾任宣传部部长（1940 年初到任），张尚琼调离。当时新的中共北江特委已经成立（1939 年 7 月），中共曲江中心县委改由中共北江特委领导，机关设在韶关。

为了便于开展工作，中共曲江中心县委在县城韶关设有三个地下交通站，主要用于传递文件、秘密联络以及安置过往韶关的党内同志的临时食宿。这三个交通站分别是位于风度中路的"五四书店"，省民众教育馆（由李端生负责）和位于民生路的韶州师范学校办事处。县委碰头开会多数在五里亭韶州师范学校农场黄焕秋的住所。

1941 年国民党顽固派在全国掀起第二次反共高潮后，中共曲江中心县委遵照中央"隐蔽精干，长期埋伏，积蓄力量，等待时机"的方针和中共北江特委的工作部署，重点抓好党的组织建设和思想建设，有计划地占领农村老区和学校阵地，发展进步力量，推动抗日救亡运动。主要做了几件工作：（1）支持民主人士许崇清先生开展第七战区编纂委员会工作。先后派党员梁孝刚、梁谓容、李曼晖、刘远等到编委会工作，出版《新建设》《阵中文汇》《学园》，并支持林励儒先生主编《教育新时代》。这四个刊物宣传进步思想，坚持抗战，坚持团结，坚持进步，传播党的方针政策，在粤北、广东乃至中南几省都起到很大作用。（2）安排一部分党员到中山大学任教或复学，开展中大的工作。（3）有计划地安排一批青年报考省立女师、韶州师范、仲元中学、庚成中学、曲江中学等学校，在这些学校建立中共支部，开展学生运动。（4）安排部分党员到城乡中小学教书，占领学校阵地，作为联系农村的桥梁，着手开辟农村工作。同时派党员梁静山到曲江县教育科任督学，了解和掌握全县中小学的情况。（5）加强对党员的政治思想教育、抗战方针政策教育和革命气节教育。中共曲江中心县委先后在韶关郊区若合村、曲江县妇女工作委员会等地办过三期党员干部和新党员训练班，培训二十多人。同时出版油印刊物《点滴》作为党员读物，着重介绍党的基本知识、党的方针，转载《新华日报》的重要社论。在 1940 年国民党顽固派掀起反共高潮时，《点滴》着重对党员进行革命气节和秘密工作的教育。

二、革命青年北上延安（陕北）

抗日战争全面爆发后，国共两党第二次合作，抗日的统一战线逐渐形成，中国共产党坚决抗战的主张和行动深得广大人民的拥护和赞扬。全国人民都把民族解放的希望寄托在共产党身上。成千上万的有志青年，向往共产党，向往陕北解放区，向往延安，他们怀着高昂的爱国热情和报效祖国的决心，冲破重重阻挠和困难，从全国各地奔赴陕北延安，接受磨炼，投身抗日前线。

1937 年冬至 1938 年夏，曲江先后有四批共十多名进步青年，不远千里奔向延安（陕北），献身革命。

最先去延安的有薛金华（广东广雅中学毕业生，白沙人）、杨惠先（马坝石堡人）和马坝矮石村的陈耀端［在武汉报考中国人民抗日军政大学（简称"抗大"）时改名陈天任］。他们都是思想进步、关心国家民族前途的知识青年，决心投身革命报效祖国。陈天任，父母早亡，家境贫寒，大革命时期轰轰烈烈的农民运动给他以重要影响，1937 年冬，他只有 19 岁，原在本村小学当教员。他决意投笔从戎，仅向亲友借了一点路费便只身北上，经武汉先到山西临汾民族革命大学，后转陕北抗大学习。在党的教育培养下，他身经百战，后成为一名高级指挥员。

第二批（1938 年初）去延安抗大和安吴青训班学习的有刘如心、刘光军、刘梦晖、刘捷四兄妹（龙归车头村人）和叶子华（龙归人）。他们结业后大多留在陕北，刘光军则由党组织派回粤北开展抗日救亡运动，并负责联络一批革命青年去陕北学习。此外，还有韶关青年刘白亮受其表兄、中共地下党员黄克西的影响及指引，也在这个时候独自北上延安，在抗大学习结业后随部队开赴山东前线。

第三批去陕北延安的是马坝的杨维常和白土的邓丁木，时间在 1938 年 3 月。杨维常约同邓丁木千里迢迢去陕北，进了安吴青训班学习。学习期间，他俩参加了抗日的中华民族解放先锋队（简称"民先队"）组织。结业后，杨维常由党组织派回家乡开展抗日救亡活动。邓丁木转入陕北公学分校、中共中央组织部党员短期训练班、八路军总兵站干部训练队继续学习，于 1939 年 5 月分配到延川总兵站工作。

第四批北上延安的时间是在 1938 年 7 月。当时在中共广东省委的领导下，北江地区党组织开始恢复，中共马坝党小组已成立。共产党员梁展如、廖宣、何国文等创办的马坝救亡书店广泛宣传我党的抗日主张，团结和教育了一批青年，抗日救亡运动也有了很大的发展。在此背景下，第四批去延安的人数比前三批多，除曲江籍的青年外，还有英德、翁源和乳源的进步青年，同时还得到中共曲江党组织和八路军驻广州办事处的妥善安排和协助。这一批去延安的有刘光军（曾于 1938 年初去过延安学习，此次为联络人，再次赴延安学习）、杨宜达（马坝小坑人）、杨刚（马坝大文山人）、梁浚成（马坝山子背人）、郑德辉（乳源人）、陈国贝（英德桥头人）、何兴宇（翁源新江人）共 7 人。他们在中共马坝支部梁展如、廖宣和何国文的安排下，经刘光军联系，先后从各县来马坝救亡书店会合，持八路军驻广州办事处的介绍信北上。马坝至西安两千多千米，他们经十多天的奔波周折才到达八路军驻西安办事处，然后转乘马车或步行四百余千米才到达延安。刘光军、郑德辉和杨宜达被编入抗大；陈国贝、何兴宇、杨刚和梁浚成编入陕北公学学习。艰苦的生活和紧张的学习使他们得到极大的磨炼和提高。最使他们难忘的是多次聆听了毛泽东主席给学员作的报告。

经过延安这个革命大熔炉的锤炼，曲江北上的几批革命青年先后分赴各个战场，为民族的解放和人民革命事业作出了很大贡献，其中陈国贝、杨刚、杨惠先和梁浚成光荣牺牲在战场上。

三、高涨的抗日救亡运动

曲江各地抗先队的成立及其活动

抗战初期，在中共曲江党组织的领导下，马坝、乌石、龙归和周田等地先后成立了广东青年抗日先锋队组织（简称"抗先队"），共有队员五百多人。抗先队运用各种形式广泛开展抗日救亡运动，宣传中国共产党团结抗战的方针政策，唤起曲江各阶层人民的爱国热情，积极投身抗战。

马坝抗先队于1938年11月成立。此前10月，广州沦陷，广东青年抗日先锋队简称"省抗先队"总部从广州北撤曲江。11月，杨维常、何国文等获悉一支由梁嘉、邓楚白和于光远等领导的广东青年抗日先锋队的分队正在翁源龙仙开展活动，于是派马坝青年何春熙前往翁源龙仙联系要求组建抗先队。11月下旬，广东青年抗日先锋队马坝分队正式成立，饶依萍任分队长，官怀民任副分队长，杨维常任组织部部长，何国文任宣传部部长。先有队员二十多人，后发展至一百七十多人，队部设在马坝救亡书店内。分队制有队旗、队印和胸章。

1938 年冬至 1940 年春，马坝抗先队着重开展了如下抗日救亡活动：（1）深入农村大办夜校识字班，宣传教育群众。抗先队员给夜校学员上课，除了结合农事活动、抗日形势教识字外，还教唱抗日救亡歌曲，同时讲述日寇的侵略罪行以及八路军抗击日军的战斗故事。当时潖溪的饶屋，马坝的老叶屋、矮石村，阳岗的何屋、回龙塘村，石堡的林屋，水口的大文山村，龙岗的欧山、上厂村，乐村坪的张屋、下园等村都办起了 30 ~ 50 人不等的夜校识字班共二十多个，参加学习的青壮年近千人。参加夜校学习后的青年思想觉悟有很大提高，积极参加街头抗日宣传演出。一些女青年自发制作各式各样的纸花、小玩具，进行义卖募捐活动，慰问抗日将士。石堡官屋村的官寿福、上何屋村的何福年、水口何屋村的何亚莲三位农家姑娘，在抗先队的引导下，勇敢地参加了当时驻马坝的广东省妇女生产团，不久随团转到韶关大黄冈转水坝驻地，从事织布、织毛巾、打草鞋等支援抗战的工作。（2）召开有各界人士和群众参加的抗先队集会，扩大影响。1939 年 3 月 17 日，马坝抗先队在牛岗坪召开新队员入队宣誓大会，参加大会的各界人士、师生近千人，省抗先队总部派了宋之光来监誓。同年 4 月，省抗先队领导陈恩、黄泽成、唐健和叶启祚来马坝视察指导抗先工作，马坝抗先队组织盛大的群众集会欢迎。同年 11 月，马坝抗先队举行建队一周年纪念活动，开群众大会、出队刊、在马坝圩进行舞狮游行，晚上演出抗日救亡歌曲和话剧，气氛十分热烈。（3）广泛开展抗日文艺宣传。每逢马坝圩日，抗先队就上街演出，大唱抗日歌曲，表演街头短剧。晚上打着背包，带上简单的道具到各村巡回演出。1939 年春节期间，马坝抗先队深入到潖溪、石堡、阳岗、水口、小坑、炉头、乐村坪、山子背各大村庄演出，还到了白土、龙归和韶关西郊演出，历时半个多月，直至元宵。通过巡回宣传，扩大了政治影响和抗先队伍。马坝许多村庄，如老叶屋、矮石村、石堡林屋、龙岗等一些村成立了十多个抗先小组。同时也带动了农村小学，不少学校师生也组织起抗日宣传队，上街演出、义卖、写抗日标语等。（4）开展义卖义捐活动。圩日，抗先队员带着义卖物品上街宣传，动员群众有钱出钱，有力出力，支援抗日前线，许多群众都乐意认购捐献。马坝抗先队举行义卖活动共筹得近千元，全部上交省抗先总部，慰劳前线伤员，以鼓舞士气，打击日寇。与此同时，当抗战部队经过马坝时，到处都有抗先组织设立的茶水接待站，慰劳上前线的抗日将士。

龙归抗先队于 1939 年夏成立。由中共党员王仲华、沈丹凤（女）、孙青新串联发动了龙归圩十多名店员、榨油工人和附近农村进步青年，组织了广东青年抗日先锋队龙归分队，由沈丹凤和王仲华负责。龙归抗先队同省抗先队保持密切的联系，经常在龙归街和附近农村开展宣传、义卖等抗日救亡活动，以唤起民众。抗先队员由十多人逐步发展到七十多人。

周田抗先队于 1939 年秋成立。由共产党员杨维常、罗玉麟、张洪、陈乃仁和马坝抗先队员何允文、饶宝礼参与组建工作。1939 年 9 月，成立了广东青年抗日先锋队周田分队，张洪任分队长，黄振麟（进步青年教师）任副分队长。抗先队员由 20 人增至 50 人。队部设在周田圩的旧公安局内。为了扩大影响，在抗先队成立当晚，组织了火炬化装大游行，向群众散发《告同胞书》。抗先队以周田小学为阵地，开办两期民众夜校，每期五十多人，学习时间两个多月。抗先队还组织了由李世恩为队长的抗日宣传队深入到黄坑、大桥和新庄三个乡进行巡回宣传，形式多样，生动活泼。群众看了这些抗日宣传，爱国情绪十分激动。当时周田驻有国民党第十二集团军的通讯团、军需处和军医处。应通讯团团长孙乾（孙中山侄孙）的邀请，周田抗先队在 1939 年 10 月 10 日晚同当地驻军联合举行庆祝晚会，许多社会人士和群众也参加了大会，会上驻军领导和周田抗先队队长作了演讲，演出了许多抗日救亡的节目，整个会场弥漫着浓厚的抗战气氛，表现了军民团结为抗战的精神。

乌石抗先队于 1938 年 11 月由共产党员梁展如和侯义强主持在濛浬上黄村成立。黄庭升任队长，黄庭勋任副队长。队员有：黄绍珍、黄庭开、黄庭柱、黄庭坤、黄庭招、侯绍良、侯仕福、侯绍承、曹本辉等。乌石抗先队也组织过街头演唱、宣传，在濛浬办夜校识字班等抗日宣传活动。

1940 年春，国民党顽固派掀起了全面抗战后的第一次反共高潮，打击进步力量，破坏团结抗战，许多抗日救亡团体被取缔，广东青年抗日先锋队被国民党广东省当局强迫解散。1940 年 4 月，曲江马坝、周田、龙归、乌石等地的抗先组织被强行取缔，被迫停止了活动。

广东青年抗日先锋队总部在曲江

广东青年抗日先锋队 1938 年 1 月在广州成立。同年 10 月广州沦陷后，省抗先总部撤去新兴县。1939 年 1 月，省抗先队北江办事处在曲江成立，陈恩任主任。当时，中共广东省委已北迁曲江，广州的许多大中学校也纷纷北迁曲江。为了便于就近取得中共广东省委的领导，发挥省抗先队在领导青年运动和学生运动中的作用，1939 年 3 月，省抗先队总部由新兴县迁到战时省会曲江，成为领导全省青年运动的中心。总队长邓明达，副总队长陈恩、梁嘉。

省抗先队总部北迁曲江后，在中共广东省委的直接领导下，先后两次召开重要会议，部署和领导全省的青年抗日救亡运动，号召全体抗先队员到战区去，到敌人后方去，深入农村组织和武装广大的青年，并在工作上不断学习，不断创造，在战争中使广东青年运动更向前推进！

其间，省抗先队在曲江领导全省抗先组织武装斗争、动员和组织民众参加抗战、推动国民党军队抗战、提高部队战斗力、帮助基层组织和扩大抗先队伍等方面的工作卓有成效。

省抗先队对曲江各地的抗先组织十分关心重视。同马坝、龙归、周田的抗先组织保持经常的联系，加强工作指导。

1940年春，国民党掀起第一次反共逆流，广东当局加紧了对广东青年运动的控制，妄图以三民主义青年团（简称"三青团"）统制和包办全省的青年运动。同年12月，省抗先队总部在曲江举行第二次全省代表会议，与会代表一致表示：为保持抗先的光荣，必须坚决拒绝加入"三青团"，同时做好应付国民党顽固派进一步迫害的准备。为了进一步激励士气，会议还通过了由著名作曲家冼星海谱曲的抗先队新队歌。

1940年4月13日晚，国民党广东当局要省抗先队负责人到国民党省党部作最后一次谈判。遵照中共广东省委指示，省抗先队在被强行解散之前，于1940年4月15日发表了《广东青年抗日先锋队总部为各级队部被解散告社会人士书》（简称《告社会人士书》），回顾了省抗先队成立两年多以来在抗战中建树的业绩，揭露了国民党当局用"三青团"统制青年运动，用强蛮手段解散青年抗日团体的卑劣行径，明确指出，解散抗先组织只能削弱抗战力量，对国家民族造成重大损失，是"绝对不能接受的"。《告社会人士书》发表后，在中共广东省委的安排下，大批抗先干部相继转移到敌后开展武装斗争。省抗先队被强行解散，从反面教育了人民，暴露了国民党广东当局消极抗战，积极反共的真面目。

四、中共广东省委、北江特委、八路军驻广州办事处与中共广东省委在曲江

抗战初期的中共广东省委于 1938 年 4 月在广州成立，书记张文彬，组织部部长薛尚实（同年 7 月由李大林接任），宣传部部长兼统战部部长饶彰风，职工部部长梁广，军委书记尹林平，青委书记麦蒲费，妇女部部长张越霞。同年 10 月 21 日广州沦陷。中共广东省委的大部分领导成员分散随省抗先队撤到粤北的翁源、连县等地，年底在曲江（韶关）会合。此时，曲江（韶关）成了中共广东省委机关的所在地。省委机关秘密设在西河八路军驻韶关办事处附近。省委当时在曲江设有三个地下交通站：一个是位于风度中路的五四书店，主要负责上下联络，传递信件；第二个是设在黄田坝的一间老屋，主要用于安排接待外地来找省委的同志的食宿；第三个交通站是曲江马坝救亡书店，张文彬曾来书店秘密找骨干谈话，了解马坝党组织的活动和发展情况。1939 年春，省委在八路军驻韶关办事处设置电台，使广东省委与中央及各地党组织保持密切联系。1939 年底，由于国民党当局不断制造反共摩擦，加上日寇进迫曲江，因此，省委机关和电台转移到南雄。为了工作需要，此后省委曾在曲江重阳南岸村和十里亭转水设过临时机关，上述三个交通站也继续使用到 1940 年。

中共广东省委在曲江有一年时间，省委遵循"以建党为中心"的方针，在加强党的建设，加强抗日民族统一战线以及开展抗日救亡运动等方面，领导全省党组织和人民进行了卓有成效的斗争。广东省委在曲江的革命活动主要有：（1）召开了两次省委重要会议。1939 年 1 月 7 日，省委书记张文彬主持召开了省委第四次执委扩大会议，传达中共六届六中全会精神，总结省委成立以来的工作，并分析了当前抗日战争的形势。会议确定全省今后

工作的基本方针是：长期积蓄力量，准备在抗战最后阶段起决定作用。1939年11月，中共广东省委召开了第五次执委会议。先是在曲江马坝演山谢屋开了几天，后转移到曲江黄塱坝继续秘密召开。会议主要是研究如何应对国民党顽固派掀起的反共政治逆流，同时选举出中国共产党第七次全国代表大会广东代表和候补代表。（2）举办了四期党员干部训练班。第一期于1939年3月至6月在韶关西河举办，培训党员干部三十多人。学员结业后分派到全省各地担任各地党组织的领导；第二期是1939年7月至11月在曲江马坝演山举办（先在转溪白马庙），培训党员干部四十多人；第三期是第二期结束后紧接着在原地继续举办的，有党员干部三十多人参加培训，同年12月，转移到南雄继续学习；1939年11月，在召开中共广东省委第五次执委会议之前，省委将参加会议的特委书记集中到曲江马坝举办了一期马列主义研究班，时间10天。省委在马坝举办的党员干部训练班得到中共曲江党组织以及演山革命群众的大力支持。中共马乌支部协同省委选择办班地址，参加护送学员进出马坝地区，办理伙食，采购药物，传送文件，掌握敌情。演山群众空出房子让学员住宿，帮助训练班买米运菜，还站岗放哨，保护训练班的安全。由于多方配合，这期训练班在演山办了三个多月，进行顺利，没有出任何政治事故。（3）中共广东省委对国民党第四战区司令张发奎、李汉魂、余森文、李章达等做了许多团结争取工作。领导了省抗先队组织，动员了七百多名中共党员和进步青年进入国民党第十二集团军做政治工作。同时，还派区梦觉等43名中共党员到国民党省新生活运动促进会妇女工作委员会开展抗日救亡运动。为了抗战宣传的需要，省委机关刊物《新华南》1939年4月1日在曲江创刊，成为华南人民抗日斗争的指路明灯。

中共北江特委在曲江

1939 年 7 月，中共北江特委在韶关西河八路军驻韶关办事处秘密成立，书记黄松坚，组织部部长王炎光，宣传部部长廖宣、吴坚（后），青年部部长张江明，委员谢永宽。特委机关设在八路军驻韶关办事处。管辖的范围包括曲江、南雄、仁化、乐昌、乳源、始兴、英德、翁源、阳山、连县、连山的国统区和毗邻沦陷区的清远、佛冈、从化、花县和三水、南海、番禺等地的一部分。

中共北江特委认真贯彻中共广东省委关于长期积蓄力量，建设强大的党的基础，大力开展抗日民族统一战线工作，广泛发展敌后游击战争的方针，将北江党的建设重点放在加强农村和学校党组织的建设，在清远庙仔岗，佛冈三江，英德东乡鱼湾，曲江马坝、乌石，翁源官渡，南雄瑶坑等地建立农村支部，有计划地选派许多中共党员进入学校任教，如翁源一中、二中，省立连州中学，始兴风度中学，仁化省立韶州师范，英德的英东中学，曲江中学以及县城韶关的许多小学，建立中国共产党的基层支部，开展工作，培养人才，为以后进行武装斗争输送骨干力量打下基础。举办党训班，抓新老党员的培训教育工作。1939 年秋，中共广东省委派金阳到中共北江特委担任党训班主任，先后在曲江办了两期党训班：第一期是 1939 年 8 月在曲江马坝鞍山马路下何屋村举办。学员主要来自曲江、翁源、英德、连县、佛冈等地的党员干部，有何俊才、林铭勋、许足成、陈贻冀、肖少麟、余萍、朱继良、廖诗标、刘健芸、何国文等十多人。中共北江特委领导黄松坚、王炎光和石辟澜讲课，学习课程有政治形势、党的建设、统一战线、游击战争以及青年、妇女工作等。学习期间，班内组织了"抗战必胜还是抗战必败"的辩论，学习结束时还进行考试。该班办了 20 天左右。第二期党训班是在 1939 年 10 月。经中共马乌支部的协助，班址选在离马坝圩六七公里的水口水心坝一间庙堂里。学员有李先士、梁庄儿、余珍、何春熙、何蔚儒、刘烈珍，还有英德的 3 名党员共十多人。中共广东省委党训班主任苏曼、省委青委书记吴华和妇女部部长张越霞均到班上讲课。学习内容重点是形势教育和马列主义启蒙教育。办班时间十多天。以后北江特委机关迁去连县、英德，又继续在连县、英德、佛冈、清远等地继续举办党训班，共举办了十多期，一百多名党员受训。中共北江特委还派了一些党员打入国民党党政军机关进行秘密工作。1939 年冬，当反共逆流袭击北江时，在曲江的一些抗日团体被解散，省抗先队也被取缔。中共北江特委遵照中共中央南方局书记周恩来的指示，实行"隐蔽精干，长期埋伏，积蓄力量，等待时机"的方针，将这些抗日进步团体中的党员转移到各种合法组织中去，大部分被安排到各地学校和农村基层，做到"落地生根"。中共北江特委在曲江领导了一场争夺学校领导权和反控制的斗争，对"三青团"在学校的渗入和统制进行了抵制。开展对国民党的爱国人士、地方实力派、爱国军人以及地方进步士绅的统战工作。团结了一批爱国民主人士如陈汝棠、黄开山、张光弟和莫雄等，扩大了北江的抗日民族统一战线，壮大了进步力量。

　　1940 年 10 月，因形势变化的需要，中共北江特委一分为二，分别成立了中共前北江特委和中共后北江特委。同时撤销中共曲江中心县委。至 1943 年 2 月，陈祥、岑振雄、黄焕秋、李守纯、周薇雨、魏南金、袁鸿飞先后调来中共后北江特委任职，机关设在曲江县城韶关，属中共粤北省委领导，下辖曲江、仁化、乐昌、连县、阳山、乳源、连山、始兴和南雄等县党组织。在中共后北江特委领导下的曲江的基层党组织有省新运妇委会中共支部、曲江工合印刷社中共支部、省女师中共支部、曲江中学中共总支部、中共马乌特支、中共曲江黄塱坝支部等 12 个支部（总支、特支），还有不少党员分布在国民党机关、农村中小学，共有党员一百三十多人。中共后北江特委依照中共粤北省委的部署，在做好党组织发展工作的同时，加强对党员进行形势、革命气节、秘密工作的教育，开展了对党员的审查工作，对已暴露的干部进行调动、撤退或转移。同时继续举办形式多样的党员干部培训班，提高党员的政治水平和阶级觉悟。这对巩固中共后北江特委各级党组织起了重大作用。

1942年5月，中共粤北省委遭到破坏，省委书记李大林、组织部部长饶卫华、八路军驻香港办事处主任廖承志（住址乐昌）先后被捕。这是皖南事变后，国民党顽固派破坏抗日民族统一战线的又一重大事件。事发后，中共后北江特委在中共中央南方局的正确指导下，采取了一系列紧急应变措施，先后在黄塱坝、马坝召开3次特委会议，贯彻中共中央"长期埋伏，积蓄力量，以待时机"的总方针和周恩来"勤学、勤业、勤交友"的指示。特委领导分头行动，秘密向所属党组织和党员打招呼，稳定统战对象的思想，做好特委机关转移的准备。1942年底，中共后北江特委完成了传达贯彻任务，1943年2月疏散。

八路军驻广州办事处在曲江

1938年10月，广州沦陷前夕，八路军驻广州办事处从广州北迁至曲江县城韶关，改名为"八路军驻韶关办事处"。办事处租用西河安园等处（今武江南路62号和工农巷12号），办事处主任云广英。办事处内有一个中共支部，书记陈健、肖鸣（后），党员有云广英、李汉、丘松、赖仰高、邓巧、李志秀等。支部隶属中共广东省委和广西桂林八路军办事处党组织的双重领导。

八路军驻韶关办事处在曲江有近两年时间，以合法的身份进行大量的公开活动，广泛宣传党的抗日主张和八路军的战绩，鼓舞全省人民的抗日斗志，促进抗日民族统一战线的巩固和扩大。

掩护了在韶关的中共广东省委的秘密活动，巩固和发展了广东党组织。认真贯彻党的统战政策，团结了李章达、陈汝棠、莫雄等一批民主爱国人士，争取余汉谋、张发奎、余森文等中间派势力，孤立了顽固派，扩大了抗日民族统一战线。八路军驻韶关办事处还出面营救了一批被国民党关押的中共干部和被判为"政治犯"的同志，保释省委干部何玉（女）等革命同志十多人，以及营救了"东江华侨回国服务团"博罗队以中共党员杨德元为队长的 23 名同志全部出狱。还帮助中共广东省委购买武器、弹药、生活用品和其他必需物资，巧妙地利用国民党的运输力量把物资运送到所需要的地方去。发挥了特殊的作用。

1940 年底，由于国民党顽固派加紧准备第二次反共高潮，根据中共中央的指示，八路军驻韶关办事处撤往广西，云广英转赴延安，其他同志由中共广东省委安排转入地下斗争。

抗日民族统一战线方针在曲江的贯彻

中国共产党是抗日民族统一战线的倡导者和组织者，中共曲江党组织坚决执行党中央抗日民族统一战线的方针政策，实行发展进步势力，争取中间势力，孤立顽固势力。

团结各阶层的民主进步人士。中共曲江中心县委和中共后北江特委把做好民主进步人士工作作为重要任务，做到肝胆相照，把他们紧密团结在党的周围。1939 年至 1940 年间，广东省救济委员会救济总队总队长陈汝棠先生、教育界民主人士许崇清先生、曲江商会会长黄逸园先生分别为掩护八路军驻韶关办事处安全撤退、出版抗日刊物、组织进步社团，为抗日事业发挥了各自的特殊作用。邓丁木的胞兄邓铮，是白土圩有名望的绅士，他在党组织的团结争取下，多次捐钱捐物支持莫雄部队的抗战活动，掩护中共地下党组织，营救被捕的党员。邓氏家族之中有近 10 名热血青年相继走上了革命道路。马坝的民主人士杨际春，抗战期间，不但支持抗先队活动，还和共产党员杨维常、何国文、罗玉麟、甘锦轩等密切合作，先后创办马坝消费合作社和马坝中学，协助沈秉强先生修建中陂水利工程。1945 年 1 月，曲江沦陷，他挺身而出，同共产党员杨维常、梁展如等一起组织抗日游击队，成立曲江联乡抗日自卫委员会，担任主任委员，建立了包括马坝、沙溪、乌石三个乡的抗日民主政权。在马坝的民主人士沈秉强、饶克明、何卓儒等也一直同共产党紧密合作。

争取中间力量。曲江妇委会是公开合法的妇女组织，妇委会主任是曲江县县长薛汉光的夫人丁瑾，政治态度属中间人士。先后在县妇委会任总干事的共产党员杨行和冯娱修，对丁瑾采取尊重的态度，工作向她汇报，公开应酬请她参加，与她友好相处。党提出的工作计划，都能得到丁瑾的支持。省银行中共地下党员邓筠、施琦主动争取行长顾翊群和高级职员。当时，虽然国民党防共反共活动逐步增多，但顾翊群仍然比较开明，对该行青年参加抗日救亡活动同情支持。对地方上的中间实力派人士，中共曲江党组织努力做争取和转化工作，最大限度地扩大了抗日的民族统一战线。

孤立、分化、打击顽固势力。中共曲江党组织在开展抗日救亡活动时，对顽固势力的诬蔑、阻挠和破坏进行了有理、有利、有节的斗争。1939 年 3 月，曲江县县长薛汉光，极力执行国民党"限共""反共"的政策，打击进步力量，拉拢地方豪绅党棍组成"十人团"，到处安插其亲信爪牙。中共马坝地下党提出"不让坏人当权"的口号，对乡保长人选采取"积极争取，针锋相对"的策略，以争取对乡保政权的领导权。如果国民党当局采取民选的办法产生乡保长，地下党则发动群众选举进步人士或党员充任；如果采用委派的办法，由县政府委派反动区、乡长，则发动群众进行抵制、反对。从 1939 年至 1942 年先后迫使当局撤销朱楷初、杨称先两任马坝区区长职务，马坝乡保政权在很长一段时间里都掌握在共产党手里。

五、曲江的抗日武装斗争

七七事变后，日本出于封锁中国南大门和进占东南亚各国的需要，加紧了对广东的侵略。1937年8月31日，日军飞机首次对曲江县城韶关市区进行空袭，至1943年11月，日机轰炸曲江五十多次，投弹一千三百多枚，炸死民众五百三十多人，炸伤九百二十多人，炸毁房屋一千零四十多间，炸毁船艇740艘。

1945年1月27日韶关沦陷后，日军分别在马坝、乌石、犁市、花坪、大塘、龙归等地建立炮楼据点，成立维持会，拼凑汉奸队伍，无恶不作，极大地激起了曲江人民的民族义愤。老区人民纷纷以实际行动，踊跃投入到抗日武装斗争中去，为挽救国家危亡贡献自己的一份力量。

党领导的抗日武装——曲南大队的创建及其斗争

1945年1月，马坝的中共党员杨维常、罗玉麟、陈乃仁、陈志奋、甘锦轩、丘世柱等，发动群众，以苍村、演山为根据地组织起一支一百七十多人枪的抗日武装，成立了马坝抗日自卫委员会，推举民主人士杨际春任主任委员，杨维常、罗玉麟为副主任委员。与此同时，乌石的中共党员梁展如、林永福和侯义强等以鹅鼻山为依托，组织起一支三十多人枪的抗日武装。梁展如率队来马坝苍村，同马坝抗日自卫委员会商讨解决沙溪维持会问题。1月底，马坝抗日自卫委员会派出杨维常、杨宜民和甘锦轩三人前往沙溪，向沙溪维持会会长郭耀庭晓以大义，促使郭耀庭同意撤销维持会，共同联合抗日，并决定把马坝抗日自卫委员会扩大为曲江联乡抗日自卫委员会，增补梁展如和郭耀庭为副主任委员，罗玉麟改任委员会驻马坝办事处主任，委员会驻地由马坝苍村移至沙溪，取代了原有的国民党乡政权，成为曲南马坝、乌石和沙溪地区的抗日民主政权。

曲江联乡抗日自卫委员会的武装，按乡编为三个大队，六个中队和两个独立小队。马坝乡的武装编为第一大队，大队长杨宜民。下辖三个中队：第一中队中队长陈生，政训员何远赤；第二中队中队长杨信，副中队长杨宜衍，政训员丘其忠；第三中队中队长饶克枢，政训员何士添、茹侠中（后）。沙溪的武装编为第二大队，大队长黄秀峰。下辖一个中队，中队长温济民。乌石的武装编为第三大队，大队长梁展如（兼），大队副大队长林永福。下辖一个中队，中队长林永福（兼）、吕式根（后），政训员徐良。委员会直辖一个特务中队，中队长甘锦轩，政训员何耀恒、朱舜韶（后）。还有马坝乐村坪、石堡两个独立小队，小队长分别由张显儒、林志明担任。三个大队共有二百五十多人枪。

为了加强党对曲江联乡自卫委员会的领导，1945年2月，由杨维常主持，在马坝潦溪召开了党员会议，着重研究了加强队伍政治思想工作和后勤供应问题。3月，中共曲江特派员徐毅平和组织干事吴甫两人来到马坝苍村，召开了马坝、乌石全体党员会议，传达了中共北江特委的指示，宣布曲江恢复党组织活动，并指出了当前的任务就是牢牢掌握好这支抗日武装，团结一切可以团结的力量，发展进步势力，孤立顽固势力，打击日寇汉奸势力。接着，在苍村举办了青年骨干政治训练班，由杨维常任班主任。参加学习的有何远赤、何耀爵、何耀桓、丘其忠、张永芳、陈耀康、何士添、罗福添、杨宜蕃、杨宜衍、杨宜铮、梁双、梁传深、傅南安、甘元、甘克、甘子平等十多人。训练班主要学习内容是毛泽东的《论持久战》《新民主主义论》《反对自由主义》等以及军事知识，时间十多天。在训练班期间，何远赤和何耀爵两人加入中国共产党。结业后，多数学员派回中队工作，加强基层骨干力量。

1945 年四五月间，东江纵队北江支队由邬强、李东明率领挺进到了英德东部。梁展如曾去英德向北江支队汇报了曲南抗日游击队组建及活动情况，根据北江支队和中共曲江地下党负责人的决定，曲江联乡抗日自卫委员会的武装归属北江支队建制，编为曲南大队。大队长梁展如，政委杨维常，辖六个中队和两个独立小队。

曲南大队同日军、汉奸进行了一次又一次的英勇斗争。

在交通线上主动袭击日军的战斗，主要有 4 次：1945 年 2 月，梁展如亲率乌石中队在濛浬至东安寨沿线袭击日军运输船，击沉敌橡皮艇 3 艘；3 月，乌石中队在铁路线上的茶子墩袭击日军一个中队，毙敌 1 人，伤敌 3 人，缴驳壳枪 1 支，解救了数十名从马坝抓来的民夫；7 月，马坝第二中队副队长杨宜衍率队在铁路边的矮石村，袭击从叶屋山到清风亭换防的二十多名日军，战士廖裕增牺牲；8 月，马坝第一、第二、第三中队和特务中队在乌泥塘袭击日军数十艘南下的木船，毙伤敌十多人，战士赖流民牺牲，甘祥发受伤。

3 次反击日军扫荡：1945 年 3 月，驻叶屋山的日军偷袭潭溪，放火烧饶屋，马坝三个中队在群众土枪土炮配合下，把敌人打得落荒而逃，第二中队战士张德牺牲；5 月 18 日，日军三百多人从马坝到沙溪"扫荡"，马坝第一中队在塔子坳设伏，毙伤敌十多人，战士陈德牺牲，黄福标、陈耀斌受伤；5 月 25 日，日军三百多人再次到沙溪"扫荡"，在杨际春、梁展如、杨维常的统一指挥下，第三中队在塔子坳设伏，第一中队在西瓜岭设伏，第二中队、特务中队、沙溪中队在新牛形后山设伏，乌石中队在东池设伏，从公路两边夹击敌人，战线长达五千米，毙伤敌十多人，乌石中队战士梁柱牺牲，第一中队战士陈明受伤。

派出小分队捕捉或袭击日军。1945 年 2 月，第一中队小分队员黄双、杨云波在石堡活捉清风亭日军的罗姓翻译官 1 人，缴左轮枪 1 支；4 月，黄双、杨云波两人在乌龟屯村活捉日军军曹 1 人，缴指挥刀 1 把；5 月，小分队员陈文英、甘盛松在矮石村活捉日军 1 人，名叫中山和己；5 月，乐村坪独立小队袭击进村日军，毙敌 1 人。

从曲江沦陷到日军投降，曲南大队共计对日军大小战斗十多次，俘日军 2 人，翻译官 1 人，毙伤敌三十多人，抗日保乡战绩连连。至此，马坝、沙溪的全部和乌石的北半部均在曲南大队控制之下，同翁西、英东、佛北、新丰连成一片，成为北江支队统一领导下的抗日根据地。

在打击日军和汉奸的同时，曲南大队坚决顶住了国民党顽固派的压力，粉碎了他们妄图消灭抗日武装的阴谋。1945 年 8 月，国民党第六十三军一个连，偷袭在乌石鹅鼻活动的曲南大队乌石中队和北江支队何通大队，遭抗日武装坚决还击，经数小时战斗，终于打退了敌人进攻，当场抓获并处死为敌人带路的反动分子华沛托。政训员徐良、通信员徐仔壮烈牺牲。

1945 年 8 月 15 日，日本宣布无条件投降。中国人民经过十四年浴血奋战，终于取得了抗日战争的完全胜利。8 月 29 日，国民党第一八七师进驻曲江，恢复了对曲江的反动统治。国民党以统一军令、政令为名，在 9 月，逮捕了曲南大队马坝税站战士杨宜培、张树林，押到韶关后以"奸匪"罪杀害。这时，曲江特派员徐毅平和组织干事吴甫，去英德向北江支队汇报工作，途中被国民党杀害。根据变化了的情况，中共路东工委领导人指示，曲南大队化整为零，分散隐蔽，保存力量，等待时机。除留下梁展如带领一支精干的小分队在山区坚持外，把已暴露的党员干部转移去外地工作，尚未暴露的干部疏散到学校教书或复学从事学运，农民则回家就地坚持。10月间，为加强团结，保持联系，由杨维常倡议，原曲南抗日游击队中的青年骨干何耀爵、何耀桓等16人在马坝狮子岩秘密组织了兄弟会。曲南大队在中国共产党的领导下，由于采取了正确的方针，顶住了国民党反动派在军事上、政治上的进迫，经受了考验，保存了力量，为解放战争重新发动武装斗争打下了基础。

曲江各地民众抗击日军的斗争

曲江沦陷以后，周田、大塘、花坪、龙归、重阳等地也纷纷自发组织起民众抗日武装队伍，为保卫当地群众的生命财产安全，同入侵的日军及汉奸作斗争。

在周田。1945年2月17日清晨，日军一个中队押运着98只木船的运输队由南雄县顺浈江驶往韶关。当经过曲江县周田新庄水河段时，何年荣率领的抗日自卫队动员当地数百群众，占领了沿岸有利地形进行截击。这次战斗由清晨持续到下午4点多，共毙敌十多人，缴获一船物资，自卫队有3名队员英勇牺牲。

在大塘。1945年2月18日，日军一个小队从马坝的据点出发去大塘汤溪、新桥一带抢粮，正午时候经黑石旱田冲时，被当地抗日自卫队伏击。日指挥官被击中落马，日军顿时阵脚大乱，不敢应战。敌人退至鸡颈坳时，又被新桥村的抗日自卫队一阵猛打，无法通过。最后，夺路逃走。2月27日，驻马坝日军一小队突然袭击大塘其田，在肖屋、罗沙岗村大肆抢劫。水村和侧田的自卫队闻讯赶到其田助战，组成敢死队冲进肖屋和罗沙岗同日军激战，随后各村自卫队也前来支援。日军见势不妙，急忙丢弃抢来的物资往马坝退去。6月22日，大塘原维持会会长王镇弃暗投明，向驻扎在大塘的日军谎报将有国民党正规军进攻大塘。日军不疑，将全部兵力七十多人分成两股：一股守大塘圩；一股守通往韶关的新岭头。王镇当晚大摆宴席，宴请留守大塘圩的日军，席间频频敬酒，将日军个个灌得醉眼蒙眬，头重脚轻。王镇见时机成熟，手举军帽为号，5 名大刀手和十几个农民挑夫的大刀、扁担一齐出动，顷刻间，出席酒会的三十多名日军便尸横厅堂。

在花坪。1945 年 6 月，三十多名日军"扫荡"花坪推里村。村抗日自卫队早有准备，严阵以待。日军进村后，自卫队队长一枪就击毙日军机枪手。各村赶来支援的一百多名群众人人手持戈矛剑戟、锄头棍棒，大声呐喊助威。推里村自卫队抬出一杆抬枪向日军猛轰一炮，日军急忙撤兵。这场战斗持续两个多小时，毙敌 1 人，伤敌 2 人，民众无一伤亡。7 月间，花坪维持会有两名汉奸到推里村敲诈勒索，并指名要该村两个姑娘去孝敬皇军，群众怒不可遏，抗日自卫队决定智歼汉奸，便派去四五个人假意热情接待，将两名汉奸迎进屋内，端茶送烟，趁他们双手接茶的一刹那，几人一齐动手拳脚交加，汉奸当场毙命。另有两名汉奸在长地头许屋村也被自卫队抓获，打死其中 1 名，缴获手枪 1 支。

在龙归。1945 年 2 月，龙归抗日自卫队集结龙安等村的群众共一百多人，趁夜向驻桥头岭的日军发起进攻。经过半小时的激战，攻占了敌人岭脚的碉堡，打死、打伤日军、汉奸若干人，缴获一大批物资。3 月，龙归抗日自卫队组织社主、冲下、续源、凤田、甘棠、安村等地群众再次向桥头岭日军发起进攻。战斗持续了半天，一百多名日军无法抵御，丢下十多具尸体，全部撤往韶关。6 月，日军一艘满载粮食、弹药等物资的运输船由白土开往龙归。抗日自卫队发动龙归、白土沿河群众一千多人参与截击，山前村民卢树光手持两把杀猪刀第一个杀上木船。顷刻间，押船的十多名日军全部被打死，缴获整船物资。7 月，龙归、白土两地抗日自卫队和民众两千多人攻打驻龙归圩的日军。战斗从傍晚一直打到次日凌晨。自卫队和民众伤亡十多人，在天亮前主动撤出战斗。

在重阳。1945 年 6 月 18 日凌晨，日军三十多人从犁市驻地进犯重阳。村民组成的壮丁队紧闭村门，埋伏在主要道口和炮楼上。日军冲到村前，被村民击毙 2 人后，暂停进攻。下午，重阳乡抗日自卫队闻讯赶到，从村背白石岭向日军冲杀过来，内外夹击，迫使敌人当晚退走。6 月 28 日凌晨，日军三十多人再次进犯重阳村，一日本兵冲进村里欲放火烧村时，被村民举枪击毙。重阳乡抗日自卫队和庙子阁抗日自卫队先后赶来支援，日军见状退守黄沙洲。壮丁队、自卫队又迅速赶到，枪战半日，毙敌 3 人。敌人退往黄土坛瓦厂及桥头，自卫队跟踪追击，又毙敌 2 人。战至傍晚，敌乘夜色退去。村民韩亚胜在战斗中牺牲。7 月 20 日，数百日军从犁市开往重阳进行报复性"扫荡"。村民和壮丁队顽强抵抗，至 23 日凌晨，全村群众连同耕牛安全撤往他村。重阳村 3 次抗击日寇的战斗共毙敌二十多人，伤敌二十多人，村民牺牲 9 人，伤 4 人。

1945 年 8 月 15 日，日本宣布投降，曲江人民与全国人民一道终于取得全民族抗战的最终胜利。

第四节 曲江人民为全县解放而斗争

抗日战争胜利后，人民期盼已久的和平并没有到来。1946 年 6 月，蒋介石撕毁《双十协定》，大举进攻共产党领导的解放区，全面内战爆发。解放战争时期，在中国共产党的领导下，曲江老区人民为争取和平民主，支援武装斗争、配合南下大军解放曲江和全广东进行了种种努力。

一、曲江党组织的发展壮大

党组织领导机构的恢复

抗日战争胜利不久，广东的内战危机重重，形势十分严峻。1945 年 9 月，原中共北江特委书记、中共广东区委委员黄松坚派杜国彪来曲江担任曲（江）乳（源）特派员，负责恢复和领导曲江、乳源地区的党组织。副特派员是毛鸿筹。杜国彪先从英德大湾到浛洸，在曲（江）英（德）边工委特派员肖少麟的陪同下，最先到白沙接收了范家祥的组织关系，接着在韶关、马坝、乌石、周田等地分别接收了赵约文、杨维常、梁展如、张洪等人的组织关系。在了解了曲江基本情况后，杜国彪回到英德向黄松坚作了汇报，并研究了下一步的工作。由于毛鸿筹调离，续派陈兴中任曲乳副特派员，协助杜国彪开展工作。1946 年初，中共广东区委派张华任粤北特派员，负责粤北各县中共地下党的领导工作。至此，杜国彪和陈兴中便在张华的直接领导下工作。1946 年夏，由于陈兴中的身份暴露撤离韶关，曲乳副特派员由程琪（唐明）接任。1947 年初，为了加强对粤北的乐昌、仁化两县党组织的领导，兼向湘南发展，党组织任命杜国彪和程琪分别任曲（江）乳（源）乐（昌）仁（化）正副特派员，仍由张华领导。

此间，中共曲江地下党领导主要做了以下几件工作：一是在韶关东河坝建立了领导机关，将河西芙蓉山脚复办的马蹄脚农场作为地下党秘密工作据点。二是慎重处理因中共粤北省委事件停止组织活动而失去党组织关系的同志如周冷、张易生、程琪等的党籍问题。三是接收和隐蔽东纵北撤时留下的部队同志和暴露了的烈士亲属。1946 年 6 月，东江纵队奉命北撤山东解放区。为了准备对付国民党再次发动内战，中共广东区委决定粤北指挥部除一部分同志参加北撤以外，留下一部分精干的武装在粤赣湘边隐蔽起来，以应对将来可能出现的各种复杂局面。同时也安排一些同志留在地方参加秘密斗争。当时，中共曲江党组织接收了东纵北撤留下的战士有黄玉英（女）、林立明、崔承宪、朱群颂（女）、范兰胜、陆素（女），珠江纵队战士刘成，英德转来党组织关系的罗志刚、莫柱生。还有英德的烈士赖德林胞弟赖茂生一家 6 人，也从英德迁来马蹄脚农场。这些同志，有些安插到曲江中、小学校任教，有些则暂时留在马蹄脚农场。四是发展党组织，建立据点。在农村，中共曲江地下党将发展的重点放在曲江南部的马坝和乌石。在韶关以及县内许多中小学建立了据点。白土中心小学是中共曲江地下党的领导机关，特派员杜国彪在该校任校长。五是派一些中共党员打入国民党内部，开展内线和统战工作。中共党员张洪在曲江县警察局任总务科长，冼颂柏在县法院任法官，李思明任《建国日报》和《大光报》记者兼县教育科督学，李子明在《建国日报》当校对。曲江县妇委会主任温流也是中共地下党员。

中共曲江地下党组织在 1945 年 10 月恢复初期只有党员 20 名，到 1947 年上半年党员人数已增至七十多人。中共曲江党组织逐步巩固和发展，特别是占领了农村和学校许多据点，卓有成效地开展内线和统战工作，为以后在曲江恢复武装斗争准备了条件。

中共曲江工委的成立

1947 年秋恢复武装斗争以后，曲江许多中共地下党员以及在国民党机关已暴露了的党员都进了部队参加武装斗争。曲乳乐仁特派员杜国彪也到了部队，重点抓武装斗争。此时，曲江剩下在地方的党员不多，而且组织活动欠正常。粤北的南雄、始兴、仁化等地的中共地下党也有与曲江类似的情况。1948 年 2 月，袁鉴文调任中共五岭地委副书记，兼管粤北中共地下党的工作。为了整顿好粤北各县党的组织，发挥地下党在武装斗争中的作用，同年 8 月，成立了中共曲江工委，赵学光（女）任书记兼组织部部长，李凌冰任宣传部部长。中共曲江工委直接联系和领导曲江、乐昌、仁化、南雄、始兴、乳源和湖南宜章 7 个县的党组织。工委机关设在韶关。中共曲江工委的主要任务是：整顿和健全党的组织。决定在原来党和群众基础较好的地方建立支部；基础较差，还不具备建立支部条件的地方，则采取个别联系。经过整顿，在马坝建有 3 个支部：马坝乡公所马坝小学支部，有党员罗玉麟、张漪珊、罗福添、叶国林、叶沛安、叶放青等；阳岗何屋支部，党员有何远晏、何远津、何远就等；石堡支部，党员有陈乃仁、陈耀康、官怀民、陈爱莲等。在马坝个别联系的有在潭溪的陈志奋，水口的何国文，黄泥岗的甘锦轩等。在周田中学建立一个支部，成员有潘文华、巫鸿筹、龚汝中等。韶关的志锐中学、曲江一中和九龄农学院建立一个学生特别支部，有党员莫德炜、曾永祥、傅南安、凌嘉、李仲华、邓济舟等，个别联系的党员有韶师的朱石全，县法院的冼颂柏，县警察局的张洪等。

中共曲江工委在开展统战工作，发动群众支援部队，建立交通站，做好人员物资输送工作，以及迎接南下大军配合解放韶关等方面做了大量卓有成效的工作。

中共曲江县委的成立

1949年7月，中国人民解放军在各个战场节节胜利，百万大军强渡长江，很快要进军广东。曲江的解放已为期不远了。在始兴澄江，中共五岭地委副书记袁鉴文、委员陈培兴，召集中共曲江工委书记赵学光、清曲大队大队长何远赤开会研究曲江工作。会议充分肯定了中共曲江工委、清曲大队的工作，指出曲江工作的重点应该立即转移到准备迎接南下大军、解放和接收曲江的工作上来。为了加强对曲江工作的统一领导，协调中共曲江地下党组织和武装力量的工作，中共五岭地委决定，立即成立中共曲江县委，由陈培兴任书记，赵学光任县委组织部部长，李凌冰任县委宣传部部长，何远赤任县委武装部部长。所有中共曲江地下党组织和武装部队统一由中共曲江县委领导。撤销清曲工委和清曲大队，成立曲江独立大队，统一领导曲江马坝、乌石、沙溪、小坑、大塘、河西等几个武工队，由何远赤兼独立大队大队长，原清曲大队主力中队调"北二支"主力团。保留中共曲江工委，继续负责粤北各县和湘南的中共地下党的领导工作。

赵学光和何远赤从始兴回到曲江后，立即在马坝演山谢屋召开了干部会议。参加会议的有赵学光、李凌冰、何远赤等领导干部二十多人。会上，赵学光传达了中共五岭地委关于成立中共曲江县委和曲江工作重点转移的指示，何远赤作了形势报告，讨论分析了曲江当前的形势，决定县委目前工作的重点：（1）健全充实各区武工队，准备迎接大军和接收曲江。发展农会、民兵组织，巩固发展根据地和游击区，使之成为解放曲江的基地。同时，加强对马坝两面政权及自卫队的领导，以便届时配合南下大军和游击队接收曲江。（2）加强统一战线，做好护桥、护厂、护院、护校、保护机关的工作。（3）发动群众筹粮筹草，支援前线。会议决定成立三个中共区委：曲东区委，书记何耀爵，副书记何耀桓，组织委员叶国林，宣传委员何龙。主要负责大塘、枫湾、小坑等地的工作。曲南区委，书记何英，组织委员陈耀康，宣传委员官怀民，群运委员何国文。主要负责马坝、沙溪、乌石等地的工作。曲西区委，书记范家祥，组织委员丘精忠，宣传委员杨宜华。主要负责白沙、白土、龙归、樟市、罗坑、江湾等地的工作。

二、曲江的三年游击斗争

曲江人民武装的创建及其斗争

（一）人民武装的建立

1947 年初，中共广东区委作出关于"恢复武装斗争"，由"小搞到大搞"的重要决定，在中共五岭地委和中共曲江地下党的领导下，6 月 19 日，梁展如在乌石组织起一支 9 人、8 支步枪的武装，接着到翁源金竹坑粤赣边先遣支队司令部接受一个多月军事训练后回到曲南活动，队伍扩大到三十多人枪，仍称"曲南大队"。这是解放战争时期曲江恢复的第一支人民武装。

（二）点燃曲江武装斗争烈火

1947 年上半年，中共曲江地下党决定不失时机在敌人认为是"安全后院"的曲江点燃武装斗争的烈火。8 月下旬，梁展如派人送信同驻在沙溪凡洞的粤赣边先遣支队"飞虎"大队汤山政委取得联系，汤山派手枪队到南华，在中共马坝地下党员何耀爵的配合下，化装侦察国民党南华农场并制订了作战方案。行动当晚，汤山政委率部队急行军七十多里，从沙溪凡洞赶到乌石塘面村同梁展如部队会合，然后趁夜在 10 点左右包围了南华农场。手枪队机智地冲进南华农场营房，捉到了农场的负责人某师师长的太太，缴获崭新的驳壳手枪 2 支，德国造七九步枪 4 支，弹药一批。紧接着，梁展如部队再次配合"飞虎"大队夜袭了国民党曲江沙溪乡公所。当晚 10 时左右，按计划兵分两路，由手枪队和步兵班组成的突击队在解决了乡公所哨兵之后，冲进乡公所营房，敌人毫无准备，只好举手投降。另一路负责歼灭监仓的守敌，当战士摸进监仓值班室时，敌人正集中在那儿赌钱，连门哨也没有，束手就擒。这次夜袭打得神速、利索，共俘乡公所自卫队二十多人，缴获长短枪三十多支，子弹三千多发，解救了被抓的三十多名壮丁，并且焚烧了乡公所内所有的户口册和田粮簿，当场处决了为非作歹的催征员。

与此同时，中共曲江地下党在河西成功组织了白沙起义。起义前，杜国彪同中共马坝地下党支部书记何远赤，由白沙教师、"青盟"成员张世德领路到白沙乌石洞察看了地形，了解了民情，并对起义工作作了具体布置。通过白沙"青盟"成员邹泽民详细调查了白沙乡公所人员、装备，并将乡公所及周边布局绘成草图。1947 年 9 月中旬的一个晚上，何远赤从马坝率领何远来、何远照、丘其忠、吴棠、何才、文丹等人，带着筹集来的 4 支步枪和 1 支驳壳枪，由张世德领路，在龙头寨渡过北江河直奔白沙乌石洞张屋。抵达张屋时，中共曲乳乐仁副特派员程琪和陈克、李学文、范家祥、邓祯、欧阳汝森已在那儿等候。接着，白土小学教师邓启民在开明绅士邓铮的帮助下，派人给他们送来了 1 支驳壳枪和 1 支左轮手枪。程琪宣布，起义队伍由陈克和何远赤负责。在张屋集结时，起义人员还进行了临战动员和手、步枪的分解、结合、瞄准击发等实战训练。9 月 15 日是白沙圩日，起义人员提前吃过晚饭后，手里拿着捕鱼工具，装成去河边打鱼的样子，分批往白沙圩进发。何远赤领着李学文、何远来走在前头，他们是手枪突击组；何远照、文丹两人持步枪去占领白沙街后山制高点作警戒；程琪和欧阳汝森负责剪断白沙通往县城的电话线，然后连夜赶回县城韶关办理为起义部队购买和运送机枪的事宜；其余人员由陈克指挥作接应。8 点左右，何远赤率手枪组突然冲进白沙乡公所，所内只有一个文书在油灯下抄写文件，当即做了俘虏。接着，陈克等人冲进自卫队住的大房里，迅速收缴步枪 11 支、手枪 2 支、子弹一批，烧毁了乡公所内的户口册、田粮册和其他文件。随即又在街上以曲江县人民反三征翻身团的名义刷写了大标语，并张贴了反对国民党征兵、征粮、征税的布告。夜袭南华农场、沙溪乡公所和组织白沙起义，拉开了解放战争时期曲江人民武装斗争的序幕。

白沙起义后，向中共五岭地委汇报完工作的中共曲乳乐仁特派员回到部队，带起义部队向龙归进发，在白土大岭村宿营时受反动武装包围袭击，战士何远光牺牲，张世德等 11 名战士被俘。1947 年 10 月上旬，起义部队东渡北江在乌石濛浬与梁展如部队会合，开往沙溪凡洞。根据中共五岭地委的指示，成立曲江县人民解放大队（又称"曲南大队"），杜国彪兼任大队政委，梁展如任大队长，何远赤任副大队长。大队共六十多人，分两个中队，分别由陈克和王华任中队长。曲江县人民解放大队由粤赣边先遣支队代管。

（三）开展反"清剿"斗争

1948 年初，中共中央香港分局领导人黄松坚在瀹江地区检查指导工作时，根据斗争形势确定了"以分散对付敌人集中"的反"清剿"方针。在粤赣边先遣支队司令部驻地太平，黄松坚和支队领导何俊才、黄桐华、林铭勋等接见了曲江县人民解放大队的部分干部，研究曲江武装斗争发展方向问题，决定将曲江县人民解放大队一分为二，成立曲英乳人民义勇大队和曲南大队。随即，以何远赤为大队长、陈克为政委的曲英乳人民义勇大队四十多人从沙溪凡洞出发西渡北江，回到河西地区的白沙、樟市、罗坑一带活动。同时，在马坝留下以何耀爵为队长、何英为副队长的武工队，配合中共马坝地下党支部，开展公开与隐蔽相结合的活动，支持山区的游击战争。另一支由王华率领的 40 人的武装，沿用曲南大队番号，归属粤赣边先遣支队领导，在曲江沙溪、乌石和翁源两地区坚持斗争。

　　曲英乳人民义勇大队在曲江河西地区经受了严峻的考验。1948 年 1 月，国民党曲江县自卫总队拼凑白沙自卫队合围白沙定洞游击队。但敌人"围剿"的情报已被中共韶关地下党获悉，部队及时转移，致使敌人合围阴谋落空。1 月底，曲江县县长、"曲江县清剿委员会"主任杨寿松亲自率领国民党保安团、县自卫总队以及罗坑傅桂标联防队共近千人，包围了游击队活动的罗坑蒋公、墀牛塘、上杨、下杨、昂天塘、坳顶等村庄。由于曲英乳人民义勇大队及早撤进瑶山，敌人进村后，抓鸡、抬猪、牵牛，能带的东西都抢走，拿不走的全部砸烂。尤其是上杨村，群众财物遭洗劫，游击队员的家属被抓去罗坑乡公所严刑拷打、罚谷，村中老人杨亦祥被自卫队无辜枪杀。第二天，杨寿松、傅桂标和罗坑反动乡长吴泉轩胁迫群众到罗坑街开大会，大肆污蔑游击队和恐吓群众，还当场以"通匪"罪名枪杀了宋庭昌、林殿新等 5 名群众。敌人在游击区除了进行"围剿"外，还在地方保甲政权搞"联保""清查户口"，规定"窝匪"要罚谷，家里有人参加游击队要抄家，白沙、罗坑等联防队还出"花红"悬赏捉拿何远赤和范家祥。同时，还派出便衣进山侦察跟踪。由于游击队得到广大群众支持，消息灵通，战术又十分机动灵活，使敌人的阴谋一次次落空。敌人看"围剿"不能消灭游击队，以后改用"驻剿"办法。即派出军队同当地联防队配合，在游击活动区域分兵驻守，在各通道处设卡，检查来往人员，封锁上山的道路，威吓附近群众不准进山，企图切断粮源将游击队困死。1948年3月，曲英乳人民义勇大队被"驻剿"的敌人压缩在樟市、罗坑交界的瑶山地区，生活异常艰苦，几乎只得靠啃竹笋、咽野菜充饥。战士没有冬衣和棉被，晚上常常烤火御寒到天亮。在艰难困苦的日子里，部队指战员仍得到瑶民和革命群众的支持，充满革命乐观主义精神。敌人"驻剿"二十多天一无所获，只好收兵。4月，游击队下了瑶山来到白沙定洞，同中共五岭地委副书记袁鉴文、粤赣湘边区人民解放总队政治部主任陈中夫以及谭颂华率领的黄康主力大队会师，共有一百五十多人枪。5月14日晚，部队第二次攻打白沙乡公所。不久，曲英乳人民义勇大队随黄康主力大队开赴始兴进行休整。

曲南大队反"扫荡"的斗争亦是相当艰苦。1948年1月，粤赣边先遣支队司令部驻地翁源太平，遭受国民党整编第六十九师九十七旅的星夜长途奔袭，损失很大。曲南大队这时同粤赣边先遣支队失去了联系，部队留在翁源铁场沙岭头一带，经常遭受曲江、翁源两县地方团队的袭击，有时部队一个晚上得转移几次。敌人对部队活动的村庄、山头不断进行"清剿"，控制上山的通道，对群众进行反共宣传和恐吓，甚至抄游击队员的家。为了对付敌人的"清剿"，曲南大队分成若干小分队，白天下山秘密活动，晚上钻进大山，住纸厂、茅棚。这里天气寒冷，战士们衣着单薄，几十人的给养也遇到很大困难，经常吃竹笋、红薯叶充饥。部队病号增加，山上缺医少药，有几个战士病故了。在这样艰难的情况下，有些战士思想波动，有个别甚至下山回家了。为了安定部队情绪，坚持斗争，中共曲南大队党支部召开了党员和骨干会议，加强了对指战员的思想政治工作，指出革命的光明前途，逐步使大家稳定下来。党支部还决定：一方面派人同粤赣边先遣支队联系，另一方面暂时将曲南大队分成两组进行活动。王华带二十多人撤离翁源铁场沙岭头转移到马坝潭溪、石堡和乌石鹅鼻洞一带活动，另一组由张国菁、张颂标率领在翁西地区坚持斗争。

（四）开辟新区

1948 年上半年敌人的重点进攻和"围剿"失败后，曲江的武装部队开始进入了一个发展时期。曲英乳人民义勇大队经过一个多月的休整和学习，政治和军事素质都得到很大的提高。8 月，根据中共五岭地委和粤赣湘边区人民解放总队的决定，曲英乳人民义勇大队由谭颂华、何远赤和陈克率领，从始兴向曲（江）英（德）乳（源）边区挺进，开辟新区，配合连江支队的斗争。部队西渡北江回到曲江白沙老区，在定洞召开了整党审干会议，讨论研究了部队向西挺进的计划。当大队西进到达罗坑蒋公村时，决定留下陈克和范家祥带领部分本地籍战士约十多人在白沙、罗坑和樟市坚持斗争，主力部队继续向乳南挺进。10 月初，大队到达曲江的江湾，在白石、三门神、黄屋坝、墩头、良田等村进行大宣传，访贫问苦，很快组建起"兄弟会"，扩大了"贫雇农团"。同时，还派出游击小分队到江湾的胡屋、湖洋、陈屋、梁屋等村庄组织农会、民兵，开展减租减息，借粮借枪。接着由谭颂华、何远赤、文丹率领曲英乳人民义勇大队主力中队西进乳源大布、企石，英德的平治洞等地活动，派出武工队组织农会、民兵，借枪筹粮，活动范围逐步扩大，开辟了曲英乳游击根据地。留在河西地区的游击队在陈克和范家祥的率领下，继续开展反"三征"工作，广泛宣传发动群众，筹粮、借枪，先后动员二十多人参加游击队，分别在白沙乌石洞张屋和罗坑上杨屋建立交通站。同时，积极做好统战工作，争取白沙乡乡长邹桂靖、罗坑开明绅士对游击队的支持。河西游击区初步形成。

国民党军队和曲江、翁源两县的自卫队在 1948 年 1 月至 4 月间对曲南地区的"围剿"失败后，王华负责的曲南大队于同年 5

月与粤赣边先遣支队恢复了联系。经过整训整编，曲南大队大部分指战员被编入粤赣边先遣支队第三团，由涂锡鹏任团长，梁展如任副团长，王华任政治处副主任。第三团主要在翁源境内活动。曲南大队留下十多名战士组成曲南武工队，由李卡、黄力、梁镜负责，划归当时成立的曲南工委领导。曲南工委由杨军任书记，李卡任副书记。曲南武工队当时又分两支进行活动：一支主要在以沙溪凡洞、宝山为中心的山区活动，由李卡、黄力和叶楠负责。还成立了"曲南山区工委会"，李卡兼工委主任，叶楠任副主任。另一支由梁镜和赖潮负责，主要在马坝、乌石平原地区活动。

在以李子明为书记的中共马坝地下党支部的配合下，马坝武工队把公开斗争与隐蔽斗争结合起来，把合法斗争与非法斗争结合起来，重新建立起革命的两面政权。在革命两面政权的掩护下，在组织秘密的农会、民兵、妇女会和儿童团的同时，建立起联结游击区与国民党统治区、北江河两岸之间的交通站。发动群众参军支前。在北江河岸和马坝街建立税站征税，为游击队购买子弹、药品和被服等物资。

（五）蓬勃发展

1948年冬，全国解放战争的形势起了根本的变化，开始进入夺取全国胜利的决定性阶段。粤赣边先遣支队和粤赣湘边区人民解放总队已歼灭了不少地方保安团队、乡自卫队，武装斗争逐步由山区向平原推进。这时，曲江的武装斗争进入了大发展时期，挺进在乳南的曲英乳人民义勇大队已是一支有七八十人的武装队伍。11月底，与英东突击大队彭厚望教导员带两个中队，连江支队李冲带一个手枪队在江湾胡屋会师，并粉碎了英德、曲江、乳源三县的反动武装对江湾的三支人民武装部队的联合"围剿"。1949年初，曲英乳人民义勇大队从英西、乳南撤回曲江河西地区。根据中共五岭地委开辟湘南新区，坐南向北发展的决定，曲英乳人民义勇大队先后抽调了陈克、殷石海、陈德元和胡军 4 名干部去乳北湘南组建新的游击队，范家祥、范兰胜和杨宜华带领一支武工队继续留在河西，主力中队由何远赤率领开到曲江与始兴交界的地区活动。1949 年 1 月 19 日，曲英乳人民义勇大队主力中队配合中国人民解放军粤赣湘边区人民解放纵队主力黄康大队和唐胜大队参加了始兴清化竹子排伏击战。此役，歼敌一百多人，缴获机枪两挺，长短枪四十多支。1949 年春节，主力中队又返回曲江樟市径口龙岭村集结。何远赤、陈克于年初六率部伏击企图"扫荡"罗坑的国民党第三十九军一个营和联乡防大队近千人，利用龙岭村山地和背靠瑶山的枫树坪有利地形，先敌开火，毙伤敌各二十多人，坚持战斗两个多小时，陈志雄等 4 名战士壮烈牺牲。此役，打破了国民党军队要企图扫平罗坑的扬言。

1949 年 3 月，为充实加强主力大队，中国人民解放军粤赣湘边区人民解放纵队北江第二支队决定从曲英乳人民义勇大队中抽调李球中队约六十多人予以补充，其余武装则同始兴清化的莫世延中队合并成立清曲大队，由何远赤任大队长，莫世延任教导员。同时在党内成立中共清曲工委，何远赤任书记，莫世延、何耀爵、许少楷任委员，属中共粤北工委领导。清曲大队辖下，有一支由王显忠、许泰清领导的主力中队；在清化地区有许少楷、刘绍民领导的武工队；在小坑大塘有何耀恒、钟波、何龙领导的武工队；在马坝有何耀爵、何英领导的武工队；在河西地区有范家祥、范兰胜和杨宜华领导的武工队。这时，各处的武工队都发展到四五十人，其中，河西武工队已超过 70 人。3 月间，范兰胜调主力大队任副教导员，并从河西武工队抽调二十多人参加主力大队。这时的清曲大队共有三百多人枪，成为一支有主力中队、武工队，辅之民兵三位一体的人民武装力量。

广泛开展反蒋统一战线工作

解放战争时期，中共曲江党组织发扬统一战线工作的光荣传统，在社会上层和基层团结老朋友，结交新朋友，争取中间人士，调动一切积极因素建立起广泛的反蒋统一战线，为曲江解放起到了重要作用。

（一）组织进步团体民风社

1946 年，全面内战爆发，中共中央制定了反蒋的统一战线政策，在军事、政治等方面同国民党当局进行斗争。4 月，曲乳特派员杜国彪在韶关团结党外开明人士、机关职员和知识分子等组织民风社，并出版以主张民主反对内战为中心内容的党的外围刊物。推举开明人士、曲江县税务局局长莫家励为社长。《民风周刊》第一期在 6 月 1 日出版，莫社长写了发刊词，杜国彪、陈兴中、李思明等都用笔名发表了文章，揭露了国民党假谈判真内战的反动面目。

（二）团结争取各方上层进步人士

徐民纲先生是东莞人，曾任国民党第十二集团军的中校情报参谋，受中国共产党的教育和影响，同情和支持革命活动。掩护过地下党员来往，为有困难的同志提供旅费。1949 年秋，在南下大军入粤之际，他为部队提供了一套五万分之一的广东军事地图，对解放广东起到了重要作用。

马坝开明人士杨际春，受中国共产党的影响，解放战争期间，一如既往支持革命。1948 年 3 月，他积极支持中共马坝地下党组织罢免反动乡长张秉枢的斗争，全力支持共产党员罗玉麟出任马坝乡乡长，建立"白皮红心"的两面政权。他不但捐献枪支和粮食帮助游击队，而且热情接待部队和中共地下党的负责同志，何远赤和赵学光都曾在他家隐蔽、接头和研究工作。1949 年，为迎接南下大军解放广州，组织支前，他带头捐粮，使筹粮工作顺利开展。

马坝的开明人士饶克明，经过中共曲江党组织做工作，从 1948 年起，积极支援部队。他把家里的 6 支步枪送给部队使用，另有一支左轮手枪也给了北二支队领导使用，还为部队捐粮三千多斤。他接受中共曲江党组织的建议，曾出任马坝乡长，建立"白皮红心"政权。中共五岭地委副书记袁鉴文、赵学光夫妇曾在他家里隐蔽过一段时间。他支持女儿饶小春给游击队放哨、送情报。曲江解放前夕，又带头捐粮献草，积极支前。

李凌冰利用同乡关系，做曲江县卫生院院长陈维廉的工作，争取他靠拢共产党。1948 年夏，中共曲江工委宣传部部长李凌冰到韶关负责地下党工作，需要找职业作掩护。陈维廉安排李凌冰在潮州旅韶同乡会任职员；接着又安排中共五岭地委副书记袁鉴文和原志锐中学中共地下党支部书记莫德炜在曲江卫生院当职员，袁鉴文的爱人、中共曲江工委书记赵学光则以职员家属身份住在卫生院。曲江县卫生院成为中共韶关地下党的重要据点。陈维廉利用给国民党军政人员治病、交往的机会，搜集情报及时向中共地下党提供。游击队缺乏药品和生活用品，他便设法买了一批药品，连同卫生院的部分毛毯、蚊帐，一起送给游击队。游击队的重伤员化装送来卫生院，他秘密接收并及时给予治疗。曲江临解放，陈维廉不顾个人安危完成了中共曲江县委交办的了解敌情、保护曲江大桥和保护卫生院贵重医疗器械和药品的任务。1949 年 10 月 7 日清晨，二十多名南下大军和北二支队的病伤员便顺利住进了曲江卫生院，陈维廉带领全院医务人员悉心救治。当时韶关支前任务繁重，北二支队支前司令部政委张华召开有各界人士参加的筹借军粮会议。到会的许多商户对共产党的政策一时不了解，心有疑虑，迟迟不表态，互相观望。这时，陈维廉毅然站出来讲话，自告奋勇带头借粮 3 万斤。在他的带动下，借粮 15 万斤的计划很快落实。

杨新是马坝乡联防大队大队长，社会关系复杂，但有正义感，同情共产党。中共马坝地下党派何远香等人去争取他，团结他。曲英乳人民义勇大队所需的弹药，不少是通过杨新购买的。1948年4月，黄康大队和曲英乳人民义勇大队在河西会合后，第二次攻打白沙乡公所用的部分炸药，就是杨新帮助购买送来的。有一次，他得知中共曲江工委书记赵学光的手枪只剩3颗子弹，便自告奋勇到国民党第三十九军驻马坝军部修械员那里加工了30发手枪子弹，由交通站转交给赵学光。杨新当时经营马坝至韶关的汽车客货运输业务，有3辆旧汽车。这些汽车常作为中共地下党韶关同马坝联系的交通工具。杨新的老家在马坝小坑靠北江河的细坝村，在细坝和渡头的两个渡口，成为游击队横渡北江的据点。不论人员多少，何时需要，只要通知他，他都会及时解决渡河船只和船工，从未出过事故。1948年5月，袁鉴文率黄康大队从河西返回河东，就是由杨新提供船只从细坝渡口过河的。1949年夏，为迎接南下大军，北二支队曲江独立大队发出了捐粮通知书，杨新不但带头认捐，而且积极协助部队在马坝商户中募捐粮食四五万斤，将折款交张永芳转送中共韶关地下党组织。10月7日，韶关解放，杨新还亲自驾车送曲东区委副书记何耀恒从马坝到韶关，然后赴大塘接收乡公所。

韶关东厢乡乡长谭维亚在保护曲江南门大桥和发动该乡自卫大队起义中起了积极作用。他是中共地下党员何国文的朋友。1949年5月，中共曲江工委领导李凌冰冒着危险到谭维亚家里，以解放军代表身份同他谈判，得到支持配合的承诺。在韶关解放时，谭维亚与自卫大队共同起义，并完成了保护曲江大桥的任务。

罗坑的杨求新，他的儿子杨宜华1945年加入民主青年同盟，后来参加了游击队，加入了中国共产党，是河西武工队的负责人之一。在儿子的教育和影响下，他家成为中共地下党、游击队在罗坑的重要交通站和据点，接待和掩护过杜国彪、陈克、范家祥、何远赤等领导。他还献出枪支给游击队使用，经常接济游击队粮食，同部队生死与共。1949 年 2 月，他被国民党罗坑反动派阴谋杀害。

小坑的谭化三是一名中医，在小坑圩开了一家药店，人很开明，同情和支持游击队的活动。何远赤、何耀爵、何龙等部队领导经常在药店集中、碰头、开会。他还主动献出一支快掣驳壳枪给游击队使用。曲江解放前夕，曲东区委书记、小坑武工队队长何耀爵在突围战斗中壮烈牺牲，敌人残忍地将何耀爵的人头砍下来拿去枫湾圩示众，谭化三对何耀爵的牺牲十分悲痛，哭了一场，主动找来棺木，同何龙以及民兵杨绍福等人将何耀爵烈士安葬好。

此外，中共曲江地下党和游击队还成功争取了沙溪乡绅张善士、小坑下洞乡绅张克全、罗坑乡绅刘锡勋等中间人士，促使他们为部队做了一些有益的事情。

在隐蔽战线上的对敌斗争

（一）打入敌人心脏开展革命斗争

中共曲江地下党组织派了一些共产党员打入国民党机关、报社、团体，活动在国民党曲江县当局的中上层，掩护中共地下党的秘密活动，开展统战工作，有力支持了部队的武装斗争。

中共地下党员赵约文打入国民党县政府任建设科科长。他同曲江县县长黄干英是国民大学的同学，而且两人在英德已共事多年，黄干英对他很信任。他同县政府同僚的关系也很好。1946 年初，为找公开的职业作掩护，赵约文通过在曲江县政府当教育科科长的赖羽修，委派杜国彪任白土中心小学校长，安排地下党员李思明任《大光报》记者及县教育科督学；曲乳副特派员陈兴中及其爱人梁申在曲江第一中学任教，徐适在周田中学任教，翁敏、潘绮文在太平镇小学任教，等等。有一天晚上，杜国彪从乡下检查工作后回到韶关，当时韶关实行戒严，要清查户口，为避免出事故，赵约文安排杜国彪住在自己的房间里，躲过了敌人的盘查。

中共地下党员杨泰湖是国民党军队的退役营长，中共党组织交给他的任务主要是收集敌人军事情报，掩护中共地下党领导人，为游击队购置枪支弹药。他以国民党退役军官的身份进行广泛的社会活动，和国民党的党政军人员交朋友，和韶关驻军的军官合伙做军火生意。1946年初，张华和杜国彪复办河西马蹄脚农场作为中共地下党的秘密机关和联络站。复办不久，时有附近流氓来农场滋事，甚至想偷农场的大水牛。为震慑这帮无赖，一天张华请农场附近有名望的人士来农场做客，特意叫杨泰湖也来参加。杨泰湖身着军装，佩戴短枪，骑着大马，威风凛凛来农场赴宴，席间，张华有意向客人介绍说杨泰湖是他的亲戚。消息传开，那些无赖十分惊讶，认为农场老板后台硬，再也不敢来农场闹事了。1947年秋，河西游击队刚成立不久，很缺武器，杨泰湖在韶关弄到一挺轻机枪，与程琪两人穿上军服，乘上一条小鱼艇，顺北江而下，连夜将机枪送达曲江乌石濛浬游击队驻地，给全体指战员极大鼓舞。游击队需要的枪支弹药和药品、日用品，许多是杨泰湖购买，然后通过地下交通站送进游击区的。随着粤北武装斗争的迅速发展，中共香港分局先后调给中共五岭地委一些负责干部，他们是先到达韶关，由杨泰湖亲自护送到乐昌地下交通站，然后经湖南的汝城、桂东再转入五岭根据地的。1949年初，国民党叫嚣确保华南，在粤赣边境以韶关为防守重点，布置了两个军（第六十三军和第三十九军）的兵力。中共华南分局要中共五岭地委尽快把韶关一带国民党驻军情况弄清楚写成详细书面报告。中共五岭地委将这个任务交给中共曲江工委。杨泰湖充分利用在国民党军队中的社会关系，深入了解情况，同中共曲江工委领导一起，用密写方法写好报告，由赵学光亲自带到香港，面交张华，转送香港分局，方方同志看了很满意。赵学光是由杨泰湖通过国民党军官关系而坐上国民党的军车，安全到达广州，然后转赴香港的。这份密写的报告对解放粤北起了重要作用。韶关解放前夕，始兴县县长饶纪绵，由于形势所迫，加上中共地下党的工作，表示接受中国共产党提出的条件，准备起义。杨泰湖受命到饶纪绵的县自卫总队任参谋长，代表中共地下党掌握起义部队，对协助饶纪绵的起义并消灭国民党驻始兴县城的第二七一团发挥了重要作用。

中共地下党员张洪，通过社会关系打入曲江县警察局，后又调到乐昌县警察局当总务科科长。中共曲江工委给他的任务是了解敌情，掩护中共地下党干部，并做好联络交通工作。他在警察局期间，凡是国民党反动派清查户口和戒严，都能事先通知地下党做好准备。中共地下党组织需要的身份证和其他证件，他都能想方设法办到，曾先后交了几十个身份证给中共地下党使用。1948 年 3 月，曲江县自卫大队大队长李汉初去罗坑"围剿"曲英乳人民义勇大队，张洪得知这一情报立即向中共地下党负责同志报告，让部队有所准备，提前转移，避免了损失。同年间，中共地下党的一名同志因工作需要，化装成国民党军官，佩戴少将军衔，由湖北汉口来到韶关青年旅店住下，沿途被两名国民党便衣特务跟踪。到韶关后，这两名特务同县警察局商讨，决定当晚 11 时逮捕他。张洪获悉后，立即报告杨泰湖，及时通知那位同志离开旅店，安全脱险。有一次，马蹄脚农场的交通员刘成送一封信去东河坝交通站，并背有杜国彪的棉被和一些书报，途经西河浮桥时，被桥头哨兵盘查，因无身份证，涉嫌而被扣押到县警察局，后经张洪出面周旋，使刘成得以保释。张洪在警察局工作期间，由他出面介绍职业掩护工作的同志有十多人，由他制造证明或写个人便条作掩护的也不少。1949 年夏，有大批革命青年进入游击区受训或参军，有十多名是由他接待和护送的。1949 年 5 月，中共五岭地委书记张华，带了 3 名同志从香港经由乐昌进入汝城、桂东游击区，随身带有黄金二十多两，大洋一千多元。先由张洪护送他们入游击区，其他财物则由他分几次转送入部队。

在国民党的宣传舆论部门有中共地下党员李思明和李子明。李思明是韶关《建国日报》《大光报》的记者和县教育科的督学。他依照地下党的指示，在韶关国民党内部和文化教育界中以合法身份广交朋友，团结进步人士，1946 年 6 月出版了以主张民主反对内战为内容的党的外围刊物《民风周刊》。李子明在《建国日报》当校对有一年左右的时间，他利用合法身份收集敌人情报，团结本社青年。同时把香港有关报社寄给建国日报社作为交换的一些报刊，如《华商报》《政报》《群众》等转交给中共曲乳特派员杜国彪，让中共地下党领导从这些报刊中获得解放战争中的重要消息，了解局势，更好地开展地下党工作。

此外，打入县法院的冼颂柏和县妇委主任温流等中共地下党员，都能团结单位进步人士，宣传中国共产党的政策，了解机关和地方情况，在韶关解放前夕，发动群众保护单位的设备、档案和物资。

（二）争取学校阵地，开展地下学运

志锐中学是粤北地下学生运动的重点学校。1946 年夏开始，隐蔽在校的中共曲乳乐仁副特派员程琪负责领导志锐中学的学生运动。积极开展革命宣传和合法的斗争，组织了如学生联合会、民主青年同盟、班社、兄弟会、姐妹会等进步团体，抵制国民党反动党团和特务组织在学校的发展和活动。1948 年夏，志锐中学学生运动由中共曲江工委宣传部部长李凌冰领导，将志锐中学、曲江一中和九龄农学院的中共党员师生组建起中共韶关学生联合特别支部，由莫德炜任支部书记。在学校公开成立了"铁声文学会"，出版《绿野》周报。1949 年 3 月，志锐中学建立了共青团总支部，发展五十多名团员，发展了凌天铎和傅南安加入中国共产党。为了配合武装斗争，中共韶关学生联合特别支部先后选派了几批进步师生到游击区参军或受训。1948 年 1 月，选派了志锐中学党员教师吴社胜、陈文，学生刘克友（江浪）、何政文、何沛泉（何龙）、许庆铭（许泰清）、肖克中、曾逢汉、官其鉴、何仲才（何云），韶师学生罗旋，乳源梅花中学学生陈贱生等 15 人，以寒假去南雄探亲访友的名义，乘搭莫德炜父亲莫顺荣和莫世延胞兄莫祥利的两条木帆船由韶关驶往南雄，参加了粤赣湘边区人民解放总队。1948 年 12 月，又选派了志锐中学的凌天铎、邓美根、谭又资、甘秉华、傅南安，韶师的朱石全等，通过地下交通站进到南雄横水参加青训班学习。他们经过十多天的学习训练，回校后积极进行串联和发动，在志锐中学先后共发展了五十多名新民主主义青年团员，组建了 7 个团支部和 1 个团总支部。1949 年 5 月，志锐中学等学校提前放暑假，又选派了官建华、官洁凡、官光华、薛冰、陈慧、刘光德、杨宜禄以及曲江中学的黄岳、邓献琳等通过马坝交通站进入始兴罗坝游击区接受训练，然后分配到游击队的不同单位工作。

解放战争时期曲江游击根据地的创建

解放战争时期，曲江游击根据地从无到有，从小到大，逐步建立发展起来。从 1947 年 8 月至曲江解放，创建了曲东、曲西、曲乳边、古竹及曲南五块根据地，人口 6 万余人，面积达 8 万公顷。

（一）曲东根据地

1947 年 10 月，曲江县人民解放大队在沙溪凡洞成立后，以凡洞、宝山为依托，开辟以小坑为中心的曲东游击根据地。在凡洞、宝山组织起农会民兵以后，派出何远赤、陈克率领一支二十多人的武工队到小坑的"黄、和、西"三洞活动，后扩展到上洞等地。1947年11月曲江县人民解放大队一分为二后，曲南大队先后派遣王华、李卡、黄力、甘子平、梁坤、官怀民等，在沙溪凡洞、宝山组织武装斗争，进一步健全农会、民兵组织，开展减租减息，借枪借粮，发动群众参军参战。1948年7月，成立了"凡洞山区工作委员会"，李卡任工委主任，叶楠为副主任，黄力为委员，同时在沙溪成立曲南武工队，当地有卢万、卢秀、严松梅、张锡光、严耀珍、巫树俊、张炳才、陈有、华志、陈林、陈平等十多人参加了游击队，并在卢屋建立了由卢万为站长的交通站。国民党军队多次对凡洞、宝山"清剿"，民兵群众积极配合游击队进行反"清剿"斗争，严松梅、巫树俊、张炳才、李卡、梁坤等先后光荣牺牲。1949年9月底，赵学光、何远赤率领曲江独立大队在凡洞、宝山坚持斗争，成立了凡洞村人民政府，当部队前往解放马坝时，当地群众筹粮四千多斤，热情欢送，给予部队巨大的支持。

为进一步开辟小坑、枫湾、大塘根据地，1948年5月，中共五岭地委副书记、粤赣湘边区人民解放总队副政委袁鉴文派遣欧阳汝森为队长，在小坑黄洞组建武工队，同时设立黄洞、西洞交通站，先后有许琪、许泰清、江浪、何龙等武工队员前来开展工作。1949年3月间，何远赤和莫世延率清曲大队几次进入小坑、枫湾、大塘等地活动，解放了小坑全乡，派出武工队员在小坑的黄洞、和洞、汤湖、上洞、下洞、下坪，枫湾的大笋、小笋、锅洞，大塘的丈古岭等地，建立农会和民兵组织，参加的人数达三百多人，还设立交通站、税站近10个。1949年3月成立小坑乡人民政府，任命钟波为乡长，何龙为副乡长，取代了当地的保甲政权。8月，中共曲东区委成立后继续加强对该地的领导，曲东武工队发展到八十多人。直到曲江解放，曲东根据地的群众，先后有温必才、张斌、张福林、张暖福、杨定英、张福兰、李瑞钦、范海清等六十多人参加游击队，筹粮近 4 万斤，筹枪一百多支支持游击队，为曲江解放战争作出了积极的贡献。1949 年 9 月 28 日，国民党军队"围剿"小坑，何耀爵掩护部队撤退时英勇牺牲，为曲东根据地的创建贡献了宝贵的生命。

（二）曲西根据地

白沙乡的定洞、横村是土地革命战争时期的老区，留下有丘皆棠、温必东等一批老农会骨干。抗战时期，发展了中共党员范家祥，抗日民主同盟盟员丘皆棠、邹泽民等人。1946 年，中共曲江地下组织又派民主青年同盟盟员张世德到梅子坝小学教书，开展革命活动。所有这些，为在解放战争时期开展武装斗争，创建游击根据地打下了良好的基础。1947 年 9 月中旬，陈克、何远赤等成功打下国民党白沙乡公所后，即分兵到白沙乡的乌石洞、定洞、白石洞、龙皇洞、梅江等地发动群众，建立农会和民兵组织，反对国民党"三征"（征兵、征粮、征税），借粮借枪支援游击队。1948 年秋，开始实行"二五"减租减息，同时做好保长、乡长的统战工作。白沙乡乡长邹桂清是邹泽民的父亲，经常为游击队通风报信，成为"白皮红心"的乡长。至曲江解放，白沙乡各村庄共借枪二十多支，借粮数千斤，有力支援了游击队。先后有范家祥、伍方、吴桥福、黄三、李观秀、陈艺、黄亚四、李英等近 30 人参加了游击队。特别是乌石洞十七岁的童养媳李英和下径山十八岁的苦大仇深的姑娘黄亚四"双女投军"在当地成了佳话。

与此同时，游击队分兵到罗坑、樟市、白土发动群众，开展武装斗争。早在 1945 年 9 月，中共曲乳特派员杜国彪就到过罗坑活动。1946 年，又先后派出共产党员陈克、胡军、陆素、翁敏、范家祥等到罗坑、樟市、白土的小学以教书作掩护开展革命活动，为创建曲西游击根据地做了大量的准备工作。在罗坑，曲英乳人民义勇大队通过杨宜华的父亲杨求新，把罗坑乡四个保中的三个保政权争取过来，成为"白皮红心"的两面政权。还普遍组织了民兵、农会。继而再发展到樟市的东约、北约、西约、留坑、芦溪、径口，以及白土的由坪塘夫、洋娥等村庄。1948年秋开展减租减息，陈克政委亲自在径口大坪村进行了减租减息的试点。罗坑乡先后有杨宜华、杨龙、杨有等二十多人，白土乡有7人，樟市乡有曾国华等十多人参加游击队。樟市河边坝新屋曾国华的老家成为游击队横渡北江河的重要集结地，部队多次在此渡江都安全无损。1949年8月中共曲西区委成立后，加强了曲西游击斗争的领导，曲西武工队也发展到一百多人。为创建曲西根据地，先后有何远光、古顿、张志明、华昌、陈志雄、文北华、杨白苟等战士壮烈牺牲。

（三）曲乳边根据地

1948年4月，为在秋季部队挺进乳南、英西开辟新区，配合连江支队建立连阳游击根据地做好准备，曲英乳人民义勇大队派遣政治服务员文丹、文化教员张志明到曲江江湾，乳源大布、企石等地开展群众工作，秘密组织起贫雇农团，设立地下交通站。同时，中共英西党组织也派遣巫大杰到大布开展工作。8月，李冲、司徒毅生率领英阳乳曲反蒋抗征队开进大布活动。9月，曲英乳人民义勇大队由粤赣湘边区人民解放总队第五支队政治处主任谭颂华和何远赤率领，挺进至曲江的江湾，乳源的大布、企石、汤盆水等地，随即派出武工队员在江湾的胡屋、湖洋、瑶族练屋、梁屋等地村庄组织民兵农会，开展减租减息，借枪借粮，培养了江白苟、邹湘等一批骨干分子。11月，曲英乳人民义勇大队同连江支队李冲大队，以及在英西活动的北一支队彭厚望突击大队在江湾的胡屋胜利会师，联合作战，粉碎了国民党组织的曲、乳、英三县"围剿"。在白竹攻击战斗中，将乳源一路敌人一直追至乳源城下，毙伤俘敌7人。曲江一路敌人在江湾部队和民兵的抗击下，死伤二十余人，只好撤回龙归。英德一路敌人闻讯也只好撤退。反三县"围剿"的胜利，大大鼓舞了人民群众的斗志，使江湾、乳南游击根据地得到巩固和发展。1949年初，曲英乳人民义勇大队奉命回师罗坑、白沙活动，把江湾和乳源南部地区的武装斗争移交给连江支队李冲大队领导，由周平、聂玉、谢民等继续在江湾坚持斗争。1949年4月，成立曲乳边人民联防办事处，推举开明人士张清任主任，取代了当地国民党乡保政权。直至曲江解放，江湾人民紧密配合游击队多次粉碎了国民党军队和地方反动团队的"清剿"，参战人数达一千多人，参加游击队的有张清、邹湘、廖秤光等十多人，支援枪三十多支，粮食三万多斤。

（四）古竹根据地

黄坑古竹是曲江与始兴、南雄、仁化四县交界的大山区。1946年6月，东江纵队北撤山东烟台，留下有何祥、叶福等在始兴北山地区坚持隐蔽斗争。随着武装斗争的开展，北山游击队和北山地区的中共地下组织决定向曲江黄坑古竹发展，派出何祥、叶福、伍祥忠等深入各村庄宣传发动群众，在古竹圩朱仁记杂货店、欧平古家店铺及上坪、大石板山厂设立地下交通站和税站。广泛联系各阶层人士，争取保甲长，并在石壁坑、乌泥坑、詹屋、赖屋等村组织起有五十多个青壮年参加的民兵常备中队。这些工作为创建古竹游击根据地做了准备。

1947年5月，陈中夫、吴伯仲、邓文礼等率领粤赣湘边区人民解放总队唐胜标、黄康两个大队发动古竹攻坚战，在古竹群众的支持下，取得了重大战果，全歼了国民党古竹联防大队。以后，又从古竹民兵常备中队挑选了一批骨干参加主力部队，在南雄、始兴、曲江交界地区开展游击斗争。同年秋，始兴北山区人民政府成立，区长何祥根据中共五岭地委关于"反三征，破仓分粮"的指示，派出武工队在古竹各村组织农会，会员达一千一百多人，并开展了减公堂租、减竹岭（土纸山）租，烧毁契约和惩处地主恶霸的斗争。

1948 年以后，尽管国民党军队和地方反动团队对古竹进行大规模的"清剿"，古竹群众仍节衣俭食，捐粮捐物支持游击队，从未间断。直至曲江解放，古竹先后有朱意金、甘永清等 36 人参加游击队，支持粮食两万多斤。1949 年 10 月，古竹游击队配合中共曲江县委、县人民政府解放了黄坑乡。

（五）曲南根据地

曲南地区的马坝、乌石是曲江的平原地区，处在京广铁路线上，地理位置特殊，共产党紧紧依靠人民群众，创建了这块平原游击根据地。

一是加强党的建设。1947 年，中共曲江党组织先后在乌石、马坝吸收了赖秋林、梁镜、梁双、梁坤、杨宜衍、罗福添、陈耀康、何英、何耀恒、何远津、何远就、何远照等一批青年入党，中共马坝党支部先后由何远赤、何耀爵任书记。随着斗争形势的发展，1948 年 3 月，上级派李子明任中共马坝特支书记。同年 6 月后，中共翁江地委和北一支队先后派杨军任中共曲南工委书记，王华任中共曲南区委书记，加强了对乌石党组织的领导。1949 年初，成立中共清曲工委，统一领导乌石、马坝的党组织。同时建立有 8 个青年团支部，团员有五十多人。1949 年 8 月，成立中共曲南区委，下辖 8 个党支部，其中乌石 1 个，马坝 7 个。由于有了坚强的党组织，在创建平原游击根据地中发挥了核心作用。

二是加强统战工作。根据乌石、马坝群众基础好的特点，中共曲江地下党和曲英乳人民义勇大队决定，把马坝乡建设成为"白皮红心"的革命两面政权。1947 年底，派共产党员罗玉麟担任国民党马坝乡乡长，派共产党员叶沛安、郑来苟到乡公所工作，并推举进步人士张显儒担任副乡长，使马坝乡实际成为秘密的革命政权，下面的各保保长，经过中共党组织的审查调整，也全部被掌握。与此同时，乌石武工队在官怀民、梁镜的领导下，也把乌石乡的乡长争取过来，为游击队做了有益的事情。

三是组织精干的武工队。中共曲南的地下党组织发动群众参军参战，支援游击队。在马坝有以何耀爵为队长、何英为副队长的武工队；在乌石有以官怀民为队长、梁镜为副队长的武工队。武工队广泛发动群众，组织民兵、农会，乌石会员有二百三十多人，民兵一百余人，马坝会员有一千多人，民兵八百多人。各村普遍开展了减租减息斗争。同时，在乌石徐屋、坳头、下山陂，马坝石堡、阳岗、龙岗、演山等地设立十多个交通联络站，不仅保证了曲东、曲西游击队来往的畅通，而且成为游击区穿过国统区的重要安全通道。中共五岭地委的领导张华、袁鉴文、金阳、刘亚球、李林、唐麟、李同文等，以及中共翁江地委的周辉等，多次安全经过马坝到香港分局汇报工作，或从香港经马坝回部队。许多从广州、韶关参军的青年知识分子，以及支援部队的物资，也是经马坝护送的。武工队还在马坝成立税站，在北江河和马坝圩秘密收税，保障了部队的给养。解放战争期间，乌石乡有四十多人，马坝乡有两百多人参军，支援游击队长短枪一百多支，粮食十多万斤。马坝、乌石平原游击根据地的建立，不仅在人力、物力上有效支持了曲江的武装斗争，而且扩展了主力部队的回旋余地。1948 年 4 月，国民党军队对始兴根据地进行残酷的"扫荡"，中共五岭地委副书记袁鉴文、粤赣湘边区人民解放总队政治部主任陈中夫率领主力黄康大队来到马坝，就在距离国民党第三十九军军部 3 千米的龙岗塔脚下村安全掩蔽了 3 天。

1949 年 9 月下旬，就在曲江解放前夕，国民党韶关专员逮捕了罗玉麟、陈慧贞夫妇，押至韶关秘密枪杀。罗玉麟夫妇为革命献出了宝贵的生命。

曲江游击根据地在中共曲江党组织的领导和广大人民的支持下，由创建、巩固到发展，有力支撑了曲江三年艰苦的游击斗争，并取得最终的胜利。

三、配合南下大军解放曲江

1949 年 10 月 7 日是曲江解放日。曲江（韶关）是由中国人民解放军第四兵团司令员兼政委陈赓统一指挥参加广东战役的第四兵团、第十五兵团及两广纵队，在北一支队、北二支队和中共曲江党组织的有力配合下解放的。

1949 年 7 月，中共曲江县委在演山召开的会议结束后，赵学光回到韶关，马上又部署韶关市区迎接解放的准备工作。县委在韶关仁爱路 48 号二楼秘密召开会议，参加会议的中共党员有赵学光、李凌冰、莫德炜、李仲华、邓启民、冼颂柏等人。会上，赵学光分析了曲江（韶关）面临的形势，对迎接解放韶关需做的各项准备工作，如收集情报，开展护桥、护厂、护校以及做好统战对象工作进行了分工。同时还传达了中共五岭地委领导的指示，如果韶关国民党军队溃退南逃，而解放大军又未到达韶关出现"真空"时，可以成立中共临时市委，负责组织接管韶关市和维持社会治安。

为防止国民党反动派逃跑时炸毁曲江大桥，李凌冰亲自到东厢乡乡长谭维亚家里做工作，向他讲清形势，指明前途，要求他接受中共曲江地下党派人当该乡的自卫队队长。于是，中共曲江县委将周田中学共产党员潘文华调派到东厢乡自卫队任队长，以谭维亚的表侄关系作掩护在自卫队中开展工作。后来，中共曲江县委又调派北二支队班长杨武到东厢乡自卫队协助潘文华掌握这支武装。国民党败退时，命令东厢乡自卫队炸毁曲江大桥，他们借故拖延不执行。韶关临解放，国民党人员逃跑时，潘文华在谭维亚的配合支持下，率领东厢乡自卫队举行起义，并保护了曲江大桥。

1949 年 9 月 21 日，叶剑英在江西赣州主持召开了中共华南分局和野战军领导联席会议，研究进军解放广东的战役部署。中共五岭地委书记张华参加了会议，并接受了调查韶关方面敌情和地形的任务。中共五岭地委将这个任务交给中共曲江县委。中共曲江县委接受调查和侦察敌情任务后，一方面布置打入国民党内部的中共地下党员张洪、冼颂柏等利用关系进行调查，另一方面动员统战对象利用他们的社会关系了解国民党内部的情况。陈维廉同共产党配合得很好，他收集了韶关专员公署、曲江县政府股级以上人员的政历和思想表现情况，通过一个国民党公路局的官员掌握了韶关至广州公路桥梁的位置、承受吨位和有无岗哨等资料，并将粤北保安司令部、专员公署、曲江县政府撤退的路线以及企图在乳源瑶山建立反攻阵地的图谋，详细向中共曲江党组织作了汇报。共产党员罗宽，为了调查清楚韶关东西河码头位置、河段水深以及桥梁状况，几次租用小艇，假作学游泳，在东西河实地观察、测试，回家绘成草图。中共曲江县委将收集到的关于韶关地区国民党驻军的番号、人数、装备、兵力部署等军事情报，以及韶关周边的地形、河流水深、码头方位等资料，夜以继日地汇集、整理，并密写成调查报告，及时报中共五岭地委转送赣州，为南下大军入粤作战和解放韶关提供了重要情报。

曲江解放前夕，韶关专员兼曲江县县长龚楚计划西逃，命令曲江县卫生院院长陈维廉将医院贵重医疗器械和药品运进乳源瑶山。陈维廉按中共曲江县委指示，保护好医院的重要物资。他组织亲属和部分医务人员将医院粗重无用物品装了十几大箱，让龚楚派人拉走，而将贵重药品和医疗器械（拆散）藏在天花板的隔层里，保护起来。然后夫妇两人转移到马坝暂时隐蔽，提防敌人下毒手。

中共曲江县委还动员民主人士、工商业者、知识分子和工人，自觉参加护校、护厂的斗争。志锐中学老师梁伟勋、黄开光、饶纪寰、黄兴亚、苗漳州等配合共产党组织起护校小组，保护学校财产、设施和档案资料。德记粮行老板梁景德，民生火柴厂厂长关崇振，串联工商界人士，组织联防自卫，还筹集了大量粮油食品、棉布百货支援解放军。到韶关解放时，人心安定，生产恢复快，学校复课早，人民生活正常安定。

中共曲江县委筹集粮草支援南下大军的任务很紧迫繁重。韶关是南下大军主要通道，而当时韶关的粮食紧缺，粮商手里的积存不多。要解决解放军大部队的粮草供应主要依靠曲江马坝等地。因此，马坝筹集粮草支前任务格外繁重。何远赤代表中共曲江县委在马坝召开了马坝乡绅准备迎接南下大军的动员大会，号召乡绅捐献粮食、稻草支持部队。会上，杨际春和饶克明带头捐粮献草，带动了乡绅踊跃认捐。动员会后，中共曲南区委领导、各武工队又分头到各村宣传发动，配合村农会向地主、富农借粮。当时石堡、阳岗、龙岗、转溪等地农会每处都筹借了10万斤以上的粮食。与此同时，北二支队曲江独立大队还印有捐粮册，在马坝圩让商户进行认捐。经过发动，商户也认捐了四五万斤粮食。马坝各地的妇委会动员妇女上山砍柴割茅，为部队准备柴草；有的日夜碾米舂谷，准备解放军的粮食。

经中共曲江县委领导同罗玉麟等人研究，迅速成立了马坝乡民众自卫大队，下分四个中队。马坝乡自卫大队由杨新任大队长，乡长罗玉麟兼任副大队长。民众自卫队的主要领导和骨干，都是共产党员或进步人士，这就把领导权牢牢地掌握在共产党的手上，成为配合解放曲江马坝的一支重要武装力量。

9 月 28 日早上，龚楚带了一个保安连到马坝抓捕了罗玉麟及其爱人陈慧贞，囚禁在曲江县警察局监狱。当晚，中共曲江县委在马坝龙头寨村召开了紧急会议。参加会议的有县区领导、武工队干部、党员、民兵骨干和民主人士共一百余人。会议由何远赤主持。中共曲江县委分析了罗玉麟夫妇被捕后的政治形势，认为必须提高警惕，防止国民党反动派垂死挣扎，对马坝地区进行大逮捕、大屠杀。号召大家准备战斗，迎接最后解放。会议决定马坝留下何英、陈耀康，乌石留下梁镜各带一部分武装继续坚持，其余大部分人员，包括老党员、民主人士、农会民兵骨干以及原来在乡联防队做秘密工作的同志立即撤去山区。转移人员编成两支武装队伍：一支由赵学光、何远赤、官怀民负责，以马坝、乌石武工队各一部为骨干，加上石堡的民兵、农会干部和民众自卫中队人员共七八十人，经乌石的鹅鼻洞、杨梅洞直插入沙溪凡洞；另一支由杨维常、甘锦轩负责，以马坝武工队一部为骨干，加上阳岗、龙岗、转溪的农会、民兵干部以及自卫中队人员一共五六十人，经南华、转溪到苍村、演山。会后两支队伍连夜出发，经过急行军，第二天拂晓按计划到达目的地，安全转移。

与此同时，参加广东战役的中国人民解放军第四兵团（司令员兼政委陈赓）、第十五兵团（司令员邓华、政委赖传珠）及两广纵队（司令员曾生、政委雷经天）等部队，已于 1949 年 9 月下旬越过五岭，多路挺进粤北。在粤赣湘边纵队北江第一支队和第二支队的有力配合下，先后解放了翁源、南雄、始兴等县，随即直取曲江。

在攻击曲江之前，第四兵团十五军（军长秦基伟，政委谷景生）派出侦察科科长率领三十多人的侦察排在北二支队一个班的引领下，从始兴到曲江侦察敌情。10月4日，他们在凡洞上寨村同中共曲江县委领导赵学光、何远赤等会师。此时得悉敌第三十九军已从马坝撤退，侦察排即转向翁源、英德继续侦察去了。10月5日，中共五岭地委、北二支队司令部及时派出何祥、陈月率领五十多人的工作组，在始兴至曲江的韶余公路为先头部队当向导，发动沿途群众设茶水、稀饭供应站。10月6日，何远赤、杨维常、甘锦轩等人率队接管了马坝和沙溪乡公所，同日，解放军第四兵团十五军、十三军、十四军各一部，从东南、正北、西南方向包围曲江。负责主攻任务的第十五军四十五师沿着始兴通往曲江的公路急速推进。入夜后，在大桥茨菇岭和黄浪水等地歼灭小股敌人。7日凌晨1时，南下大军南北夹击，第四十五师先头部队第一三四团抵达东河坝，在中共曲江地下党护桥人员的配合下，迅速扑灭了曲江桥上的大火，首先进入曲江县城。接着，第十三军三十八师某部也从北门进入县城，南北两路大军在风度中路会合，赢得了入粤第一役。粤北重镇、曲江县城韶关宣告解放。曲江解放实现了广东解放的第一步。

1949年10月8日，中共曲江县委、曲江独立大队在马坝鸡仔坝广场召开了群众大会，庆祝马坝的解放，参加大会的有中共曲江县委领导和各界人士两千多人。群众笑逐颜开，敲锣打鼓，一片欢腾。

1949年10月10日，中国人民解放军进驻曲江县全境；曲江军事管制委员会成立，主任黄松坚，副主任伍晋南、张华、袁鉴文；同日，曲江县人民政府成立，县长黄桐华，副县长曾东。10月12日，曲江县警备司令部成立，司令员吴伯仲，政委袁鉴文；同日，新的中共曲江县委成立，书记袁鉴文，副书记黎晓初，组织部部长向步成、宣传部部长李祥麟、民运部部长张勋甫。紧接着，曲江党政军民积极行动起来，支援前线，在协助恢复交通、运输的同时，动员组织粮食三万多担（1 担 = 50 千克），木柴 100 万斤、草料 15 万斤，保障了南下大军的经济给养，为解放全广东作出了应有的贡献。

第三章

社会主义革命和建设时期曲江老区在曲折中前进

（1949 年 10 月—1978 年 12 月）

第一节 老区社会稳定和经济恢复

1949 年 10 月 1 日，毛泽东主席向全世界宣告：中华人民共和国成立了。这标志着，中国人民从此站起来了。

1949 年 10 月 7 日凌晨，中国人民解放军第二野战军的第四兵团十五军四十五师和十三军三十八师某部分别从南门、北门进入曲江县城韶关，曲江宣告解放。

一、新生人民政权的建立

根据中共北江地委和北江临时人民行政委员会的指示，中共曲江县委、曲江县人民政府迅速投入民主建政工作。1949 年 10 月，全县成立了第一区、第二区、第三区、第四区、第五区、第六区（城关区）6 个区 62 个乡人民政府。中共曲江县委任命了各区区委书记和区长。第一区区委书记许文明、区长何远赤；第二区区委书记张战、区长范家祥；第三区区委书记张永信、区长何国文；第四区区委书记张普、区长何耀恒；第五区区委书记石进明、区长范兰胜；第六区（城关区）区委书记黄可夫、区长曾东（兼）。

1949 年 9 月，中国人民政治协商会议通过了《中国人民政治协商会议共同纲领》，这是新中国成立后政权建设的根本纲领，起着临时宪法的作用，明确规定了新中国的政体，宣布中华人民共和国的国家政权属于人民，人民行使国家政权的机关为各级人民代表大会和各级人民政府，规定人民代表大会制度为我国的政权组织形式。同时，中共中央发出关于召开县各界人民代表会议的指示。

1950 年 4 月 13 日至 16 日，曲江县召开了第一届各界人民代表会议，出席会议的工农商学兵等各界代表 184 人。会议听取了县长黄桐华作的题为《曲江县人民政府半年来的工作及今后施政方针》的工作报告，会议通过了《曲江县各界人民代表会议组织章程》、《剿匪反霸，春耕生产，减租退租，完成秋征》等多项决议。会议选举产生了首届政协委员。委员有：黄桐华（县长）、张勋甫（副县长）、杨泰湖（武装大队大队长）、向步成（组织部部长，女）、杨际春（文教科科长）、欧阳湘（工人）、何远香（第一区）、林大胜（第二区）、李贵荣（第三区）、何仲和（第四区）、范家祥（第六区）、吴帮华（第五区）、沈秉强（民促会）。根据形势需要，曲江县分别于 1950 年 12 月 10 日和 1951 年 6 月 1 日召开第二届和第三届各界人民代表会议。在此期间，各区、乡都多次召开各界人民代表会议。

在中共曲江县委的领导下，建立健全了青年团组织。1950 年 6 月 10 日至 14 日，曲江县召开了第一届农民代表会议。农代会后，各区、乡纷纷成立了农民协会和民兵组织，培养了一批农民积极分子。

曲江人民民主政权的建立为落实党的各项工作奠定了基础。但巩固政权还面临许多困难和斗争。

二、清匪反霸和镇压反革命

曲江的剿匪是一项艰巨的任务。新中国成立初期，曲江是广东省匪患最为严重的县之一。曲江县属粤北山区，山多林密，易于土匪藏身。曲江解放前夕，国民党反动派分别从南京、上海、台湾等处派来韶关的中统特务约有 30 人,军统特务有一百多人,散落在曲江的国民党伤兵有三千多人,这些土匪盘踞在深山老林,组织"反共救国军""反共自卫队",受封或自封纵队司令、军长、团长、大队长等职,50 人以上的土匪有十多股。袁超、曾溪成、黄秀峰股匪约 400 人枪,在大宝山、大塘、小坑一带活动;饶长梓股匪约 80 人枪,控制着周田、大桥、新庄水及曲江县与始兴县交界山区;欧者坚股匪约有 300 人枪,控制着龙归、江湾、白土山区;傅桂标股匪约有 600 人枪,以罗坑为巢穴,控制罗坑周边地区。

这些土匪反动气焰十分嚣张,攻打焚烧区、乡人民政府,破坏铁路、大桥,杀害干部、解放军战士、民兵和群众,抢劫群众财物,无恶不作,严重威胁新生的政权和人民生产生活的安宁。

1949 年 11 月 1 日,中国人民解放军粤赣湘边纵队北江指挥部、北江临时行政委员会联合发出"彻底肃清残匪,保障社会安宁,对误入歧途者准予将功赎罪,准予自新,给予宽大处理"的布告。12 月,中共曲江县委作出剿匪决定,曲江县人民政府制定了 5 条措施:(1)军事进剿为主,以解放军为主,民兵配合;(2)开展政治攻势,分化瓦解敌众;(3)举办自新人员学习班,扩大影响;(4)管制匪属,加强监视;(5)实行粮食定量管理,防止接济土匪。声势浩大的剿匪工作在全县展开。

首先打击曲江境内最大的罗坑股匪。1949 年 10 月中旬,罗坑乡人民政府派人与匪首傅桂标谈判,敦促傅桂标交出武器下山自首。原国民党曲江县参议员、罗坑乡联防大队长、"粤北反共救国军"第四军十二师三十六团团长傅桂标假作自新,交出一些废旧枪支子弹,暗中却调集两百多名土匪夜袭罗坑乡政府,解放军武装班和政府工作人员二十多人凭借炮楼坚持抗击了两天,曲江军管会立即调派解放军一个营驰援,土匪闻风撤回大山。1950

年1月24日，北江军分区第十一团一营开进罗坑，当天下午，部队向盘踞在新张屋炮楼的张神有股匪发动攻击，张神有放弃炮楼，占据亚婆髻高地。26日拂晓前，解放军前卫排乘黑摸上亚婆髻，活捉张金龙，全歼其部。2月上旬，解放军在狮坑包围了张神有匪部，击毙了张神有等4名匪首，全部匪徒缴械投降。2月中旬，解放军进剿峡洞，歼灭了大股土匪并活捉了土匪副团长高毅等人，连续的军事打击和政治攻势，"粤北反共救国军"土崩瓦解。傅桂标率八十多名残匪四处流窜作恶。1951年4月29日，傅桂标带领26名土匪窜到罗坑犀牛塘村抢粮，小分队追至龙归乡罗厂村，发现匪徒藏在离村不远的石背庙的一个石洞里，解放军和民兵将此石洞重重包围。5月4日，土匪因断水无粮被迫放下武器出洞投降。匪首傅桂标经公审后被处决。曲江县最大的一股土匪被彻底消灭。

清剿土匪的捷报不断传来。1950年夏，原国民党曲江县参议员、枫湾乡乡长、"粤北反共救国军"第十二师自任副师长的刘桂馨在火山被剿匪部队抓获，这股土匪被全部歼灭。1951年2月15日，盘踞在沙溪的"广东民众反共救国军"北江纵队副司令黄友庭被剿匪部队活捉，同年4月，"粤桂边区反共救国军"第二支队司令袁超被搜山的民兵击毙，沙溪的土匪被尽数剿灭。解放军部队和县公安部门抓获了"反共救国军"师长温克刚、董超以及军师、参谋长、联络站站长、电台台长等35人。一股股土匪相继被消灭。

消灭曲江境内最顽固的黄坑股匪。黄坑剿匪历时最长。匪首李志超是黄坑一带反动势力的总代表，曾在广东宪兵学校教导队受训，当过国民党宪兵、保长、乡长、"曲（江）南（雄）始（兴）联防边区义勇警察大队"副大队长和"曲江县民众自卫总队"第一大队第五中队中队长。曲江解放之后，李志超继续与人民为敌，组织反动武装，成立"粤北民众反共自卫总队"，自任大队长。1949 年 12 月 11 日，李志超策划指挥一百多名土匪攻打黄坑乡人民政府和仁化县董塘区政府，杀害了 11 名干部。李匪强迫民众交钱粮等财物，并到处散布谣言。1950 年 1 月，北江军分区第十一团团长叶昌率两个营进驻黄坑剿匪。1 月 29 日，解放军营长唐胜标指挥两百多名战士分两路包抄大简埗青头山的李志超匪部，经多次战斗，消灭和瓦解了大部分匪徒。李志超率残部东躲西藏，四处逃窜，顽固地与剿匪部队周旋。1955 年 3 月，李志超逃至南雄闻韶（今仁化县管辖）白竹村的庙背山上，被解放军和民兵团团围住，被民兵抓获。至此，曲江县的匪患终于全面清除。

剿匪斗争的胜利，有力地打击了各种反动势力，新生的政权得到了巩固，保护了人民生命和财产安全，推动了反霸和镇压反革命工作的顺利开展。

反霸和镇压反革命。1950 年 10 月 10 日，中共中央发布《关于镇压反革命活动的指示》。为贯彻中央的"双十"指示，1950 年 12 月 16 日，曲江县成立镇反指挥部，黄桐华任主任、肖怀义任副主任，下设宣传组、审讯组、执行组。抽调县机关干部 18 人，组成了农村调查组，全县镇反工作逐步展开。成立了"曲江县反动党团和特务分子登记委员会"在全县范围内进行调查摸底，广泛宣传，发动群众开展登记工作。中共曲江县委、县人民政府、县公安局全面、有计划、有步骤地开展肃奸反特工作，组织精干队伍，深入城乡，广泛发动依靠群众，先后破获了中统和军统特务组织"广东省绥靖公署北江情报所""国民党 63、39 军侦探科""103 师驻粤汉铁路情报组"等 12 个特务组织。

曲江县在反霸和镇压反革命运动中，还开展取缔反动会道门和继续深挖反革命分子的行动。1952 年三四月，组织力量对全县的反动会道门开展全面调查，查出反动会道门 19 个、道首 21 人、道众 130 人。1952 年和 1953 年，曲江县开展了几次大规模行动，各地张贴布告、标语，广泛宣传。逮捕了大刀队头子钟石玲、先天道道长张日昆，查封了先天道堂"安养园"。取缔了真空道、先天道、归根道等 8 个反动会道门，34 名道首进行登记，299 名道众觉悟，登记退道。先后召开公审大会 26 次，判处死刑罪犯 118 名。这场运动沉重地打击了反革命的嚣张气焰，显示了人民民主专政的强大威力，维护了社会稳定，保障人民群众生命和财产安全。正如毛泽东主席指出的："镇反是一场伟大的斗争，这件事做好了，政权才能巩固。"

从 1949 年 10 月曲江解放到 1952 年底，曲江县还开展了禁毒、禁赌、禁娼的运动，扫除了恶习，净化了社会风气。

三、土地制度改革

新中国成立初期，占曲江县总人口 4.5% 的地主占有全县土地总面积的 22.8%，人均 11.4 亩（1 亩 ≈ 0.067 公顷）；占总人口 5.92% 的富农占有全县土地总面积的 10.3%，人均 4 亩；但占总人口 47% 的贫雇农仅占有 13.4% 的土地。地主人均占有土地是中农的 6 倍，为贫农的 16.3 倍，是雇农的 42.2 倍。土地出租是地主富农的主要经营方式。农民佃租地主富农的土地，租制分活租和定租两种，活租是收割时由地主监收，一般按"主六佃四"分成，定租则无论收成丰歉都按定制交租。此外，还有名目繁多的赋税加在佃户身上，致使广大贫苦农民终年得不到温饱。

曲江解放后，经过减租反霸，废除旧债务，削弱了地主阶级的势力，农民强烈要求彻底摧毁地主阶级对农民实行压迫剥削的封建土地制度，实行耕者有其田。1950 年 6 月 30 日，中央人民政府颁布了《中华人民共和国土地改革法》，废除地主阶级封建剥削的土地所有制，借以解放农村生产力，发展农业生产。同时，规定了农会是农村中改革土地制度的合法执行机关。根据中共中央的精神和上级的部署，曲江县成为全省土地改革运动的试点县。

曲江县土改运动的准备。1950年12月1日，曲江县人民政府根据《中华人民共和国土地改革法》发布公告，宣布全县实行土地改革。并抓紧了土改的准备工作：首先调整县委领导班子。中共华南分局任命张根生为中共曲江县委第一书记。其他县委领导班子成员：书记黄桐华，委员向步成、许文明、肖怀义、曾东、郑彦文。接着成立了县、区、乡三级土地改革委员会。县政府土改委员会：主任黄桐华，委员李祥麟、向步成、郑彦文、许文明、曾东。区土改委员会主要由区委会、区农协、区政府、工作队等组成，区委书记为主任，吸收乡土改委员会的主任为委员。乡土改委员会主要由乡农协、乡政府、工作组组成，并以贫雇农为骨干。县土改计划拟定第一区（马坝）为试点，1950年12月开始土改试点工作。紧接着集中训练干部，整顿队伍。曲江县有360人参加北江地委举办的两期土改训练班学习。中共曲江县委也举办了为期15天的土改训练班，有一百六十多名农干参加了训练。训练内容主要是阶段教育，学习土改方针路线和基本政策，学习群众观点和群众路线，整顿了土改工作队伍。同时大力开展土地改革的宣传活动。1950年12月初，曲江县召开第二届各界代表会议，县长黄桐华作了《为胜利完成曲江土改而奋斗》的报告，通过了《动员全县力量坚决而胜利地完成全县土改的决议》，发出了《全县人民动员起来，为胜利完成全县土改而奋斗》的告全县人民书。各区、乡、村书写张贴标语，广泛开展土改的宣传。12月底，创刊了《曲江土改通讯》，报道土改工作动态，加强对土改工作的指导和宣传。

点面结合，推进土改运动。抓好土改试点。《曲江土地改革初步计划（草案）》要求："为着取得经验，指导一般，土改必须有点同时有面，点面结合波浪式发展，组织运动高潮。"1950 年 12 月 10 日，曲江县选择群众基础较好，土地较集中，交通较方便而情况又不太复杂的马坝，作为全县的试点，中共曲江县委组织了 130 人的工作队，在（第一区）马坝选定马坝、石堡、山子背 3 个小乡为试点。至年底，每个区也选择 1～2 个乡为重点进行土改，北厢乡、白土乡、大塘乡、犁市乡、白沙乡分别为各区的土改重点试点乡。全县一千一百多名土改工作队员（其中中南局派来的约 110 名、南方大学 600 名、本县 300 名、地委专署及各县调派的 110 名）组成 7 个工作队分赴 6 个区和韶关镇郊开展土改运动。

曲江的土地改革运动分四步进行。第一步组织阶级队伍，发动群众开展对敌斗争。各地成立了贫雇农主席团、贫雇小组，以他们为核心，放手发动群众，对恶霸地主进行斗争，控诉恶霸地主压迫剥削农民的罪行，罗坑仙塘潘坑村的雇农曾继有，三代人为大地主张大昌做长工，他团结贫雇农，面对面同恶霸地主斗争、痛斥大地主张大昌压迫剥削贫雇农的行径，揭露其拉拢贫雇农为他转移财物和他窝藏土匪接济土匪的罪行。全县开展对敌斗争四千七百多次，斗争地主 273 人。开展阶级斗争，沉重地打击了地主封建阶级，扫除了阻力，使退租退押顺利进行。

第二步划分阶级。1951 年 2 月初，曲江的一些区乡进入划分阶级阶段，以村为单位进行，按照正确执行划阶级的标准和合法手续开展工作，讲解政策，评划阶级，群众通过，最后批准宣布。先评地主，次评富农，后评中贫农。全县评划出地主 1175 户，7771 人，分别占全县总户数的 3.61% 和总人口的 4.8%（下同）；富农 1258 户，10117 人，分别占 4.1% 和 6.2%；中农 12868 户，64361 人，分别占 34.6% 和 39.5%；贫农 17807 户，71576 人，分别占 47.8% 和 43.9%；雇农 3858 户，9130 人，分别占 10.4% 和 5.6%。

第三步没收征收。在土改中，不少地主采用"藏、逃、诱、拖"的手段拼死抵抗，有的分散田地，破坏房屋、农具等财物。工作队紧紧依靠贫雇农，团结中农，与不法地主清算。没收征收工作中，要求地主依法申报，由农民协会依法审查、清算，经过反复斗争，全县没收征收土地 204954 亩，占耕地总面积的 51%，没收多余房屋 12649 间，农具 33453 件，耕牛 6693 头，多余粮食 8477846 斤，家具等物件 59466 件。

第四步分配果实。在土改运动分配果实工作中，中共曲江县委、县人民政府强调三项原则：一是满足贫雇农的要求，适当照顾中农；二是为了发展生产；三是要发扬民主走群众路线。发动群众，开展教育，群众自报公议、评委会审议，尽量做到"填坑补缺、缺啥补啥、缺多多补、缺少少补、不缺不补"，雇农人均获得土地 2.54 亩，并基本上解决了农具、耕牛、种子及度荒口粮等困难。贫农人均分得土地 2.3 亩，中农人均分得土地 2.54 亩，地主和富农人均分得土地分别为 1.79 亩和 2.66 亩。分完果实后，各区、乡普遍召开了庆功大会，烧毁田契，控制地主。通过农民协会、小组会普遍开展查队伍、查翻身、查敌情的工作。各级党组织领导群众投入春耕生产，兴修水利。1951 年 4 月初，曲江县召开三级干部和土改工作队员大会，中共曲江县委第一书记张根生作全县土改运动总结报告，至此，全县土改工作基本结束。

1951 年 9 月下旬，曲江县被定为全省土改复查试点县之一。12 月，中共曲江县委遵照中共华南局的指示，为纠正土地改革运动中出现的偏差，在全县开展土改复查工作，召开干部扩大会议，中共曲江县委副书记向步成作了土改复查工作报告，明确指出，"复查是土改的第三阶段"，是"曲江土改的一个重要的补课"，使与会者明确了土改复查的重要性，复查任务内容和工作方法。会后，中共曲江县委组织了 379 人的工作队下乡，全面开展复查工作。

一是消灭封建残余势力。曲江土改后，封建反动残余势力仍作垂死挣扎。一些地区的反动地主制造谣言和反攻破坏。曲江县根据中共中央《关于镇压反革命活动的指示》，各级党组织紧紧依靠群众，巩固农会组织和民兵组织，发动群众检举和揭发反动地主反攻倒算的罪恶行径，重新划定地主 2436 户，富农 1722 户，分别占农村总户数的 6.59% 和 4.66%。土改复查工作从政治上打击了封建势力，从经济上巩固了土改已取得的胜利成果。

二是解决土改遗留问题和颁发土地证。土改后，曲江农民土地需求基本得到满足，但仍有顾虑，就是地权没有确定。曲江县在土改复查工作中，组织了 1958 人分成 265 个组，对全县耕地进行丈量，1952 年 9 月止，量得全县耕地 44 万亩，其中水田 38.5 万亩，旱地 5.5 万亩，农民人均 3 亩，进行定产，依率计征造册，公布于众，颁发土地证书。原来的 33% 的土地由少数地主富农占有的状况发生了根本变化。

三是引导群众，转入大生产。中共曲江县委、县人民政府着力引导翻身农民大力发展生产，兴修水利，改善耕作条件，提高抵御自然灾害的能力。1952 年 6 月，曲江县共发放贷款 32.7 万元，为 1.01 万户农民解决了生产资金的困难。全县开荒 5000 亩，修建了 3 座水库和 200 口山塘，大大促进了农业生产的发展。

曲江土地改革运动是健康顺利的。曲江土地改革的完成，消灭了地主阶级封建剥削的土地所有制，铲除了封建剥削的根基，农村生产力得到了解放，使农业迅速恢复和发展，这是反封建斗争的一个历史性胜利。在曲江继续肃清封建的小生产者的政治和思想影响，仍然是长时期历史任务。

四、农业社会主义改造的完成

曲江县土地改革完成后，农民分得了土地，解放了生产力，农业生产得到了发展。中共曲江县委、县人民政府根据农村的实际，引导农民逐步走上农业合作化的道路。曲江的农业合作社经历了从互助组、初级农业合作社到高级农业生产合作社的发展过程。

发展农业生产互助。1952 年 2 月，曲江县第六区太和乡邓屋村李才等 8 户，在自愿互助互利的基础上，组织起全县第一个临时互助组，不久又发展成常年互助组，他们根据实际制定了一些制度，发展了生产，收到了很好的成效。李才互助组是全县农业生产互助的典型，李才先后在县里县外作了数十次报告，宣传农业生产互助的好处和经验。中共曲江县委、县人民政府为了大规模发展农业生产，在全县建立和巩固供销社、信用社，解决生产资金和生产资料物质供应，农业生产互助运动蓬勃发展。1952 年 12 月，全县第一届农业生产劳动模范代表大会和粤北区第一届农业劳模代表大会相继召开，李才互助组被评为模范互助组，李才被评为粤北区一等劳动模范。1953 年底，全县建立互助组 4862 个，参加农户占总户数的 93%。互助合作促进了农业生产发展，全县粮食连续两年获得较大幅度的增产，粮食总产量达 149.8 万担，比 1952 年增产 30.2 万担，全县新增耕牛 2729 头，生猪增加 9700 头，农户养鱼面积增加 5391 亩，各项农副产品大幅增多，1953 年全县上交国家粮食 70.8 万担，两年内增长 28.8%。农业生产互助的发展，为农业合作化打下良好的基础。

创办初级农业合作社。1953 年 12 月，中共中央颁布了《中国共产党中央委员会关于发展农业生产合作社的决议》。中共曲江县委、县人民政府根据中共中央的精神，深入农村，开展调查研究，广泛宣传该决议，开展教育，并对全县的创办合作社工作进行全面规划。

1954 年 1 月 14 日，曲江县第一个农业合作社在第一区（马坝）阳岗乡上何村正式成立，上何合作社是中共粤北区委的试点社之一，由 13 户农户组成，耕地面积 168 亩。社务委员会委员 5 人，何耀禄当选为社主任。

1954 年 1 月 30 日，樟市群星初级农业合作社成立，社主任李才、副主任张镜洲。群星合作社由两个常年互助组、一个临时互助组和 10 户单干农户组成，3 月 16 日，群星合作社向粤北地区各县的各农业社提出了增加生产，厉行节约，支援国家建设的倡议。群星合作社被誉为全粤北区农业合作社的榜样。1954 年秋，曲江农业合作化迅速发展。1956 年，中共曲江县委合作部以群星社作"三包"（包工、包产、包成本）试点。

在上何、群星两个合作社的影响和带动下，全县初级农业生产合作社快速发展，共兴办农业合作社 850 个，入社农户三万三千多户，占全县总农户数 81%。粮食总产量达 179.7 万担，比互助组时期增产 29.9 万担，每年平均增长 24.5%，油料每年平均增长 20.4%，生猪每年平均增长 5.8%。

1956 年 2 月，广东省召开第一届农业劳动模范代表会议。曲江县的李才出席了会议，会议评出了 1955 年度集体劳模和个人劳模，曲江县的樟市群星合作社和马坝阳岗农业社被评为特等农业生产劳动模范集体，凤田南岸农业社、灵溪大围农业社、小坑光华农业社、桂头飞星农业社、犁市群峰农业社、龙归寺前乡农业社和白土乡农业社都受到了表彰，李才被评为特等劳动模范，曲江县还有 4 人分别获得一等、二等、三等劳动模范称号。

高级农业生产合作社的发展。1955 年 10 月 4 日至 11 日，中国共产党第七届中央委员会第六次全体会议在北京召开，会议根据毛泽东《关于农业合作化问题》的报告，通过了《关于农业合作化问题的决议》。会后，全国农业合作社运动向建立集体所有制的高级农业生产合作社方向快速发展。

1955 年 10 月，曲江马坝区以上何初级农业生产合作社为基础，在全县第一个转为阳岗乡的高级农业生产合作社，该社包括上何、下何、大杨屋、鸡子坝等 20 个自然村，共 201 户，810 人，374 个劳动力，水旱田 2065 亩。此后，全县各地初级农业生产合作社互相竞快，一部分刚刚建立起来的初级社还未进行土地入股、生产资料折价，就卷入了并社升级的浪潮。办社规模越办越大，基本上是一乡一社，半年时间，初级农业生产合作社全部并社升级。规模最大的是马坝高级农业生产合作社，全社 729 户，3067 人，1200 个劳动力，集体耕地面积 5300 亩，全社划分 29 个生产队。

曲江县根据中共中央《关于整顿农业生产合作社的指示》精神，组织大批工作队深入农村，长期蹲点，开展社会主义教育，整顿合作社，帮助合作社搞好经营管理，积极推行劳动定额，按件计酬，实行包工、包产、包成本和奖励做法。

曲江全县共建立高级农业生产合作社 286 个，入社农户 4.21 万户，占全县农户 99.4%，入社劳力 8.47 万人，入社耕地面积 54.7 万亩，耕牛 3.82 万头。

从 1952 年 2 月第一个互助组的建立到 1956 年底，经历初级农业生产合作社和高级农业生产合作社的两个发展阶段，曲江县完成了农业社会主义改造。

五、农村经济与社会各项事业的恢复发展

农村经济的恢复发展

新中国成立前，曲江县农业生产力低下，农村经济十分落后。1949 年，全县稻谷总产量 9409 万斤，亩产只有 280 斤；花生总产

量 264 万斤，亩产只有 99 斤；农业总产值 2421 万元，劳动生产率为 347 元/人。

新中国成立后，中共曲江县委带领全县人民坚决执行党中央、毛泽东主席的正确革命路线，开展清匪反霸和镇压反革命，巩固新生人民政权的斗争。继而领导农民完成土地改革，引导农民创办互助组、合作社、高级农业社，充分调动了广大农民的社会主义积极性。大力开展农田基本建设，不断扩大耕地面积，改善生产条件，认真开展农业科学研究和农业技术推广等，使全县农村经济得到迅速恢复和发展。

在第一个五年计划期间，全县共兴建较大水利工程 4000 宗，其中山塘水库 249 宗，水圳 34 条，堤基 5 条，灌溉面积达 18 万亩，39 个重旱乡摆脱干旱威胁。扩大水田面积 6.1 万亩。水稻单造改双造 4.5 万亩。

同时，培训了农民技术骨干共 26077 人，积极实施改良土壤，推广良种，合理密植技术，推广新式农具。国家银行贷出款项 446 万元，帮助农民购买了大批的耕牛、种子、肥料、农药、农具等。还帮助农民建立了信用社 18 个。到 1957 年，全县粮食产量达 1.922 亿斤，比 1953 年增长 58.8%，年均增长 8.51%。经济作物面积达 25 万亩，是 1952 年的 2.2 倍。其中花生亩产达 140 斤，比 1949 年增长 41%。

畜牧水产业也有很大发展。生猪饲养量由 1953 年的 3.32 万头增长到 1957 年的 6 万头，每户平均养猪达 1.5 头。耕牛由 1952 年的 3.48 万头增长到 1957 年的 3.65 万头。家畜也有很大发展，鸡由 1953 年的 16.5 万只增长到 1957 年的 24 万只，鸭由 1953 年的 3.2 万只增长到 1957 年的 6.5 万只。1953 年养鱼面积只有 3200 亩，总产量 3 万担，到 1957 年增至 1.22 万亩，总产量达到 14.4 万担，相当于 1953 年的 4 倍。

在"一五"期间，全县造林绿化面积 42.1 万亩，为新中国成立前全县造林面积总数的 7 倍。有林地面积由过去的 5% 增至 40%。

教育事业

新中国成立初期，全县有小学生 3150 人，中小学专任教师 462 人。新中国成立后，中共曲江县委、县人民政府重视抓教育，对旧的教育制度进行根本性的改革，使教育战线的面貌发生了深刻的变化，全县中小学教育事业有了很大的发展。1953 年，用于中小学的教育经费是 18.44 万元，到 1957 年增至 55.35 万元，增长了 24%。1953 年，全县有中学 1 所，中学教师 14 人，中学生 209 人；1957 年全县有中学 4 所，中学教师 54 人，中学生 1264 人。有小学 196 所，其中完小 59 所，民办小学 4 所，少数民族地区小学 11 所，共有学生 2.44 万人，占全县适龄入学儿童的 78.87%，学生总数比 1954 年增加 101%。1957 年全县共有中小学教师 829 人，比 1954 年的 673 人，增长 23.2%。

幼儿教育随着中小学的发展也迅速办起来。1957 年在犁市、马坝阳岗试办了 2 所公立幼儿园，此外还在乌石、桂头办起了民办公助幼儿园 3 所，计有幼儿 241 人。

在恢复全县中小学教育的同时，开展了全县扫除文盲运动。成立曲江县扫盲运动委员会，组织扫盲队伍，深入城乡，办工人、农民夜校，办扫盲学习班，参加学习的人数最高时达到 5 万人。1953 年，曲江县被评为广东省扫盲模范县。1957 年，在全县范围内基本上扫除了文盲。

卫生事业

新中国成立前，曲江县广大农村一无医二无药，再加上传染病、流行病的大量发生和蔓延，人民生命健康得不到保障。

新中国成立后，中共曲江县委、县人民政府积极发展卫生事业。1951 年，在马坝区建立了第一所实验卫生所，1951 年冬至 1952 年春，先后建立龙归、周田、大塘、犁市、樟市、重阳 6 个区卫生所，共有医护人员 24 人。1953 年马坝区实验卫生所改名为曲江县卫生院，并增设内儿科、妇产科。1956 年正式成立曲江县人民医院，还增设了外科。此后，随着社会主义建设事业的不断发展，医院的规模也不断扩大，设施逐步完善。

曲江县是血吸虫病重灾区和主要疫区，人民千百年来受尽血吸虫病的摧残和折磨。"一五"期间，全县因血吸虫危害造成人死绝、断炊烟的村庄有 54 个，全县有钉螺面积达 1.76 万亩，有 3 个区、16 个乡、202 个村流行血吸虫病。

为了送走"瘟神"，中共曲江县委、县人民政府加紧卫生机构建设。1952 年 6 月成立曲江乳源县防疫委员会，1953 年改组为曲江县爱国卫生运动委员会，由县长担任主任，下设办公室开展日常工作。1956 年 7 月成立县卫生防疫站，并专门成立了曲江县血吸虫病防治站，配备医务人员 47 人，到 1957 年增至 133 人。1956 年全县建立起乡社卫生站 7 个。1957 年 3 月在县卫生局内设立妇幼保健组，工作人员 3 人。

在中共曲江县委领导下，1956 年 2 月起，全县开展爱国卫生运动，消灭"四害"；以马坝和樟市为重点，开展轰轰烈烈的血吸虫病普查和查螺灭病群众运动，加强了"两管"（管水、管粪）工作，医治了 1286 名血吸虫病患者。与此同时，对麻风病情也进行了全面调查。这一时期，疫区人民坚持防病与治病、查螺与灭螺、专业队伍与群众运动相结合，在预防和治疗血吸虫病方面取得了较大成绩。

同时，全县培训了农业社保健员 705 人，接生员 243 人，因此，疾病的死亡率大大降低，保护了广大农民的健康，全县三级医疗卫生保健网络进一步巩固。到 1957 年，全县医生比新中国成立前增加7倍，卫生技术人员比新中国成立前增加3～4倍，全县有卫生机构27个。

曲江卫生事业的发展，基本保障了全县人民的身体健康，促进了全县经济的发展。

文化、体育事业

新中国成立后，曲江的文化事业蓬勃发展。曲江解放初期，解放军把北方的秧歌舞、腰鼓舞传来了曲江；土改工作队又经常教群众演唱解放区流行的歌曲和小剧目。从此，曲江的群众文化活动逐渐活跃起来。1952年下半年，曲江县建立了5个文化站。1953年6月，正式成立了曲江文化馆。1954年，曲江建立新华书店，首次举行了曲江县春节民间艺术汇演，县文化馆和龙归区文化馆被评为广东省先进单位。11月，马坝阳岗农业合作社和龙归奇石农业合作社办起了俱乐部，并在龙安一村成立了全县第一个业余剧团。1954年始，"劳动制"及农村俱乐部活动搞得有声有色，山歌擂台赛持久不衰。1955年县文化馆出版了《俱乐部活动》《民间歌曲》等文艺刊物，进一步推动了群众业余文化活动的开展。

1956年2月，曲江县作为全省社会文化工作先进代表，出席全国先进文化工作者代表大会。1956年，曲江县在农村创办了20个图书室，6月成立了县图书馆。这一年成立了县广播站，广播事业有了发展。1956年10月，成立曲江县民间剧队。至1957年，全县建立了农村俱乐部146个，农村业余剧团282个，大大活跃了农村文娱生活。

1951年，曲江县办起了粤北地区第一个电影队——粤北流动电影队，在全县城乡巡回放映。1956年，省将电影队下放给县。曲江县电影放映队很快由一个队发展到3个队，放映点由30个增加到106个。1953年至1957年，观众达251.6万人次，连最偏僻的山区群众也可以看到电影。

体育事业也有了较大的发展。新中国成立后至 1957 年 1 月，曲江县建立了体育运动委员会，成立了 19 个体育协会。为进一步广泛地开展群众性体育活动，奠定了基础。

第二节 老区在曲折中前进

一、"大跃进"与人民公社化

"大跃进"

1958 年 5 月 5 日，中共中央在北京召开中国共产党第八次全国代表大会第二次会议，正式通过了毛泽东提出的"鼓足干劲，力争上游，多快好省地建设社会主义"的总路线，并号召全党和全国人民，认真贯彻执行社会主义建设总路线，争取在 15 年或更短的时间内，用最快速度来发展我国的社会生产力，在主要工业产品的产量方面赶上和超过英国。要实现高速度就要发动群众，破除迷信，解放思想，发扬敢想、敢说、敢做的创造精神。在这种思想指导下，我国"二五"计划指标工业要提高 1 倍，农业要提高 20% ~50% ；钢从 1200 万吨提高到 3000 万吨。粮食从 5000 亿斤提高到 7000 亿斤。为此，全国上下广泛宣传"总路线"和"大跃进"。公开批判右倾保守思想，批判"粮食增产有限论"和从客观实际出发是"条件论"。在此形势下，曲江县工农业和其他方面工作掀起了"大跃进"高潮。

1958 年 5 月 13 日至 15 日，曲江县第三届人民代表大会在韶关举行，会议贯彻"鼓足干劲，力争上游，多快好省地建设社会主义"的总路线，提出"苦战三年实现工业化、农业机械化、电气化的新曲江"的目标。

在农业方面，要求三年内达到农田耕作、产品加工、农资运输全面实现动力化和机械化。1958年水稻平均亩产1000斤，花生亩产300斤，每人养猪1头。这些脱离实际的高指标、高要求，不仅无法实现，反而助长了盲目追求高指标、瞎指挥，致使虚假浮夸风盛行：如重阳乡某生产队在4分田上堆积成产量达200万斤的番薯山。马坝乡阳岗社某社员一天耙田30.6亩。樟市和平社妇女突击队决定在1.2亩水田种出20万斤水稻等虚假浮夸报道常见于《曲江日报》。争创"全省第一""震动世界"以及"人有多大胆，地有多高产"的口号到处飞扬。当年曲江县夸称粮食平均每亩1700斤（实际每亩226斤），总产量27.35万吨（实为7.69万吨），从而引发全县各地大办公共食堂，"放开肚皮吃大锅饭"的虚假丰收，粮食浪费现象惊人。不切实际的浮夸风使大片农田荒置，高估产造成高征购，为日后三年饥荒埋下祸根。

在1958年"大跃进"浪潮中，依照中共广东省委《关于迅速掀起广东省工业生产高潮，争取工业大跃进的指示》，曲江全县盲目大办工业，首先创办了曲江县农械厂。同年在马鞍山脚兴建了一座容量为14千瓦的水电站（后因炸山取石而毁）。紧接着从7月到11月，响应中共中央"以钢为纲"，"大炼钢铁"的号召，实行书记挂帅。动员了10万人上阵、土法上马的大炼钢铁的群众运动。曲江被广东省定为钢铁生产重点县之一，中共曲江县委提出建炼铁高炉40座、生产钢铁6000吨的指标，并将任务分到各公社。中共曲江县委多次发出指示、通知，强调大炼钢铁是政治任务，要加强领导，抽调人力、资源，确保建炉炼铁任务的完成。8月下旬，中共曲江县委在重阳、坑口召开现场会议，迅速掀起比、学、赶高潮。仅50天左右，全县即建好高炉40座。接着，对马坝、坑口、周田、重阳、大桥、犁市、大塘、龙归、樟市等分别下达150～200吨炼铁上缴任务，必须在9月15日以前完成。建炉炼铁硬任务给各公社很大的压力，除抽调大批农村劳力日夜奋战外，还动员学生参加，全县中小学停课20天，师生到农村寻砖、砍树、挖矿石。仅曲江中学就建起了3座炼铁炉。炼钢矿源不足，许多铁制农具、家具都拿去炼钢。1958年9月15日，中共广东省委书记文敏生到曲江视察了马坝乡土法炼铁炉群后，中共曲江县委立即召开干部扩大会议，提出"放出日产五万吨铁"的"卫星"，并分别给各公社下达死任务。本来已经盛行的浮夸风更为严重地泛滥起来，各社干部迫于形势，只好违心地虚报炼铁数字。11月6日，县委又发出《关于加强当前钢铁生产的指示》，要在11月1日发射出6万吨钢的高产"卫星"，因此，各公社每日上报炼铁数字令人咋舌。曲江县工业"大跃进"到1959年夏基本停止。

1958年曲江县开展超越实际条件的"大跃进"运动，不仅局限在农业、工业，还在商业、教育、政法等各条战线开展，仅在1958年至1960年秋，曲江县共损失847万元，居全专区之首，也是全省经济损失最严重的县份之一。

"大跃进"运动在一定程度上反映了人民群众要求改变经济、文化落后的普遍愿望，全县兴修水利，筑起大小几十座山塘水库，解决了几万亩水田长期干旱的问题，有些水库至今还起着灌溉农田的作用。另在积肥高潮中，马坝群众在狮子岩挖出疑似古猿人头盖骨化石，得到当时正在检查指导曲江整风整社工作的中共广东省委书记陶铸的高度重视，经省考古部门研究证实，是十二万年前"马坝人"头盖骨化石，从而填补了类人猿进化的一段历史空白。但"大跃进"运动，忽视了经济发展的规律，无限地夸大了主观意志，脱离实际地急于求成急躁冒进、高计划高指标、浮夸风盛行，给人民群众生产生活造成巨大的影响。"大跃进"最大的失误是在建设速度上急于求成。虽然在某些方面取得了一定成果，但为此付出的代价却是巨大的。"跑步进入共产主义"受到了客观规律的惩罚，教训是十分深刻的。

人民公社化

1958 年 4 月，中共中央发出《中共中央关于把小型的农业合作社适当地合并为大社的意见》。8 月，毛泽东主席视察了河南七里营人民公社，提出"人民公社好"。8 月 29 日，中共中央政治局在北戴河召开扩大会议，作出了《中共中央关于在农村建立人民公社问题的决议》，并指出"人民公社将是建成社会主义和逐步向共产主义过渡的最好的组织方式"。会后，全国即掀起人民公社化运动的高潮。

1958 年 4 月，中共曲江县委要求全县贯彻《中共中央关于把小型的农业生产合作社适当地合并为大社的意见》，并批准在樟市组织一个工、农、林、牧、副、渔各业统一经营的樟市联社，入社农户 5000 户，人口 25000 人，拥有 8.9 万亩土地。8 月，曲江县贯彻《中共中央关于在农村建立人民公社问题的决议》精神，并组织部分农村干部到河南参观。回来后很快在全县掀起了建立人民公社的热潮。9 月，樟市联社正式命名为樟市人民公社，实行"三级管理，三级核算"制度，这是在广东省较早建立的人民公社之一。10 月，全县 10 个乡撤销乡建制，成立 6 个公社（即马坝乡与坑口乡合并为马坝公社，龙归乡与水上乡合并为龙归公社，周田乡与大桥乡合并为周田公社，重阳乡与犁市乡合并为韶北公社，樟市乡和大塘乡直接转为公社）。这样，全县在短短两个月内实现公社化。入社农户 37059 户、人口 162881 人，占全县农户、人口数的 100%。原来乡政权由人民公社代替。公社是"工、农、商、学、兵"五位一体，实行"政社合一"和单一的公社所有制，即计划、生产由公社统一指挥，物资、财务由公社统一调拨，收支、收益由公社统一分配。推行"一大二公"体制。人民公社的"一大二公"实质是刮"共产风"和"一平二调"。所谓"大"就是要求公社越大规模越好,"公"就是将贫富不均的合作社一切财物资源全部归公。实行供给制,如大办公共食堂,社员生老病死、男婚女嫁由公社负责供给,社员自留地、家畜、家庭副业等都归公社,无偿地调用生产队土地、物资和劳动力。公社采取"组织军事化,行动战斗化,生活集体化"的强制性管理方法。即公社建立生产战斗团,大队建立战斗营,生产队建立战斗连,连以下设排,排以下设班;行动战斗化,集中劳动搞大兵团作战;生活集体化,实行免费吃"大锅饭"。1958年9月,犁市乡建立了第一所敬老院。在它的推动下,全县各公社先后建起敬老院22所,入院老人803人。在"共产主义是天堂,人民公社是桥梁,跑步进入共产主义"等口号鼓舞下,曲江县"共产风""一平二调"风和浮夸风越刮越猛,持续了近两年时间。这时,人民公社的管理体制在曲江确立,后来虽然经过整顿,但仍一直延续到中共十一届三中全会后的1983年春。

"大跃进"和人民公社化运动虽然发动群众兴修了一批水利工程,推广了一些新农具,培养了一批农技人员,并且试办了工业,但是也给曲江经济和人民生活带来严重后果。1958年粮食比1957年减产29.55万担,减产17.2%,回落到1952年互助组时期的生活水平,生猪、"三鸟"、塘鱼产量大幅下降,全县粮食副食品短缺,一些公社出现饥荒,一些社员出现水肿等疾病,甚至死亡。乱砍滥伐使生态环境遭受人为破坏。强制性拆并村造成民房毁坏,群众埋怨。盲目上马的一些企业因技术落后,管理混乱,导致生产率下降,经济效益低下。全县经济失衡、下滑。"大跃进"和人民公社化运动脱离了曲江生产力发展水平的现实,违背了经济和社会发展的客观规律。不仅群众受折腾,也对全县生产造成极大的破坏,给国家和人民带来灾难性的损失。这是在探讨建设社会主义道路过程中的一次严重失误，经验教训是非常深刻的，值得后人永远汲取。

二、"反右倾"

1959 年 7 月 2 日至 8 月 16 日，中共中央政治局扩大会议和中国共产党第八届中央委员会第八次全体会议（简称"中共八届八中全会"）先后在江西庐山举行。会议的议题是在充分肯定成绩的前提下，总结经验教训，纠正错误，动员全党完成 1959 年的"大跃进"任务。从 7 月 23 日起，毛泽东在中共中央政治局扩大会议上，错误地发动对彭德怀等人进行批判。从此，庐山会议由反"左"转为"反右"。8 月 2 日至 16 日，中共中央召开八届八中全会，会议通过了《关于以彭德怀同志为首的反党集团的错误的决议》和《为保卫党的总路线、反对右倾机会主义而斗争》，把"反右倾"斗争推向全国。

1959 年 9 月，中共韶关地委发出通知要求各县（市）党委加强"反右倾"领导，号召各级党员干部向党"交心"，检查对总路线、"大跃进"、人民公社化三个根本问题上的右倾思想和错误立场。曲江县召开各级干部会议，会议中把某些同志对总路线、"大跃进"、人民公社化运动中一些不同看法视为右倾思想，加以揭发批判。对"大跃进"和人民公社化的"一大二公"优越性存有异议，主张权力下放，解散农村公共食堂，整顿经营管理，实行包工包产、按劳分配等问题，进行上纲上线的批判。"反右倾"斗争在经济上打断了纠"左"的积极进程，使"大跃进"和人民公社化运动中许多已被指出，有待纠正的错误重新发展起来。使曲江一批干部党员遭到错误的批判，不少人被定为"右倾机会主义分子"，受到不应有的组织处分，一批敢于实事求是地向党反映实际情况、提出批评意见的同志受到打击，助长了不敢坚持原则、不敢讲真话、明哲保身、但求无事的不正之风，甚至给那些投机取巧，阿谀奉承的人有可乘之机，个人专断的不良倾向在党内更加发展，使党的事业受到莫大损失。

三、整风整社运动

由于"大跃进"、人民公社化运动和"反右倾"斗争中的许多失误，1959 年冬起，国内出现了严重的经济困难。全党和中央逐步清醒过来，决心认真调查研究、纠正错误，调整农村政策。1960 年 9 月底，中共中央提出了"调整、巩固、充实、提高"的方针。继而发出《关于农村人民公社当前政策问题的紧急指示信》（简称"十二条"）和《农村人民公社工作条例（草案）》（简称"六十条"）、《关于坚决纠正平调错误彻底赔退的规定》等文件。部署从 1960 年冬至 1961 年底，在全国普遍开展以肃清人民公社化运动中出现的"五风"（共产风、浮夸风、强迫命令风、生产瞎指挥风和干部特殊化风）为主要内容的整风整社运动。1961 年 4 月，中共广东省委书记赵紫阳到曲江视察和指导整风整社工作。

1961 年 5 月开始，曲江县贯彻中共中央关于农村人民公社"十二条"、"六十条"精神，在全县开展以纠正"五风"为中心内容的整风整社运动，以纠正"左"倾错误，整顿干部作风，清理"大跃进"和人民公社化期间"一平二调"、刮"共产风"的各种遗留问题，落实农村经济政策。对人民公社化运动以来无偿抽调或占用大队、生产队和社员私人的生产资料、生活资料及其财产，进行清理和赔退，彻底清理"一平二调"，确认生产队为基本核算单位。实行劳力、土地、耕牛、农具"四固定"。恢复包工、包产、包成本和超额奖励制度。允许社员经营少量自留地和家庭副业。坚持按劳分配原则。恢复农村集市。5 月，曲江县委发出通报，在全县推广大塘公社西林大队在贯彻中共中央关于人民公社"六十条"政策精神，认真调整"三包"，总结掀起群众性开荒扩种高潮的做法和经验。9 月 1 日，曲江县人民委员会作出《关于进一步开放农村集体贸易若干问题的规定》，进一步扩大城乡物资交流，繁荣经济、活跃市场。9 月 5 日，中共曲江县委制定了《关于确定林权，保护山林和全面发展山区经济的若干政策规定（草案）》《关于油茶经营管理的几点政策（草案）》和《关于迅速发展生猪、耕牛的措施（草案）》三个文件。10 月 15 日，曲江县在马坝公社阳岗、下演 2 个大队同时开展以生产队为基本核算单位的试点工作。试点工作结束后，全县各生产大队按照人民公社"六十条"规定，对土地划分、产量确定、公购粮负担、耕牛农具和山林、油茶等处理方法，全面实行以生产队为基本核算单位制度。11 月，中共曲江县委对全县贯彻中央农村经济政策"十二条"、农村人民公社工作条例"六十条"进行农村整风整社运动总结，指出全县开展整风整社运动以来，确立了以三级所有队为基础的农村人民公社基本制度，调整了社队规模，贯彻了按劳分配、多劳多得和等价交换的原则与省、地、县委一系列政策，刹住了"一平二调"的"共产风"，在一定程度上解决了队与队、社员与社员之间的平均主义，从而调动了广大农村干部和群众的生产积极性，使全县农业生产迅速得到恢复和发展。1961 年，全县粮食获得好收成，总产量达 1.55 亿斤。有 42% 的生产大队、47% 的生产队超过、达到、接近 1957 年粮食生产水平；37% 的生产队超过、达到、接近 1957 年食油生产水平；经济作物有一定的恢复，花生单产提高，生猪饲养量略有增加，社员收入大有增加。广大群众把这一时期农村变化概括为：增产多、口粮多、吃油多、自留地多、开荒扩种多、"三鸟"发展多、市场商品多、社员收入多、社员出勤多、人口增加多、干部深入生产多、亲友来往多。曲江县整风整社运动，效果明显，运动措施得当，整顿了干部的作风，纠正了"左"的路线对农村工作的干扰，使人心稳定，对曲江县顺利度过困难时期起了积极作用。

四、贯彻"八字"方针和农村经济的恢复

中共曲江县委在巩固整风整社成果的同时，认真贯彻中央"调整、巩固、充实、提高"的八字方针，全力抓好农村经济和社会各项事业的恢复和发展。

1961年11月10—21日，曲江县在韶关召开了中共曲江县第二次代表大会，选举了第二届委员会。县委第一书记李凌冰代表县委作了工作报告，庄重指出用三年时间，以粮为纲，粮油、生猪为重点，全面恢复和发展农业生产。要求粮、油、猪总产量恢复到1957年的水平，其他社会各项事业也要有新的发展。此后，中共曲江县委根据曲江的实际，制定了一系列的政策和采取强有力的措施。在农业方面，坚决贯彻执行队为基础三级所有，以生产队为核算单位的政策；实行包工、包产、包成本的"三包"和超产奖励制度；坚持实行劳力、土地、耕牛和农具"四固定"政策；坚持按劳分配、多劳多得原则；将生产队总耕地面积中划出5%～7%的土地分给社员作自留地，自由种植经营，收入归个人所有；鼓励社员开荒扩种、大养生猪、家禽；同时调整了生产队粮油征派购任务，三年不变；提高粮食统购价格，三级谷由1960年的7.15元/担提高到8.18元/担，提幅22.8%；实行体制下放，将全县7个大公社调整为15个公社，将255个大队合并为141个，精简干部，减轻农民负担；规定县、公社、大队、生产队干部每年参加生产劳动分别为60、80、120和240天，改变作风，密切干群关系；进一步开放农贸集市，扩大城乡交流，繁荣经济，活跃市场。经过全县干部群众三年的奋斗，曲江县农业快速恢复，

农村经济稳定增长。1963 年全县粮食总产量达 2.06 亿斤，比 1957 年增加 19 万斤，生猪达 9 万头，耕牛 3.9 万头。

工业贯彻"七十条"，整风整厂、克服企业管理混乱和工资奖励的平均主义，开展以"扭转亏损，增加盈利"为中心的增产节约运动，恢复手工业社、组和个体户。全县工矿企业清退土地 2.1 万亩，压缩工矿职工和城镇人口。清理入城务工农民，精简压缩临时工一千二百多人回乡务农，增加了农业劳动力，减轻了农民负担，巩固了集体经济，加强了工业对农业的支援。1961—1963 年三年间，工业以年均 6% 速度增长，轻工业和手工业得到发展。

社会各项事业在贯彻"八字"方针中亦取得很大成绩。

大力改进商业工作，正确处理计划内、计划外农产品的派购、收购。将国营商业与供销合作社分家，恢复合作商店（组），增加网点。城乡经济日益活跃，市场繁荣，物价稳定。

财政金融认真贯彻执行中央提出的"当年平衡、略有回笼"的方针，增加收入，节省非生产性开支。及时发放贷款，重点保证工农业生产，特别是农田水利基本建设和帮助穷队发展生产的资金投放。

教育贯彻"教育为无产阶级政治服务，教育与生产劳动相结合"的方针，教育质量得以提高。民办学校有较大发展。1964 年，曲江县国民经济全面好转，半年制、早晚班、复式班等方式的耕读小学、简易小学应运而生，全县达 102 所，学生 9421 人。同时处理了 4956 名农村中、小学超龄生回乡参加农业生产。全面贯彻《全日制中学暂行工作条例（草案）》和《全日制小学暂行工作条例（草案）》，积极开展业余教育，巩固了扫盲成果。卫生事业贯彻"为生产服务，预防为主"的方针，积极组织巡回医疗队上山下乡，培训了一批防治人员，开展以"除害灭病"为中心的爱国卫生运动，控制防止重大病害。进一步健全了农村保健卫生机构，加强中西医结合，保障了人民身体健康。

中共曲江县第二届委员会提出的目标在认真贯彻中共中央"八字"方针中得以完全实现，不仅带领全县人民度过了经济困难时期，同时使经济和社会各项事业得到恢复和发展，为今后曲江进一步发展奠定了基础。

五、社会主义教育运动在曲江的开展

1963 年 2 月 11 日，中共中央在北京召开工作会议。会议决定在城市开展"五反"（反对贪污盗窃、反对投机倒把、反对铺张浪费、反对分散主义、反对官僚主义）运动，在农村进行社会主义教育运动。

2 月 23 日，中共韶关地委发出《关于在全区开展反投机倒把斗争，深入进行社会主义教育运动的指示》。按照中共中央会议精神和省、地委的部署，中共曲江县委结合本县实际，在全县分期分批地开展以巩固集体经济为中心，以肃清四股歪风（投机倒把、封建迷信、大吃大喝、赌博）为主要内容的社会主义教育运动。

1963 年 2 月，曲江县成立打击投机倒把运动领导小组，并以乌石、樟市、重阳公社为重点。至 3 月 25 日，历时一个多月的打击投机倒把运动基本结束。其间，破获投机倒把案件 137 宗，逮捕 24 人，另有 162 人受斗争。1964 年 5 月，"五反"运动继而在全县机关、企业开展，取得良好效果。

1963 年 8 月 1 日，曲江县社会主义教育运动工作团组成，由李凌冰任团长，贺勇、姜吉田为副团长。工作队由各公社和机关单位抽调 374 人组成，分为两个工作队，分赴马坝、樟市两个公社进行试点工作，开展"小四清"运动。这批试点工作分四步进行：第一步扎根串联、组织贫下中农阶级队伍，开展对敌斗争；第二步清理账目、仓库、财物、工分；第三步贯彻《农村人民公社工作条例（草案)》，处理公私关系；第四步搞好思想组织建设，发展集体经济，组织生产高潮。第一批在马坝、安山、阳岗、和平 4 个大队铺开，第二批在水口、龙岗等 9 个大队铺开，第三批在白沙等 18 个大队、农场进行。11 月下旬，马坝、樟市公社试点结束。1964 年 1 月 5 日，曲江县第一批社会主义教育运动在大塘、枫湾公社展开，5 月 21 日运动结束。

1964 年 8 月 5 日至 19 日，中共曲江县委召开会议，传达上级精神，学习毛泽东关于过渡时期阶级斗争的理论，重新部署城乡社会主义教育运动。不久，中共韶关地委成立"四清"（清政治、清经济、清思想、清组织）运动总团，并将曲江列为"四清"运动试点县。10 月，从韶关地区抽调了九千多名工作队员进驻曲江县 15 个公社（大队）开展"四清"运动。此时，中共中央中南局第一书记陶铸还到曲江视察、指导"四清"运动。这次运动分四步进行：（1）进行阶级教育，扎根串联，组织阶级队伍。(2）进行"四清"，整顿干部作风。（3）进行两条路线斗争教育，处理公私关系，巩固发展集体经济。(4）进行思想和组织建设。1965 年 7 月下旬，历时 10 个月的"四清"运动基本结束。

曲江县社会主义教育运动，发动和锻炼了群众，在一定程度上教育了基层干部，改变了作风。但在"左"的路线和"以阶级斗争为纲"的方针指导下，错误认为全县有 8 个公社有各种问题，占 53.3%；其中定为问题严重的有 4 个公社，占 26.6%；认为大队一级已"和平演变"的有 46 个，占大队总数 30.2%。"四不清"干部占全县干部总数 84%，因而在运动中扩大了打击面，一大批农村基层干部受到批判和斗争，严重挫伤了他们的积极性，产生了消极影响。

六、社会各项事业的发展

教育方面

曲江县认真贯彻执行党的"教育为无产阶级政治服务,教育与生产劳动相结合"的方针和《全日制中小学暂行工作条例(草案)》《全日制小学暂行工作条例(草案)》,调动了广大教育工作者的积极性和创造性,教学质量和学生的德育、智育、体育方面都有了很大的提高。

加强了对民办学校和中小学的领导,发展了民办小学、业余学习班,群众教师、群众办学的积极性大大提高,出钱、出力增添设备、兴建校舍。1963年底,全县幼儿园13所,幼儿763人。1964年,全县共有完中1所,初中6所(犁市、龙归、大塘、乌石、樟市、重阳)。1965年,有中学7所,学生2488人,其中初中生2218人,高中生270人。当年,全县小学共有462所,学生3.9万人,入学率升至86.2%。1965年,曲江中学的高考成绩名列韶关地区14县市榜首。

继续做好扫盲工作。1963年,曲江县业余教育委员会成立后,组织农民按农事情况安排学习文化。1964年,分春、夏、秋三期组织扫盲。全年共1.64万人次参加业余学习,同时还开始办耕读小学,巩固扫盲成果以防止出现新文盲。1965年,办文化夜校。

曲江县对教育的投入逐年增加。1962年,全县财政总支出276万元,教育经费支出67万元,占24.3%;1965年,全县财政总支出275万元,其中,教育经费总支出84万元,占县财政总支出的30.5%,比1962年提高了6.2%。

卫生方面

曲江县认真贯彻"为生产服务,预防为主"的方针,积极组织巡回医疗队上山下乡；开展以"除害灭病"为中心的爱国卫生运动，严格控制和防治了霍乱、天花、白喉、伤寒、麻疹、血吸虫等传染病害；加强了中西医结合，培训了大批防治人员，进一步建立和健全了广大农村的卫生保健机构。保障了人民群众身体健康。

1961 年，全县有卫生机构 30 个，还增设卫生所（站）40 个，卫生技术人员 462 人。1961 年，县人民医院开始施行阑尾、疝修补等普通手术，1963 年正式成立外科、妇科、内科，可做剖腹产、囊肿摘除等手术。之后，引进一批新设备、新技术，对新生儿疾病、肺炎、肾病综合症等能正确诊断和治疗。1965 年，有 5 名中医大专院校毕业生首次分配来曲江县工作，中医队伍素质逐步提高。

文化、体育方面

曲江县坚持文艺为工、农、兵服务，为社会主义服务的方向，面向农村，面向山区，开展群众性文化艺术活动。进一步加强了对采茶剧团、电影放映队和农村俱乐部的指导，采取了小型多样的文化形式，围绕中心工作，宣传党和政府的方针政策，丰富了人民群众的文化艺术生活。文艺创作、美术书画、摄影、音乐、歌舞等都较活跃。1962 年，县文化馆梁洪将多年的经验积累整理成《曲江采茶戏音乐》一书，颇有影响。1964 年，县文化馆编印了《新人新事新风尚》报告文学选集，对当时促进全县良好社会风尚的形成起了重要作用。

随着全县国民经济形势好转，农村体育重现生机。1963 年的元旦、春节、五一及国庆节，大部分公社都举办了小型体育比赛活动，马坝、白土两个公社还举办了大型民兵体育比赛，参赛者达两千多人。端午节龙舟赛传统活动在浈江、武江、北江河畔的村庄也恢复起来。

第三节 "文化大革命"期间的老区

一、党组织与基层政权

1966 年 5 月 16 日,中共中央颁发《五一六通知》,"文化大革命"正式开始。6 月 1 日,《人民日报》发表《横扫一切牛鬼蛇神》的社论:号召人民群众起来进行"文化大革命"。6 月 2 日,该报发表了北京大学聂元梓等人的大字报。因此,国内许多城市大、中学校的学生响应号召,在全国掀起以批斗校长、教师为对象的"斗黑帮"浪潮。

1966 年 5 月 31 日,中共韶关地委成立了"文化大革命"领导小组,朱一樵任组长。6 月初,中共曲江县委根据中共韶关地委指示,成立了曲江县"文化革命"小组,随后,各公社也先后成立"文化革命小组"。由此,曲江县"文化大革命"正式开始。由于造反派对曲江党政机关冲击、夺权,中共曲江县第二届委员会和曲江县第五届人民委员会工作被迫瘫痪。1967 年初,曲江县成立"军管会"实行军管。1968 年 1 月,曲江县革命委员会成立,对党、政、军、统、群实行"一元化"领导,至此,中共曲江县委和曲江县人民委员会的职权被取代。1968 年 4 月,曲江县革命委员会党的核心领导小组成立,取代中共曲江县委职权,军代表于万春、钟玉哉先后任核心领导小组组长。随后,各公社革命委员会的核心小组,取代各公社党委的职权和工作。

1969 年 4 月 1 日，时任县革委会党组核心领导小组成员甘义娣，出席中国共产党第九次全国代表大会。1973 年 8 月 24 日，时任中共曲江县委副书记甘义娣，参加中国共产党第十次全国代表大会。

1969 年 9 月，中共曲江县第三次代表大会召开，选举产生了中共曲江县第三届委员会（县委恢复），先后由马春离、钟玉哉任县委书记。

1968 年 10 月 13 日，曲江县"五七"干校在南华寺举办，首批有 532 名干部（其中有 37 名局以上干部），这些干部都是精兵简政简下来集中学习、劳动，接受"再教育"的。他们不能从事专业工作和研究，荒废了业务和专业技术，造成人才浪费，给广大干部、知识分子带来负面影响，也给国家现代化建设造成损失。直到 1979 年 2 月 17 日，国务院发文停办"五七"干校。从此，结束了"五七"干校。

1970 年以后，全县各公社恢复党委会。

1973 年上半年，曲江县恢复县人民政府及其工作机构，各公社的体制仍称管理委员会。

二、社会的动荡

1966 年 6 月 1 日，《人民日报》发表社论：《横扫一切牛鬼蛇神》，提出大破"四旧"（旧思想、旧文化、旧风俗、旧习惯）的口号。后来的《中国共产党中央委员会关于无产阶级大革命的决定》（即《十六条》）又明确规定"破四旧、立四新"是"文化大革命"的重要目标，随后红卫兵运动兴起。8 月，毛泽东在北京天安门接见百万红卫兵后，全国红卫兵造反派"破四旧"行动升级，破坏寺院、古籍文物，随意抄家。8 月底，红卫兵进驻曲江南华寺，推倒寺门佛像，毁坏古木雕佛像 18 尊，卖掉铜铁文物一千多千克。当时南华寺的六祖真身佛像被抬去游街后毁坏，各地许多有历史价值的书刊、名画、论著均被焚毁。9月，韶关市与曲江县的红卫兵到县内各地串联，强制剪掉农村妇女的辫子，将村中的宗祠里的摆物全部拆除，挂上毛泽东的画像和语录。1966年在横扫一切牛鬼蛇神的同时，曲江县的红卫兵又把矛头指向党政机关和文化界，把主要领导当作"党内走资本主义道路的当权派"进行批斗，抄家、戴高帽子游街，其中一部分人被送到农村劳动改造。1966年8月下旬，北京大、中院校学生开始分赴全国各地"播撒""文化革命火种"（红卫兵大串联），红卫兵的全国大串联产生了巨大的辐射作用。从中央到地方的各级领导机关，许多被围攻，被"炮打"和"火烧"，实际上已无法正常工作。许多党政机关陷入瘫痪状态，多数党政负责人因遭到红卫兵责难和围攻被迫一再检讨而始终无法"过关"，有些领导人在被野蛮揪斗中失去人身自由，甚至被折磨至死。社会秩序处于失控无序状态。曲江县也处在这种混乱的"揪走资本主义道路当权派"的高潮中，各机关单位均受到冲击而逐渐被迫中止行使权力。

1967年1月1日，两报一刊（《人民日报》、《解放军报》、《红旗》杂志）发表了《把无产阶级文化大革命进行到底》的社论。社论号召，"在伟大的毛泽东思想旗帜下，展开全国全面的阶级斗争"，从而使"文化大革命"进入"打倒一切"的内乱。在全国政治氛围影响下，1967年3月25日凌晨，曲江县公安局群众组织"革命造反派联合委员会"召开全局干警会，宣布夺取公安局领导权，并发表夺权声明。在这种情况下，全县已陷入无政府主义状态，机关工作也陷入瘫痪半瘫痪局面，生产和工作无人抓落实。从1967年8月开始，社会秩序渐乱，出现造反派任意抓人、打人，曲江的马坝、重阳、白土等公社甚至出现任意将

"四类分子"及其子女枪杀的严重事件。直至 1968 年 1 月底，曲江县革命委员会党的核心领导小组成立，社会动荡的局面才逐步得到控制和好转。

1968 年冬，曲江县一千五百多名城镇知识青年下乡，接受贫下中农再教育，他们受到农村各地的欢迎、支持和帮助。在以后的几年中，知识青年经受了锻炼，加深了同农民的感情。随着曲江经济社会逐步稳定发展，他们中的大部分人陆续回城分配工作。

三、学习毛主席著作运动的开展

1964 年，曲江县在"工业学大庆、农业学大寨"全国学人民解放军的同时，开展学习毛泽东著作运动。1965 年，中共广东省委指示在全省范围内迅速掀起学习毛主席著作新高潮。1965 年 9 月，曲江县贯彻落实顺德会议精神，开展大搞突出政治，大学毛主席著作的运动。10 月 5 日至 15 日，曲江县召开第一次学习毛主席著作积极分子经验交流大会，有学习毛主席著作先进单位 34 个、积极分子 397 人出席会议。这次会议，推动了全县学习毛主席著作运动的深入开展。

1966 年 2 月 21 日至 25 日，曲江县召开妇女学习毛主席著作积极分子代表会议，有二百八十多名妇女代表出席，会上评出 21 人为县的"学习毛主席著作妇女标兵"。2 月 23 日至 26 日，曲江县政治工作样板现场会在樟市公社群星大队召开，马坝公社龙岗大队、犁市公社犁市大队、江湾公社湖洋大队为样板大队标兵。3 月至 4 月，曲江县举办"学习毛主席著作先进事迹巡回展览"，介绍了马坝公社龙岗大队民兵营和党支部书记甘义娣，樟市公社群星大队党支部，樟市群星林场场长余东勤、龙归公社信用社干部黄华青和周田公社龙坑大队妇联主任张发香等学习毛主席著作先进事迹。5 月 7 日，曲江县四级干部会议在马坝召开，各条战线干部职工 5400 人参加，这次会议把全县学习毛主席著作运动再次推向高潮。

"文化大革命"开始后，全县学习毛主席著作的风气进一步形成。1966 年 8 月，全县共发行毛主席著作 19.4 万套（册）。10 月 1 日，曲江县新华书店门前隆重举行《毛泽东选集》《毛主席语录》发行现场会，1200 名师生参加颁发仪式。1967 年 6 月，曲江县组织学习毛主席著作报告团到全县农村、机关、厂矿、学校作巡回报告 197 场，听报告人数达 3.74 万人。1968 年，全县开展大宣传、大动员、大总结、大讲用、大表扬活动，把学习毛主席著作的群众运动又一次推向新高潮。为了更广泛更深入地开展活学活用毛泽东思想运动，把曲江县办成红彤彤的毛泽东思想的大学校，要求全县机关、农村、工厂、学校都要大办学习班。要着重学好"老五篇"和毛主席最新指示，大立"公"字，各级领导要把活学活用毛主席著作当成最基本的职责和首要任务。全县共举办各种类型学习班超过 3000 期，参加学习有 18 万人次。从 1966 年至 1969 年，全县发行《毛泽东选集》5.2 万套，《毛主席语录》19.41 万册，"老五篇"等汇编本和单行本 50 万册，全县还组织了四万多人参与的毛泽东思想宣传网。1971 年 9 月 13 日，林彪叛逃事件发生，学习毛主席著作运动暂告一段落。

曲江县学习毛主席著作运动激励了人们的精神，对生产、工作起了促进作用。但是在"左"的思想指导下，不少地方的学习活动走入"个人迷信、教条主义、形式主义"的误区，一度成为野心家、阴谋家林彪骗取全党全国人民信任的工具。

四、农业生产

1967 年 5 月，曲江县掀起农业学大寨群众运动。同年，韶关专区生产指挥部召开会议，决定在曲江县马坝公社阳岗、红岗两个大队搞农业学大寨样板。会议发出《关于在全区范围内全面开展学大寨，赶大寨群众运动的决定》，由此，曲江县农业学大寨运动逐步开展起来。

1969 年 6 月 1 日，韶关专区革委会在曲江白土公社召开农业学大寨现场会，以点带面。1970 年，全县掀起学大寨赶昔阳的群众运动高潮。12 月 17 日，曲江县革命委员会召开第八次全体委员扩大会议，作出《关于进一步开展农业学大寨群众运动的决定》，提出"学大寨、超佛冈、奋战一年誓把曲江变昔阳"的口号，决定：（1）立即掀起一个声势浩大的"大宣传、大学习、大办班"的活动高潮；（2）深入开展阶级斗争和两条路线斗争，深入进行"斗、批、改"，抓紧"一打三反"运动，狠批"重副轻农"，"重钱轻粮"的资本主义倾向；（3）狠抓各级领导班子的革命化建设，清除混入党内特别是领导班子中的少数坏人；（4）积极开展大搞农田水利基本建设，扩大耕地面积；（5）立即在全县范围内掀起农业学大寨群众运动新高潮，培养学大寨典型，总结推广学大寨典型经验。

1972 年，全县上下"举旗抓纲学大寨，跃马加鞭超昔阳"。曲江县革命委员会要求各地学大寨要学到根本上。要进一步落实农村的经济政策，重点抓好"按劳分配"政策，搞好定额管理，坚持男女同工同酬，进一步处理超支户的兑现工作，落实"一定五年"的政策，认真执行农业"八字宪法"。狠抓农田基本建设，搞好高产稳产的基础，有计划改良全县 15.6 万亩低产田。对全县 15 条大小河流、山塘水库，逐步进行治理和改造。大力发展农家肥料，种植绿肥。

在农业学大寨运动中，曲江广大干部群众发扬了艰苦奋斗，自力更生的革命精神，推动了农业生产的发展，并掀起了秋季生产和农田基本建设的高潮。1972 年，冬种面积达二十四万多亩，比1971年增加10.4%，是历史上冬种面积最多的一年。农田基本建设也有了新的发展。到1973年1月20日止，改造低产田5.3万亩，水利动工458宗，已完成267宗，完成土方60万方，比上年同期增加92%，完成石方7万方。

1975年，农业学大寨运动继续深入，在10月28日至11月1日中共曲江县委召开了农业学大寨会议。会议由出席全国农业学大寨会议的中共曲江县委书记康乐书传达会议精神，提出全县动员，苦战三年，建成大寨县的规划。会议认为，建成大寨县是一项非常艰巨的政治任务，必须做到狠抓根本，长期坚持，大批修正主义、资本主义。坚持“一批二干三带头”。全面贯彻农业“八字宪法”。并要求做好四个方面的工作：（1）立即掀起大宣传、大动员、大学习的热潮；（2）大刹资本主义妖风，排除学大寨障碍；（3）集中优势兵力，确保完成冬种25万亩，积肥3000万担，土石方1000万方，改造低产田9万亩，造林8万亩的任务；（4）在大批和大干中加强领导班子建设。会后，全县农业学大寨运动再次掀起高潮。

曲江县的农业学大寨群众运动，发生在20世纪60年代初和十年动乱的“文化大革命”期间，中共曲江县委、县革命委员会在农业学大寨初期，能紧紧抓住学大寨的政治挂帅，思想领先的原则，自力更生、艰苦奋斗，积极领导全县人民开展以兴修水利，大搞农田基本建设为主的群众运动，在改变耕作条件和发展农业生产方面，取得一定成绩。但在极左的思想指导下，坚持“以阶级斗争为纲”，使农业学大寨运动在某些方面偏离了正确的轨道，不适当地批判“重副轻农”“重钱轻粮”“工分挂帅，物质刺激”等，不准农村劳动力外出搞副业，没收社员开垦的“五边地”，减少自留地，不准个人饲养鸡群、鸭群，不准社员在自留地种植经济作物，抑制了农村经济的发展，同时搞形式主义，严重挫伤了农民的生产积极性。

中共十一届三中全会后，随着工作重点的转移，农业学大寨的群众运动由此告一段落。

五、文化、教育和卫生事业

文化方面

"文化大革命"时期，受"左"的干扰，曲江县采茶剧团大部分演员被遣送到"五七"干校学习，仅剩 7 人组成曲江县毛泽东思想宣传队。1976 年 12 月，粉碎"四人帮"后，改称曲江县文工团，1978 年 1 月，恢复了曲江县采茶剧团。1976 年，龙归、重阳、樟市、白土公社等文化站先后恢复。这一时期，广播宣传以深揭狠批"四人帮"为主题，发动干部群众抓纲治国、拨乱反正、正本清源，彻底肃清"四人帮"在政治上、理论上、思想上的流毒和影响。

1975 年至 1978 年，广东省文物考古训练班黄玉质、杨式挺、彭如策、朱非素、邱立诚、古运泉等，对马坝人石峡文化遗址进行了长达四年的考古发掘工作，发掘面积达 3700 平方米。1977 年 6 月 15 日，《人民日报》发表了题为《广东曲江发现新石器时代的石峡文化》。次日，全国多家报纸也作了报道。

1977 年 10 月，广东省博物馆在狮子岩设立考古工作站；1978 年，县文化局在南华寺内筹建曲江县博物馆；1980 年 10 月，曲江县博物馆正式成立，馆址由南华寺移至狮子岩省考古工作站内。

教育方面

"文化大革命"开始以后，曲江县所有中学和部分小学都停课了。到 1967 年 2 月，开始"复课闹革命"。曲江县成立了由 10 人组成的"文革"文教小组，并在曲江中学成立了军训办公室。

1967 年 4 月，曲江县"抓革命促生产"领导小组成立后，设立了"复课闹革命"办公室，取代了县"文革"文教小组，具体负责"复课闹革命"工作。

1967 年 2 月至 5 月，县"文革"文教小组（"复课闹革命"办公室）先后召开了全县小学教师代表会、中学师生代表会和中小学师生代表会等 5 个会议，研究解决中小学"复课闹革命"的问题。

曲江中学的师生在 4 月 11 日实现了以班级为基础的全校大联合和革命的"三结合"。1967 年 10 月，全县大、中、小学校相继复课。全县小学 332 所，学生 3.44 万人，中学 13 所，学生 4541 人，其中初中生 3791 人，高中生 750 人。

1968 年秋，上级提出"小学不出村，初中不出大队，高中不出公社"，"办学办到家门口"和"贫下中农管理学校"的口号。曲江县根据此精神制定了《曲江县 1968 年至 1970 年教育事业规划》（草案），提出凡有公办中学的公社（镇）一律要办高中，小学附设初中，中学学制改为四年（初、高中各两年），小学改为五年。至 1969 年，全县一度办起完中 11 所，高中 9 所，初中 2 所，小学附设初中 116 所，共有教学班 346 个，学生 1.19 万人，仅高中就招生 2039 人，是 1968 年的 4.5 倍。就近办学，缩短学制的做法，使全县基础教育的就学率大为提高，但普遍存在办学条件较差的问题，教师整体素质不高（短时内补充了大量的民办或代课教师等问题），由于学制缩短了，使教学质量整体偏低。

1975 年，曲江县创办了"五七"大学，这是韶关地区第一所县办大学。

粉碎"四人帮"以后，提高教育质量被提上了重要议程。曲江县颁发中小学教师考勤制度、奖惩制度和中小学教师工作基本要求等文件。1978 年 11 月 25 日至 30 日，曲江县革委会组织开展了全县教育工作大检查。全县按照教育部颁发的教学计划、教学大纲、教材进行教学，实行两操（早操、课间操）、一课（体育课）和青少年体育锻炼标准，组织业余体育队、文艺队和科学学习小组，建立健全学校共青团、学生会和少先队，合理调整初高中布局。1978 年，曲江中学初中部恢复三年学制。1979 年，全县各中学也相继恢复初中三年制，曲江中学高中部恢复三年制，到 1983 年全县高中恢复三年制。

1977 年 9 月 25 日，全国高等学校招生工作会议通过了《关于一九七七年高等学校招生工作的意见》。1977 年 10 月 5 日，中共中央政治局讨论并通过了这一意见，1977 年 10 月 12 日，国务院批转了这个意见，决定从 1977 年起，改变"文化大革命"期间高等学校招生不考试的做法，采取自愿报名，统一考试，择优录取的办法。全国高考招生恢复后，曲江县"老三届"毕业生踊跃报考。恢复大学招生考试的第一年，全县考生有 160 人被录取，其中大学本科 57 人，专科 5 人，中专 28 人，中师 70 人。1978 年，全县有 110 人被录取，其中大学本科 9 人，专科 9 人，中专 42 人，中师 50 人。

卫生方面

"文化大革命"运动对曲江县卫生工作造成较大影响，一度使卫生工作基本处于停滞状态，后来在毛主席"抓革命、促生产、促工作、促战备"的指示下，全县卫生工作得以好转。

掀起消灭血吸虫大会战。1970 年起，解放军一七七医院连续 3 年派出医疗队支援曲江县医防工作。1970 年 6 月，县消灭血吸虫指挥部在樟市公社露天广场召开了消灭血吸虫病誓师大会，会后连续 10 个月组织了 4 次消灭血吸虫病大会战，共投入 42.5 万个工日，完成开新沟填旧沟 250 条，总长度达 197 千米，完成土石方 426723 立方米，开垦有螺荒地 684.3 公顷，灭螺面积 56.4

万平方米。1975 年，曲江县革命委员会为了早日消灭血吸虫病，认真贯彻了省消灭血吸虫病的"水、垦、种、灭、治、管"六字综合措施，决定举全县之力兴建罗坑水库，为彻底消灭血吸虫病奠定基础。

医技水平有新突破。1970 年 11 月，曲江县人民医院成功抢救并治愈沥青烧伤全身总面积达 86% 的工人郭先湖，创下该院医疗史上的奇迹。1975 年，用针麻技术为马坝公社山子背大队社员严冬妹手术摘除重达 22 千克的卵巢巨大囊肿，并治愈。在解放军一七七医院支援下，曲江县人民医院外科医术发展很快，可施行甲状腺瘤摘除、胆囊摘除、胆总管十二指肠吻合、胃大部分切除、脾切除、肝修补、急性胰腺炎引流、膀胱切开取石等手术。

"文化大革命"结束后，曲江县逐步健全和完善城乡医疗卫生机构，白沙、灵溪、凤田、火山卫生院相继成立，全县初步形成了县、公社、大队三级卫生防疫、妇幼保健网。1978 年，成立县爱国卫生运动委员会办公室，县卫生局和县人民医院设立股、室。

针对部分农村合作医疗站相继停办的状况，中共曲江县委要求各地认真抓好合作医疗复办工作。1978 年，全县有 180 个大队坚持合作医疗制度，合作医疗办得较好的有马坝、樟市等 10 个公社。县卫生学校举办赤脚医生初训班、复训班，充实赤脚医生队伍，全县有赤脚医生 386 人，建立了一支不脱产的农村卫生员队伍。

1977 年 5 月 18 日至 24 日，广东省革委会除害灭病领导小组对曲江县消灭血吸虫病工作进行了全面考核检查，检查结果是全县钉螺面积从 1973 年的 38 处、2.94 万平方米，降为 1976 年的 4 处、848 平方米，有一万多名血吸虫病患者和 970 头病牛已经治愈。1978 年，县卫生防疫站人员增至 18 人，各公社卫生院防疫组基本落实，做到有人专（兼）职负责。在中共曲江县委领导下，开展大规模查螺灭螺群众运动，根治血吸虫病。此后未再发现新螺点和新感染病人。同时，曲江县先后开展了小儿麻痹症糖丸服食，白喉、乙脑、钩体、麻疹和"02"疫苗等注射工作，共计30万人次。乙脑、白喉、钩体、流脑、小儿麻痹症等传染病发病率大幅降低，其中乙脑、钩体发病率比往年下降最多。

全县各级卫生部门紧密配合县委中心工作，春耕、"双夏"（夏收夏种）派出医疗队奔赴农村、工地，送医送药，巡回医疗，防病治病。1977年6月9日，重阳公社暴雨成灾，韶关市和曲江县卫生局组织救灾医疗队赴灾区防病治病，历时18天，免费诊病一千多人次，并拨专款及药品计三千多元。

第四节 徘徊中的两年

1976 年 9 月 9 日，伟大领袖毛泽东主席逝世，曲江全县人民无比悲痛。9 月 18 日下午，全县 16.5 万人在 23 个会场参加了毛泽东主席逝世追悼大会。

1977 年 1 月，曲江县小坑林木场为支持兴建毛泽东主席纪念堂，精选了 30 立方米优质细叶香樟木运送北京，表达了全县人民对毛主席的崇敬和缅怀之情。

1976 年 10 月 6 日，以华国锋、叶剑英为首的中共中央，一举粉碎了王洪文、张春桥、江青、姚文元反党集团。10 月 18 日，中共中央发出《关于王洪文、张春桥、江青、姚文元反党集团事件的通知》。12 月，又连续发出关于王、张、江、姚反党集团的三批罪证材料，揭露他们使党和国家遭受严重灾难的种种罪行，全国上下迅速掀起批判"四人帮"高潮。

中共曲江县委组织广大干部群众，积极投入对"四人帮"的揭发批判，各公社（镇）各单位召开会议，联系实际，通过揭发"四人帮"反革命集团的滔天罪行，使广大干部群众进一步认清"四人帮"散布的各种谬论的实质，对粉碎"四人帮"反革命集团的伟大历史意义有了更深刻的理解。随着揭批活动的层层深入，极大激发了全县人民群众奋发图强，加快建设社会主义新曲江的政治热情和生产积极性。1976 年 12 月 14 日，曲江县人民政府制定了《关于 1977 年农业发展规划（草案）》，全县广大干部群众，斗志昂扬，决心狠抓革命，猛促生产，进一步深入开展农业学大寨的群众运动，加快农业发展的步伐。粉碎"四人帮"后，持续了十年的"文化大革命"运动也随之结束。

1977 年 3 月，中共中央工作会议提出为 1976 年的"天安门事件"和其他重大的冤假错案平反。根据中共中央和中共广东省委的指示精神，中共曲江县委把平反冤假错案，恢复无辜受迫害的干部群众工作提上日程。曲江县是"文化大革命"期间，林彪、"四人帮"打击迫害干部的重灾区，又是历次运动的试点县，遗留问题相当严重，如果党的政策不落实，林彪、"四人帮"流毒不肃清，干部怨气难以消除，精神难以振作，积极性不能发挥。在 1977 年至 1978 年间，做了几件重要工作：

一是对全县在"文化大革命"运动和历次运动中处理的一千多件案件进行复议。全部摘掉"右派分子"帽子，并做了安置工作；摘掉农村地富分子的帽子，其子女也改掉剥削阶级成分；召开平反昭雪大会，为"文革"中受迫害的干部群众进行平反、恢复名誉。

二是从 1977 年 12 月 23 日至 29 日，中共曲江县委进行了整风。召开公社党委和部委办、科局干部会议，认真总结经验教训，查找出五个问题：（1）对"四人帮"批得不力，对资本主义斗得不狠；（2）县委在执行政策上存在宁"左"勿右的思想；（3）没有下功夫改变生产条件；（4）受"四人帮"形而上学猖獗的影响，一点论、一言堂、一刀切；（5）对打好农业总体战役没有得力措施，支援农业的指导思想不明确。因此，会议制定了五条措施：（1）下力气花工夫打好揭批"四人帮"第三个战役，深入"一批二打三整顿"，充分调动广大干部群众大干社会主义的积极性；（2）促使各级干部参加劳动，带动群众大干；（3）大力改变生产条件，建设好稳产高产农田；（4）认真抓好冬种田间管理；（5）各行各业把农业放在第一位，制定支农规划，当好农业后勤。

三是继续坚持工业学大庆，农业学大寨。工业战线重点抓煤矿、农机、水泥、化肥、造纸。加强了管理，开展劳动竞赛和技术革新，任务完成得较好。县通用厂被评为韶关市学大庆先进单位标兵，23人被评为韶关市学大庆先进个人。为了普及大寨县，开展以"改土、治水、增肥"为中心的农田基本建设，建设高产稳产、旱涝保收农田，大力改造山坑低产田。曲江县从1976年开始，大力推广水稻优良品种，由于1976—1978年水稻优良品种优势得到很好的利用，马坝公社安山大队、东风生产队试种杂优水稻获得高产，平均亩产1120斤。为了恢复发展著名的"马坝油粘"，曲江县培育成功的"马坝早粘1号"和"晚粘2号"均获得丰收。曲江县水稻产量出现了新的突破，全县农业出现了新的景象。

1977年，继续兴修水利，全年完成农田水利土方500万立方米、石方20万立方米，新建罗坑水库和黄狗坳、大枫树渡槽、湖洋石陂等8项工程，抓好白土的江瓦坑、犁市的高东渠、梅村的黄坑水库等7宗小型骨干工程配套，搞好小坑、乌石回龙、长坝黄公陂、重阳石山前11宗山塘水库的维修加固工作。

然而，在粉碎"四人帮"后的头两年，曲江县对市场管理工作仍然提出要狠抓"两个阶级，两条道路"的斗争，严禁机关团体到农村社队采购农副产品，严禁弃农经商，关闭粮食市场，把打击投机倒把作为市场管理的中心任务。由于对农村产品上市卡得过紧过死，造成市场物资缺少，供应紧张。打击投机倒把工作仍未跳出"左"的框框，对投机倒把的定性仍以"五地下"标尺处理。打击面过宽，严重限制了个体经济发展。

在"文化大革命"结束后的两年徘徊期间，中共曲江县委按照中央、省委、市委的部署和要求，对各级党组织进行了政治思想领域的初步拨乱反正和思想作风的整顿，全县各项工作逐步走上正轨，国民经济得到一定的恢复和发展。但由于受"两个凡是"的束缚，"文革"中的一些"左"的理论和方针仍然继续坚持，一些错误的提法和做法仍然继续沿用，影响了曲江经济和各项事业的进一步发展。随着"真理标准大讨论"在全县的深入开展和中共十一届三中全会的召开，曲江县干部群众的思想进一步解放，全县国民经济和社会各项事业的建设进入改革开放和社会主义现代化建设的新时期。

4

第四章

曲江老区在改革开放和社会主义建设新时期

稳步发展（1978 年 12 月—2002 年 11 月）

第一节 老区的拨乱反正和社会关系的调整

1978 年 12 月 18 日至 22 日，中共十一届三中全会在北京召开，结束了粉碎"四人帮"后党和国家的工作在徘徊中前进的局面。标志着党在思想、政治、组织等领域的拨乱反正从这次全会开始全面展开，我国的改革开放由这次全会揭开了序幕。中共曲江县委根据中央、省、市的部署，认真学习与贯彻中共十一届三中全会精神，进一步解放思想，拨乱反正，认真解决历史遗留问题，有力促进了全县安定团结政治局面的形成。

为了进一步促进全县党员和人民群众解放思想，端正思想路线，1979 年 10 月 20 日，中共曲江县委批转县委宣传部《关于把真理标准问题的讨论推广到基层去的意见》，要求：真理标准问题讨论与学习叶剑英《在庆祝中华人民共和国成立三十周年大会上的讲话》结合起来，与反对林彪、"四人帮"的极左思潮，与克服和纠正各种干扰、违背中共十一届三中全会精神的错误思想结合起来，并通过召开会议、办学习班等方法对公社干部、大队党支部书记、大队长、企业车间主任进行培训。至此，真理标准问题的讨论在群众中广泛开展起来。

1981 年 6 月，中共十一届六中全会一致通过《关于建国以来党的若干历史问题的决议》（以下简称《决议》），《决议》对新中国成立以来的历史特别是"文化大革命"作出了全面总结，并对毛泽东的功过是非及毛泽东思想的指导意义作出了实事求是、恰如其分的评价。1981年8月23日，中共曲江县委召开四届五次全委扩大会议，会议提出，学习和贯彻《决议》是当前和今后的头等大事。随后，县委领导带头，采取各种形式，层层办班，培训公社副书记、机关副科局长级以上党员干部399人，党员8527人，占全县10659名党员总数的80%。深入地开展真理标准问题的讨论，学习中共十一届六中全会《关于建国以来党的若干历史问题的决议》，使广大干部群众从"两个凡是"和"左"倾错误的束缚中解放出来，进一步端正了思想路线，为拨乱反正，调动广大干部群众的积极性，实现党的工作重点转移，团结一致，开创曲江各项工作新局面奠定了思想基础。

一、平反冤假错案和解决历史遗留问题

平反"文化大革命"造成的大量冤假错案，有步骤地妥善处理新中国成立以来的历史遗留问题，是实现安定团结、实行改革开放和进行社会主义现代化建设的重要前提和条件。

中共十一届三中全会后，中共曲江县委成立了落实政策领导小组，下设办公室，具体指导全县平反冤假错案和解决历史遗留问题工作。各公社、镇也配设了3~7人的落实政策小组，由主管领导专抓。全县共配备落实政策专职干部三百四十多人。按照实事求是、有错必纠的原则加快平反冤假错案的步伐，先后为"文化大革命"中的各种冤假错案平反。同时，也对"文化大革命"以前的一些历史遗留问题进行清理和纠正。

"右派分子"的摘帽。为贯彻中共中央关于全部摘掉"右派分子"帽子的决定，1978年12月26日，中共曲江县委下发《关于成立摘掉右派帽子领导机构的通知》，对1957年反右派斗争中所划的右派分子进行全面复查。为全县175名"右派分子"全部摘帽，给予改正172人，占98.8%。对错划为"右派"的同志的

工作、生活、待遇及受株连的家属都作了妥善的安排。至 1980 年底，曲江的"右派"摘帽、改正和安置工作已基本完成。

干部案件的复查。1978 年 7 月 18 日至 8 月 2 日，中共广东省委召开落实党的干部政策和继续开展清查和林彪、"四人帮"反党集团有牵连的人和事问题的会议。中共曲江县委根据中共中央和中共广东省委的部署，从 1978 年 8 月开始大规模开展平反冤假错案的工作。并于 1978 年 11 月 2 日和 12 月 12 日，先后召开有党员、干部职工两万多人参加的全县性的平反昭雪大会，为 22 名在"文化大革命"中被迫害致死的干部和 52 名副科、局长以上干部公开平反昭雪，推倒强加在他们头上的"走资派""叛徒""特务""汉奸"等一切诬陷和不实之词，恢复了他们的政治名誉，彻底为其平反。会上还宣读了中共韶关市委《关于李凌冰等30 位同志平反的批复》和中共曲江县委《关于欧奇秀等 23 人平反的决定》。随后，各公社（镇、场）和部、委、办、局及所属单位，也分别召开平反昭雪大会，对错定为敌我矛盾而被揪斗的五千八百多名干部、群众进行平反，恢复名誉。1980 年 6 月，对"文化大革命"中立案审查的 607 名干部进行了全面复查。其中原已作结论的 173 人中，复查后修改结论 7 人，不作结论 2 人，原定敌我矛盾 4 人全部改为人民内部矛盾，原受处分 97 人中复查后减轻处分 16 人，改免予处分 20 人。同时收回 1970 年"两退一插"运动的干部 295 人。

至 1979 年 3 月，对"地""富""反""坏"分子的摘帽工作和"地富子女"的订正成分工作也已基本结束，全县有 3527名"地富分子"摘了帽子，错划"地富子女"的也已改正。

中共曲江县委 1979 年 9 月开始还对原定敌我矛盾的 4 件案件进行认真复查甄别，经市审批已全部改为人民内部矛盾，其中 3人改为免于纪律处分，1 人改为开除党籍处分。1984 年 5 月 10

日，中共曲江县委专门召开县委常委会议，确认 1945 年 2 月间成立的"曲江联乡抗日自卫委员会"是中共党组织领导下的人民群众革命武装组织，从而纠正了历史上对该组织定性为"土匪组织"的错误结论。同年 6 月 20 日，中共曲江县委对 1949 年原清曲南大队"特务案"问题进行复查和处理，认为此案是历史上一宗重大错杀案，应给予平反昭雪，并为此案中被错杀的谭济航、杨香南、邹耀丁、李瑞海、李瑞钦、李望松、毛克清、陈洁清 8 人平反，恢复名誉。

为了使冤假错案的平反工作不留尾巴，更好地调动一切积极因素，1984 年 7 月后，县成立专门机构，由县委主要领导任组长。县有关部门对过去错判劳教的 25 件案件进行了复查；给处理不当的人落实了政策；给一批不该处理或处理错了的同志恢复了党籍或公职；给一些同志减轻了处分或免予处分，收回安排，办理离、退休手续等。1987 年 2 月，全县共平反原判错案 443 宗，及时解决了历史遗留问题。

二、落实党的各项政策和调整社会关系

中共十一届三中全会以后，中共曲江县委拨乱反正，抓紧落实统战、侨务政策。根据"实事求是，有错必纠"的原则，县委对统战对象的历史案件进行了复查，纠正其中的冤假错案。1979 年，对被错划为"右派分子"的统战对象，全部作了改正。对其中未恢复工作的，作了适当安排，受株连家属，亦按政策解决了遗留问题，对在"文革"中被抄家、扣发工资的统战对象给予经济补偿，清退了大部分统战对象在土改时被错误没收的房屋，共清退侨房面积约 10 万平方米。1984 年给全县共 32 名原国民党起义、投诚人员颁发了起义、投诚证书。给历次运动中含冤而死的统战对象昭雪平反、恢复名誉。至 1987 年，全县共妥善处理了

407 件有关落实统战政策的案件。

1982 年 7 月和 1984 年 6 月，中共曲江县委先后召开了全县统战工作会议，传达了全国和省的统战工作会议精神以及胡耀邦等中央领导对统战工作的重要讲话，分析和总结曲江县统战工作的形势，明确今后统战工作的任务。从而有效地促进全县统战工作的开展。

由于历史原因，曲江旅居境外、海外的人比较多。其中，旅居香港、澳门的同胞有 8310 人，他们在县内的亲属有 5021 人；旅居台湾的同胞有三百多人，他们在县内的亲属有两千多人；有华侨 2148 人、归侨 331 人，侨属一千一百多人。为加强与台湾同胞、港澳同胞、海外侨胞的联络，团结广大归侨和侨眷，1981 年 4 月成立曲江县侨务办公室，1984 年 4 月 16 日成立曲江县对台宣传工作办公室，1984 年 12 月 16 日成立曲江县归侨联合会，同年还成立了曲江县台胞台属联谊会。自 1983 年起，中共曲江县委多次组织人员到香港等地考察，由县主要领导带队，在香港会见了曲江旅居香港的同胞。众多"三胞"回乡探亲都受到有关部门的热情接待。并通过举行归侨、侨眷代表会议，引导和教育他们关心国家大事，积极参加社会主义现代化建设。1986 年以后，曲江县共引进外资一千多万元，兴办了一批中外合资和"三来一补"企业，许多曲江籍侨胞均回乡投资置业，作出了贡献。县有关部门与旅居海外的曲江籍华侨团体及港澳地区的曲江同乡会、宗亲会等社团建立了联系，开展联谊活动。1984 年以后，接待台湾同胞为县对台办的工作重点，许多回乡省亲的去台人员回到曲江，都受到热情接待。1987 年 10 月 5 日，曲江县海外联谊会成立，还设立了曲江县台湾同胞接待办公室，以加强接待工作。在曲江影响较大的有：1982 年 6 月 4 日，移居美国的原国民党第三战区副司令长官、总统府参军长、广东省政府主席李汉魂及其子女应邀回国观光。1982年8月至9月，曲江县对原国民党县团级以上人员，起义投诚有功的营、区级以上人员，副教授以上旧知识分子进行了普查和落实政策，对原国民党3名中校人员给予定期困难补助。1983年2月7日，中共中央总书记胡耀邦，在广东省省长刘田夫以及曲江县有关领导等陪同下到南华寺视察，对落实党的宗教政策作了许多重要指示。

　　曲江县有两千四百多名瑶族同胞，1955年12月设置了曲江县民族科，负责办理少数民族事务，以后几经变动，1981年3月重新恢复曲江县民族科，通过帮助瑶区居民解决粮食不足、居住条件差、缺水少电、交通不便、文化教育和医疗卫生条件差等困难，促进了民族团结。1978年1月1日，南华寺经修饰重新对外开放。1984年5月14日成立了曲江县宗教事务办公室，贯彻宗教信仰自由政策。先后落实了宗教房产政策4宗，面积达9.11平方千米。南华寺由僧尼自主管理，各种宗教活动日益正常开展。1986年3月，南华寺接待了香港佛教联谊会代表团，12月，接待了香港佛教青年团。历年还接待了一批国内外知名人士和大批海外游客。宗教界僧、俗代表人物释惟因、林得众均被选为广东省政协委员。从1981年起，曲江县民主人士在参政、议政中发挥着越来越重要的作用。至1987年，先后有197名非中共人士担任副科级以上领导职务，其中担任县级领导的有6人；在县政协委员和政协常委中，非中共人士均占了多数。全县还先后共吸收592名统战对象加入了中国共产党。

　　落实知识分子政策。知识分子是工人阶级的一部分，在社会主义现代化建设中，知识分子起着十分重要的作用，他们是党和国家的宝贵财富。粉碎"四人帮"、特别是中共十一届三中全会后，中共曲江县委根据中共中央和中共广东省委的指示精神，在落实党的知识分子政策方面，做了大量的工作。

早在 1978 年，曲江县已摘除全部"右派"教师的帽子。1979年，为"文革"期间受迫害的 310 名教师彻底平反，发给每人 1份平反决定书；为"文革"期间非正常死亡的 7 名教师作了善后安置；1983 年，复查教师历史案件 388 件，回收教师 118 人，吸收 65 名教师加入中国共产党。工作在教育战线的知识分子地位比以前提高，他们的劳动得到了社会的重视。全县尊重知识、尊重人才的社会风气初步形成。

1984 年后，中共曲江县委更加认识到科学技术就是生产力，只有尊重知识，尊重人才，才能使曲江的生产力有更大的发展。因此，县委对知识分子政治上信任，思想上关心，工作上重用，1984 年至 1986 年，全县共提拔了 402 名知识分子到领导岗位上来，如 1984 年 4 月，曲江中学副校长周月云当选曲江县人民政府副县长，马坝镇小学教师陈环芷当选为曲江县政协副主席；发展了 425 名知识分子入党。同时，还制定了科技发明、创造、革新的奖励条例，并给工程师以上职称的知识分子发资料费；给中专以上学历的知识分子浮动一级工资。到 1987 年 2 月，全县共给818 名知识分子评定了职称，奖励科技成果 32 项。对知识分子的后顾之忧，也按政策规定，尽可能给予解决。同时，解决了一批知识分子家属的户口"农转非"，使他们的生活条件和工作条件有了很大改善，更安心尽力尽责地投入曲江的四个现代化建设。

由于平反冤假错案、解决历史遗留问题、落实党的各项政策的顺利进行，社会关系得到有效调整，增强了党的威信和人民之间的团结，调动了各方面的积极因素，党的实事求是的优良传统得到恢复和发扬。全县上下心情舒畅，齐心协力，为曲江经济和社会各项事业的发展创造了重要条件。

老区经济体制的改革和深化

一、家庭联产承包责任制的全面推行和完善

曲江县农村生产责任制体制改革是从 1977 年冬开始，逐步试行联产到组、到户，包干到劳而且全面实行农村家庭联产承包责任制。其过程并非一帆风顺，经过了不少曲折。

起初，曲江县农村部分生产队开始试行联产到组的农村农业生产责任制。其形式主要是以生产队为基础，根据生产队的户数划分成若干个（或自由组合）生产小组，把集体的土地分片段按组（或人口）划分，将集体的耕牛、农用具、生产资料等按组的户数（人口）平均配置，并把上缴国家任务和集体提留按田亩实行联产到组。各生产小组在国家计划的指导下，实行生产经营，在保证完成国家任务和集体提留外，剩余的实物和现金按人口等级和劳动工日进行分配，保留了原集体的分配原则。到 1979 年，全县实行联产到组的生产队达 98.5%。由于实行联产到组生产责任制，其分配形式仍存在着平均主义，不能发挥家庭"合力"，调动生产积极性。因此，一些生产队将联产到组的生产责任制更加细化，悄然将联产到组的生产责任制转变为联产到户、包干到劳等形式的生产责任制。实行联产到户、包干到劳的生产责任制，农民有经营自主权、产品处理权和分配权。在完成国家任务和集体提留外，剩余的现金收入和产品归农民所有。这种生产责任制，

充分调动了农民的生产积极性，提高了农村生产力水平，促进了农村经济发展。但曲江县一些领导心存顾虑，甚至认为，包干到劳、包干到户是走回头路，是"偏了、右了、修了"。因而对包干到劳、包干到户的生产责任制曾进行过制止和整顿。1980 年 5 月 29 日，中共曲江县委在重阳公社召开刹"单干风"现场会议。县属机关和公社、镇（场）的领导干部参加会议。重阳公社是全县贫困的地区之一。该社万侯大队一些村，群众在春耕后自发地实行包产到户的生产责任制形式，县委将其看成是偏离社会主义方向、走资本主义道路问题，当作"单干风"来批判，产生了不良的影响。

1980 年，邓小平对安徽省实行包产到户所引起的积极变化给予充分肯定。同年 9 月，中共中央发出《关于进一步加强和完善农业生产责任制的几个问题》，强调在坚持集体经济的基础上，实行专业承包联产计酬责任制；边远山区和贫困落后地区，长期"吃粮靠返销，生产靠贷款，生活靠救济"的生产队，可以包产到户，也可以包干到劳。10 月，中共广东省委发文贯彻执行中共中央文件精神，要求抓好加强和完善执行生产责任制这个中心环节，允许多种形式的生产责任制同时存在。中央和省委文件精神，充分肯定了农村联产到户、包干到劳的生产责任制。因此，曲江县联产到户、包干到劳的生产责任制不但禁而不止，而且迅速蔓延。到 1980 年底，全县实行联产到户、包干到劳的生产队越来越多。

1981 年 8 月，中共曲江县委四届五次全体（扩大）会议召开，会议深入学习贯彻中共中央和中共广东省委有关文件精神，对落实家庭联产承包责任制作出了具体部署，确定了以乌石公社为试点，以点带面，全面铺开的做法。当时，抽调了县直机关干部十多人组成县委工作组，到乌石公社搞试点。工作组进驻后，立即召开了乌石公社党委常委会议，进行专题研究。接着，召开了乌石公社三级干部会议，进一步统一干部群众的思想认识。9月，中共曲江县委印发了《关于加强和完善农业生产责任制的工作安排意见》，明确了这次试点工作的指导思想、具体做法、步骤方法和注意问题。根据县委文件精神，从乌石公社干部中抽调了十多人，与县委工作组搭配，分别到各个大队去宣传、发动、落实。经过两个月的努力，到 11 月初，乌石公社在全社 10 个大队、105 个生产队中，实行大包干到户的有 90 个生产队，包产到户的有 2 个生产队，联产到劳的有 1 个生产队，专业承包的有 1 个生产队，联产到组的有 1 个生产队，还有 8 个生产队实行定额计酬、小段包工。实践的结果是乌石公社在原来粮食产量连续三年减产的情况下，1982 年水稻总产量达到 8.7 万市担，比 1981 年增加 8612 市担，增长 10.9%，超额完成了各项上缴国家的任务和集体提留款，农民收入大幅增长。广大农民笑逐颜开，些多年的超支户、困难户，不但还了一部分贷款、欠款，而且也第一次有了足够的口粮。乌石公社试点的成功，极大地影响和推动了家庭联产承包责任制在全县的推行与落实。

1982 年 1 月，中共中央批转《全国农村工作会议纪要》，指出：目前农村实行的各种责任制，包括联产到户、包干到劳等都是社会主义集体经济的生产责任制。这为包产到户扫除了障碍。2月，曲江县根据中共中央一号文件及中共广东省委指示的精神，在全县范围内全面开展稳定承包关系、完善家庭联产承包责任制工作。到 1983 年，全县 150 个乡、2350 个村民小组、45981 户农户全面落实了家庭联产承包责任制。

1984 年 1 月，中共中央发出《关于一九八四年农村工作的通知》，强调要继续完善联产承包责任制，延长土地承包期，规定土地承包期一般在 15 年以上，生产周期长的和开发性的项目，承包期应当更长一些。曲江县根据中央精神，要求各区对承包土地片段过多而且零碎分散的生产队应进行承包土地小调整，使土地相对集中连片，开展集约化经营，并重新将土地承包期限统一确定为 15 年（到 1997 年底）。同时，还鼓励有能力的农户进行专业承包、转让承包和跨地区承包经营。

1997 年，第一轮土地承包年限普遍到期，为稳定和完善家庭联产承包责任制，8 月，中共中央下发《关于进一步稳定和完善农村土地承包关系的通知》，指出：在第一轮土地承包的基础上，土地承包期再延长 30 年。曲江县根据中央和省文件精神，作出《关于认真贯彻落实中办 16 号文件精神，稳定和完善农村土地承包关系的通知》，从县直机关单位抽调四百多人，各镇从有关部门单位抽调八百多人，于 1997 年 11 月深入农村，全面开展稳定和完善农村家庭联产承包责任制，延长土地承包期的工作。在开展这项工作的过程中，坚持中共中央提出的大稳定、小调整、延长土地承包期 30 年的原则。实行对人多地少，人口变化大，群众要求强烈的地方，进行承包土地大调整。对人口变化大，耕地多而问题不突出的地方进行承包土地小调整或内部调整。对耕地多而人口变化不大的地方不调整，直接延长土地承包期。到 1998年，全县 23 个镇、183 个村委、2014 个村民小组都全面完成了稳定和完善农村家庭联产承包责任制，延长土地承包期的工作。

二、乡镇企业的崛起

曲江县乡镇企业的前身是社（公社）队（大队和生产队）企业。改革开放前，社队企业的规模较小，主要是围绕农村和农业生产资料和生活消费的必需品，由集体兴办的竹木制品厂、铁木厂、食品厂、服装厂、砖瓦厂、石灰厂等企业。

农村改革实行家庭联产承包责任制以后，在农村解放出一大批劳动力，促成了乡镇企业的崛起。在经济结构上由原来单一的集体经济扩展到合作联营、个体私营经济领域。企业结构发生了很大的变化，有镇（公社）办企业、村（大队生产队）办企业、联营（合伙、合作）企业和个体私营企业四级企业组成。行业门类得到全面发展，有农业（种植、养殖）、工业（采掘、加工、制造）、建筑业、交通运输业、商业（批发、零售、贸易）、饮食业、服务业等行业，形成了四级企业八大行业齐发展的格局。

1979 年 7 月，国务院发布《关于发展社队企业若干问题的规定》。中共曲江县委、县人民政府 1984 年 1 月 1 日颁布《关于加快发展乡镇企业的意见》并制定相应的发展措施，当年企业数达789 个，总产值 3748 万元。此后乡镇企业迅速发展，企业成分也形式多样，逐步成为曲江县经济支柱之一。1991 年，马坝镇乡镇企业总收入 1.02 亿元，成为韶关市第一个乡镇企业总收入超亿元的镇。1993 年，大塘、沙溪、犁市三个镇的乡镇企业总收入均突破亿元大关，分别达到 1.887 亿元、1.311 亿元和 1.012 亿元。1994 年，龙归、枫湾、乌石、大坑口、小坑镇的乡镇企业总收入均超亿元。1997 年 1 月 1 日，《中华人民共和国乡镇企业法》在曲江县正式实施。从此，乡镇企业进入规范发展的法制化轨道。2000 年，全县乡镇企业发展到 19839 个，从业人员 76492 人，总产值 39.08 亿元。其中，马坝镇乡镇企业总产值达 6.01 亿元，乌石镇乡镇企业总产值达 2.5 亿元，大坑口镇乡镇企业总产值达1.57 亿元，罗坑镇乡镇企业总产值达 5042 万元，小坑镇乡镇企业总产值达 2.2 亿元。

曲江县乡镇企业主要依托本地资源优势，形成了以煤炭、矿产、小水电、轧钢为龙头的支柱产业发展格局。

一是煤炭开采。煤炭开采从 20 世纪 80 年代中期开始飞速发展，至 90 年代初期最高年产量达到 152 万吨，90 年代中期后逐步减少至年产 130 万吨左右。主要产煤乡镇有犁市、花坪、大塘、枫湾等，且煤炭质量好，发热量均在 5000 大卡以上。马坝、龙归、凤田、白土、火山、樟市、梅村等镇也有煤炭生产，但产量较少，煤质较差，发热量一般在 4000 大卡以下。

二是金属矿产开采。曲江县金属矿产种类主要有铁矿、硫铁矿、铅锌矿、锑矿、铜矿、钨矿、萤石矿、稀土等。主要矿产资源开发镇有沙溪、小坑、重阳、灵溪、龙归、枫湾等，其中沙溪镇矿产资源最为丰富，有铁矿、硫铁矿、铅锌矿、铜矿等，生产高峰期年产矿总量三十多万吨，后因大宝山矿业有限公司的干预及国家治理整顿"五小"企业的政策影响，关闭了大部分的小矿窿。灵溪、重阳两镇主要开采铅锌矿，小坑镇开采铜矿，枫湾镇开采钨矿，龙归镇开采锑矿，江湾镇开采萤石矿，凤田镇开采稀土矿。

三是小水电开发。曲江小水电资源比较丰富，可开发总装机容量二十多万千瓦。进入 20 世纪 90 年代中期后，小水电开发建设成为社会各界的投资热点，至 2000 年，全县乡镇企业 100 千瓦以上小水电站发展到 136 个，装机 264 台，总装机容量 8.61 万千瓦。

四是小轧钢。曲江县小轧钢生产始于 20 世纪 80 年代末，利用韶关钢铁厂的边角料进行加工。全县共有 15 家轧钢厂，峰期年总产量 5 万 ~ 8 万吨，其中马坝镇有 12 家轧钢厂。由于小轧钢厂的产品质量相对较差，属国家重点治理整顿的对象，从 2000 年起，在治理"五小"企业时，小轧钢厂大部分被关闭停产。

乡镇企业的快速发展，有力地促进了农村经济的改革步伐，壮大了农村集体经济，解决了农村富余劳动力的出路，增加了农民的收入。乡镇企业经济的发展，成为农村经济的支柱和国民经济的重要组成部分，是实行农村经济改革后取得的重大收获。

三、农业结构的调整

农村产业结构的调整是继家庭联产承包责任制后的又一次新的重大改革，通过产业结构的调整，使农村各产业逐步得到合理配置，不断推进农村商品化、产业化的发展步伐，促进农村经济的快速发展。

（一）种植业作物布局调整

1978 年，全县农作物种植面积达 4.88 万公顷，其中粮食作物种植面积 4 万公顷，经济作物种植面积只有 8800 公顷，比重为82：18。种植业产值（当年价）3069 万元，其中粮食作物产值占78.4%，粮食作物产值是经济作物产值的 3.6 倍多。

随着农村改革，实行家庭联产承包责任制后，农民有土地使用权、产品处理权、收益分配权、劳动支配权，大大地调动农民生产积极性，农村生产力不断发展，逐步推进了农业内部作物结构的调整，大力削减粮食作物种植面积，发展多种经营，扩大经济作物种植面积。1983 年，种植业种植面积 5.41 万公顷，其中粮食作物种植面积 3.78 万公顷，比 1978 年调减了 2200 公顷，比重下调了 5.5 个百分点，经济作物种植面积 1.63 万公顷，比 1978年扩大 7533.3 公顷，比重上升 85.6 百分点。

1985 年，中共中央、国务院《关于进一步活跃农村经济的十项政策》，作出调整农村产业结构，取消 30 年来农副产品统派购制度，将农业税改为现金税等规定。国家政策的逐步放宽，农村市场的不断扩大，农业科技的推广应用，刺激了农民生产的积极性，加速了农村农业作物结构的合理调整。大宗的经济作物种植面积如优质谷、花生、蔬菜、蚕桑、水果等不断扩大。1990 年，全县种植业种植面积达到 6.06 万公顷，其中粮食作物种植面积3.69 万公顷，又比 1983 年调减了 866.7 公顷；经济作物种植面积

2.37 万公顷，比 1983 年增加了 7332 公顷。

1990 年以后，随着农村"三高"农业的实施，农业作物布局及结构不断优化，高产、优质、高效的农作物商品生产迅速发展，一乡一品、一村一品的"三高"农业格局逐步形成。1994 年，白沙镇龙皇洞管理区种植沙田柚面积达 100 公顷，产柚果 70 万只，产值 300 万元，人均收入达 2100 元，成为白沙镇"一乡一品"的拳头产品，柚果远销珠三角等地。到 2000 年，全县农业作物种植面积达到 6.45 万公顷，其中粮食作物种植面积下调到 2.76 万公顷，经济作物种植面积扩大到 3.69 万公顷，粮食作物与经济作物种植面积占农业种植面积比重为 42.7：57.3。粮食作物种植面积比 1990 年又下调了 18.2 个百分点，经济作物种植面积比 1990 年增加了 1.33 万公顷。由于经济作物种植面积的大幅度增加，种植业产值迅速增长。如大宗高效高产值的花生、蔬菜、果用瓜等，2000 年种植面积分别为 1113.3 公顷、19866.7 公顷、1006.7 公顷，比 1990 年分别增加 606.7 公顷、14600 公顷和 686.7 公顷。蚕桑生产从 1983 年开始种植 246.7 公顷，到 2000 年发展到 706.7 公顷，增加近 1.9 倍。种植业产值 9 亿元，其中粮食作物产值 2.53 亿元，经济作物产值 6.47 亿元，粮食作物产值比 1983 年和 1990 年分别增加 2.23 亿万元和 1.51 亿元，增长 8.33 倍和 2.47 倍。2000 年，土地亩产出率为 929.56 元，分别比 1978 年、1983 年和 1990 年增加 887.63 元、835.33 元和 729.89 元，增长 21.17 倍、8.9 倍和 3.7 倍。

（二）林牧渔业结构调整

实行农村家庭联产承包责任制后，由于农作物布局逐步进行合理调整和优化，促使林牧渔业生产迅速发展，结构发生很大变化。

1. 林业

农村改革开放，一度忽视对林业的管理，出现乱砍滥伐林木的现象。1983年，曲江县加强了对林业的管理，实行山林发证。但乱砍滥伐现象依然存在。后来，通过进一步加大封山育林力度，落实退耕还林等政策，林业管理开始好转。1985年，广东省山区工作会议后，曲江县切实加大对林业的管理力度，增加林业投入，实施全民造林，大力发展经济林、生态林、公益林，加强残次林的培育。规范林木采伐制度，发展林产品加工业，提高林产品多次增值。通过这一系列管理措施，使林业生产得到发展，经济效益不断提高。到2000年，全县森林面积达到20.73万公顷，比1983年和1990年分别增加4.26万公顷和2.83万公顷，增长25.9%和15.8%。林业产值达到5799万元（1990年不变价，下同），分别比1983年和1990年增加3335万元和1283万元，增长135%和28%。

2. 畜牧业

实行家庭联产承包责任制后，农产品大幅增收，逐步解决了农民吃饭问题。农民将价格低廉的农副产品转化为畜禽饲料，发展养殖业。1987年，曲江县为适应发展近郊农业的需要，大力发展蔬菜、畜禽等生产，加快了畜牧业生产的发展。到1990年，全县生猪饲养量35万头，"三鸟"饲养量247.7万只，比1983年分别增加98.9%和193.1%。1990年以后，曲江县积极推广科学养殖，引进二元杂交、三元杂交等瘦肉生猪品种和"三鸟"优良品种，大力发展畜牧业生产。1997年，曲江县还引进劳莱恩、犁木赞等肉牛品种，掀起发展肉牛生产高潮。经过近十年的努力，生猪、"三鸟"饲养大户不断涌现，畜牧业生产步伐加快。到2000年，全县饲养生猪达到51.1万头，出栏量27.2万头，比1990年分别增长46%和49.7%。"三鸟"饲养量363.1万只，比1990年

167

增长46.6%。养殖业商品生产的发展，促进了畜牧业经济的迅速发展。2000年，畜牧业产值1.39亿元（1990年不变价，下同），比1983年和1990年分别增加1.09亿元和4556万元，增长363%和49%。

3. 渔业

从1983年开始，曲江县农村利用山坑田、低洼积水田、冷底田等土地资源开发鱼塘。1987年，为适应发展近郊农业的需要，大力发展渔业生产。到1990年，全县渔业养殖面积2466.7公顷，比1983年增加133.3公顷。20世纪90年代后，曲江县加大对渔业的投入，积极引进罗氏沼虾、白鲳鱼、鲈鱼、三角鲂等新品种，改变过去单一经营"四大家鱼"的传统养殖习惯。并利用水库发展网箱养鱼，山塘鸭鱼混养，扩大养鱼面积。到2000年，全县渔业放养面积4400公顷，其中池塘放养面积2866.7公顷，山塘水库放养面积1533.3公顷，比1990年增加放养面积1933.3公顷。由于渔业放养面积不断扩大，产量不断增加，效益也不断提高。2000年，全县鲜鱼起水量达到2.4万吨，比1983年和1990年增加2.32万吨和1.93万吨，增长29倍和4.1倍。渔业产值1.77亿元（1990年不变价，下同），比1978年、1983年和1990年分别增长63.88倍、52倍和8.15倍。

（三）第一二三产业结构调整

农村体制改革后，曲江县大力开展农作物布局的合理调整，积极发展林、牧、渔业生产，促进农产品商品化发展步伐。同时积极拓宽劳务市场，使农村剩余劳动力从农业中解脱出来，从事发展第二、第三产业。到2000年，全县从事第一产业劳动力11.67万人，从事第二产业劳动力1.52万人，从事第三产业劳动力2.65万人，比1983年从事第一产业劳动力下降了21.7个百分点，从事第二、第三产业的劳动力分别上升了3.6和7个百分点。

农村剩余劳动力的大幅转移，加快了工业、建筑、运输、商饮、服务业等的发展步伐，促进了农村经济的快速发展。2000 年，曲江县农村经济总产值（当年价）达到 38.61 亿元，其中第一产业产值 15.17 亿元、第二产业产值 1.55 亿元、第三产业产值 7.9 亿元，第一产业在农村经济总产值中占主导地位但也开始大幅调头，第二、第三产业发展快速迅猛。第一产业产值比重比 1978 年、1983 年和 1990 年分别下降了 45、47.1 和 19.6 个百分点。第二产业产值比重比 1978 年、1983 年和 1990 年分别上升了 22.7、24.1 和 12.7 个百分点，第三产业产值比重也分别上升了 222、23.2 和 6.8 个百分点。曲江县农村产业结构的调整，促使农村经济的迅速发展，农民生活水平逐步提高。2000 年，曲江县农村人均纯收入 4581 元，比 1978 年的 101 元增长 44.36 倍，比 1990 年 834 元增长 4.5 倍。年劳动力人均创造纯收入达到 7427 元，分别比 1978 年和 1990 年增长 24.2 倍和 3.1 倍。

四、流通体制改革的推进

中共十一届三中全会后，集市贸易政策开始放开，大幅度地减少国家计划管理的商品种类，在集市贸易上，缩小农副产品和日用工业品统购、派购和计划收购的范围，扩大三类产品，打破地区封锁，允许多种经济成分、多种渠道、多种经营方式并存，减少商品流通环节，开放式的流通体制开始形成。商业企业有了经营自主权，在流通系统内推行的承包经营责任制增强了企业的自主性和积极性；个体商业户对流通的参与，一改国有流通系统经营的垄断，促进了流通领域的公平竞争。1985 年贯彻中共中央、国务院《关于进一步活跃农村经济的十项政策》，曲江县除了少数供求关系较紧张的生产资料外，其余全部取消统购统配制。市场的调节，使流通领域发生了很大的变化，商业部门勤进快销，工业部门争向市场推销新产品，农民向城镇贩运农、副、土特产品，城乡市场活跃。1987 年经营流通个体户发展到一万一千多户；全县城乡及厂矿市场共有 48 个，总面积 77342 平方米；集市贸易成交额 9216 万元，占社会商品零售总额的 39.7%。20 世纪 90 年代后，全县商品进入市场调节的流通体制。

供销体制改革

1982 年，根据中共中央文件精神，围绕把供销社"公办"改为"民办"这个核心，把供销社逐步办成以农村经济综合服务中心为目标的部门。

各地基层社从 1981 年以来，努力改革旧的管理体制弊端。1984 年，通过总结前三年推行经营责任制的成绩和问题，进一步择取适合的形式加以推广落实，各基层社实行分线核实、单独在银行开户、按章纳税、税后盈余统一分配的承包经营方式，并把任务分解到所属门店。

在初步进行基层社体制改革的基础上，全县供销社进入了以搞活企业、提高效益、抓好"六个发展"促进农村发展商品经济为中心的深化改革阶段。至 1993 年，连续抓住完善企业内部承包经营责任制，推行主任、经理任期目标责任制，进一步理顺社内社外和国家的关系等工作，积极为发展商品经济服务。

1. 全面落实企业内部承包经营责任制。从 1987 年第一轮承包，全县系统有 50 家门店实行了承包，占 95%。至 1993 年实行了第二轮承包。承包的形式有：联销联利计酬占 32.8%，超利分成占 32.2%，"五定一奖"占 18.1%，利润大包干占 13%，其他形式占 3.9%。两轮推行承包经营责任制的特点：一是对过去所取得的承包形式只要能调动企业职工积极性，有利益都不作变动；二是企业实行了全员抵押承包。试行租赁经营制，将一些门店租赁给经营者，实行自主经营，独立核算，债务自理，盈亏自负，缴纳税金。

2. 逐步推行主任、经理任期目标责任制。实行主任、经理任期目标责任制，克服企业短期行为，改善经营管理，全面提高企业的经济效益和社会效益。1987 年，县属公司 9 个、基层社 18 个，都实行了任期目标责任制。任期目标的内容主要包括六项：（1）企业经济效益目标；（2）企业发展目标；（3）社会效益目标；（4）企业管理目标；（5）精神文明建设目标；（6）职工收入及福利目标。

3. 为更好地发挥供销社促进农村商品经济发展的积极作用，各基层社坚持农村商品生产，做好产前、产中、产后服务的同时，积极为乡镇企业提供信息，组织原材料，推销产品，支持乡镇企业的发展，并努力兴办农副产品加工，增强自身的综合服务能力。1993 年，开办了马坝供销社饼厂；1997 年，土产公司饼厂投产，1998 年副食品公司共 4 家饼厂合并，统一注册了曲香饼业有限责任公司，每年销售额达 150 万元。

根据曲江县人民政府《关于流通企业改革若干问题的处理办法》精神，结合县供销社企业负债越来越高，富余职工越来越多，经济效益越来越差的状况，于 1999 年末进行了深层次的供销社体制改革。同意这些企业结合自身的实际，通过多种形式进行资产重组和变现，允许企业对现有的存量资产进行转让、出售和拍卖。从 1999 年开始，发动各基层企业进行改革，变现资产。第一步：由企业班子或职代会进行集体讨论定案；第二步：写出进行资产处置书面报告送县社审批；第三步：进行资产评估，其中资产现值在 10 万元以上的，须请有资质的资产评估机构进行评估，10 万元以下的由县社改革转制领导小组评估；第四步：写出回收资金的使用计划并报县社审批；第五步：以先向本系统职工，后向社会为原则对资产进行公开转让，出售或拍卖。变现资产筹集资金，积极与银行协商，把已抵押的资产处置时，所回收的资金由企业与银行商量，按比例归还银行，80%用于偿还本金，20%用于支付利息。

粮食管理体制改革

中共十一届三中全会后，粮食政策和粮食管理体制作出了一系列重大的改革和调整。曲江县粮食管理体制改革从1979年开始，经历了三个阶段：

（一）实行粮食购销调拨包干阶段（1979—1984年）

在改革开放初期，曲江县同全国一样，继续实行粮食统购统销政策，县政府严格控制粮食市场，对粮食实行统一管理。国有粮食企业严格按照国家粮食购销政策对粮食进行独家垄断经营，即计划收购，计划供应。经营粮食发生的亏损，由财政给予补贴。

1. 提高粮食收购价格。国务院根据中共十一届三中全会合理调整农副产品收购价格的精神，于1979年3月确定粮食统购价从1979年夏季粮上市开始提高20%，超购粮部分在新的统购价基础上再加价50%。经过这次调整，全国粮食统购价市场提高幅度为21.94%，超购粮提高幅度则可达30%以上。长期以来粮食价格偏低的状况有所扭转，激励了农民生产和交售粮食的积极性。1979年曲江县粮食总产量为128935吨，出现了逐年增产的大好势头；粮食任务入库实绩1979年为37110吨，1980年为39195吨，1981年为36930吨（当年调整减了任务），年年超额完成粮食征购任务。但收购价提高以后，粮食销售价不变，又一次出现购销价格倒挂，而且经营费用全部由国家财政补贴。

2. 调减粮食征购基数。中共曲江县委、县人民政府根据上级的精神，为贯彻合理负担原则，以利发展生产，从1979年起对原定的粮食征购基数先后作了几次调减。对全县20个公社398个边、老、山、穷、林区生产队共调减粮食征购任务665吨。同时，对全县 1680 个生产队调减了征、超购粮任务 7120 吨，使农民增加了 89.9 万元的收入。在调减征购基数的同时，还确定了征购起点为月口粮水平 17.5 千克，有效地防止了购过头粮。

3. 恢复粮食集市贸易，实行粮食多渠道经营。1979 年 3 月，国务院指出："社队集体的农副产品，属于国家统购的粮、油在完成征购（包括加价收购）任务后，可以上市。"1983 年 1 月，《中共中央关于印发〈当前农村经济政策的若干问题〉的通知》中规定："对农民完成统派购任务后的产品（包括粮食）和非统购派购产品，应当允许多渠道经营。"这是粮食流通体制的一项重大突破。

4. 实行粮食购销调拨包干办法。1982 年 1 月，国务院下发了《关于实行"粮食征购、销售、调拨包干一定三年"的粮食管理办法》，其主要内容是：

（1）参照最近几年的实绩，结合以后几年粮食产销的变化因素，中央同各省、自治区、直辖市协商确定粮食征购、销售、调拨包干数字。包干数字确定以后，从 1982 年到 1984 年一定三年。

（2）各省、自治区、直辖市向下落实征购包干数时，应加一定比例的机动数，用于丰歉调剂，生产队在完成征购任务以后，有权自行处理余粮。

（3）在包干期内，各项包干数一般不作调整，三年统算，调出总数必须完成，调入总数不得突破。

（4）包干以后，实行中央和省两级管粮食的办法。即：国家储备，中央直接掌握的周转库存，省间调拨军粮、棉糖奖售粮，进出口归中央支配的议价转平价粮，由中央统一管理；粮食征购、销售、定额周转库存，议价粮库存，代社队储备粮，由省统一管理。

粮食实行购、销、调拨包干的办法，从客观上加强了计划指导，明确了发展粮食生产与发展多种经营、中央与地方的关系，也体现了责、权、利相结合的原则。

（二）定购阶段（1985—1991 年）

1. 实行合同定购（1985—1989 年）

1985 年是我国粮食政策和粮食管理体制改革的重要转折点。中共十一届三中全会后，全面推行了家庭联产承包责任制，调动了农民的生产积极性，粮食产量大幅度增加。1983 年，曲江县粮食生产创新中国成立以来本县的最高纪录，总产量为 59890 吨，是新中国成立初期的 2.8 倍，粮食生产上了一个新台阶。1985 年，根据粮食总量收支平衡有余的新形势，为解决农民"卖粮难"问题，国家宣布取消实施了 32 年之久的粮食统购统销管理体制，实行合同定购。2 月 28 日，曲江县人民政府作出了《关于做好 1985 年粮油合同定购工作的通知》。粮食合同定购的主要管理体制是：粮食合同定购与粮食议购相结合，即粮食商品流通"双轨制"，一是保留部分指令性计划，以满足国家的粮食需要；二是有计划缩小指令性计划的范围，扩大自由购销，以充分发挥市场的调节作用。1987 年，国家提出"粮食合同定购既是经济合同，又是国家任务，是农民应尽的义务"。与此同时，国家更加注重行政手段与经营手段的结合。尤其在价格、信贷、税收，以及生产资料优惠供应方面，调动农民的生产积极性，促进粮食生产的发展。

2. 改合同定购为国家定购（1990—1991 年）

由于经济建设的发展，合同定购在执行中出现了一些问题。为此，国务院又决定从 1990 年秋季粮食收购开始，将合同定购改为国家定购，把交售国家定购粮作为农民应尽的义务，必须保证完成。同时，实现了粮食购销同价，至此，财政补贴日益增加的趋势得到遏制。1991 年，又加大改革的分量：一是进一步把统销价每50公斤三级米由30元调到45元，使价格向价值靠拢；二是调减定购任务；三是提高定购粮挂钩化肥标准；四是进一步压缩统销。各方面的经济关系得到进一步的调整。这就为进一步深化改革，顺理成章地转向放开粮食价格准备了条件。

（三）全面放开粮食购销价格阶段（1992—2004年）

1992年，为扩大市场调节范围，国家对粮食统购统销进行了改革，即放开粮食销售价格和销售市场，对粮食流通环节的补贴改为对消费者的直接补贴，国有粮食企业成为自主经营、自负盈亏的市场主体，对国有粮食购销企业来讲叫做"基本断奶"。1992年3月24日，广东省经国务院批准发出了《关于改革粮食购销管理体制问题的通知》，率先在全国放开粮食购销价格，从1992年4月1日起实行"计划指导，放开价格，加强领导，搞活经营"的粮食管理体制，宣告粮食流通领域的"双轨制"从此并轨。一个由政府进行宏观调控，粮食生产者自主卖粮，消费者自由选购，粮食企业自主经营，生产需求由市场调节的新粮食流通机制开始建立，并沿着社会主义市场经济的目标，开始新的改革进程。

1994年，为加强粮食宏观调控，更好地发挥财政补贴作用，保证政策性收购资金不被商业性经营业务所占用，粮食部门实行"两条线运行"改革，即政策性业务和商业性经营分开，建立两条线运行机制。国有粮食企业承担的政策性业务实行财务分开、核算分开。通过分开核算，严格划分政策性业务费用和商业性业务费用，防止互相挤占，也就是对国有粮食企业"彻底断奶"。1994年底，粮食管理体制改革步伐加快，实行了粮食工作责任制，其原则是"统一领导，两线运行，分别核算，搞活经营"。这样，有效地发挥了国有粮食企业作为政府宏观调控粮油市场的主渠道作用。同时，规定粮食行政管理部门是执行机构、参谋机构，不是决策机构，重大的方针政策仍由人民政府决定。1995年，实行"米袋子"各级人民政府领导负责制，实行两条线运行的粮食体制，要把各地在粮食播种面积、粮食产量、国家粮食定购任务、粮食总量平衡、粮食储备任务、粮食风险基金、粮库建设、粮食市场建设八项指标作为落实各级人民政府领导负责制的考核指标，切实完成。

1998年，针对当时粮食流通体制仍然存在政企不分，国有粮食企业经营管理粗放、富余人员较多，同时又挤占挪用粮食收购资金，形成大量经营亏损和财务挂账，增加国家财政负担等问题，国家实行了以"四分开一完善"为重点的粮食流通体制改革，即实行政企分开、中央与地方责任分开、储备与经营分开、新老财务账目分开，完善粮食价格机制。重点推进了"三项政策，一项改革"，即按保护价敞开收购农民余粮、粮食收储企业实行顺价销售、收购资金封闭运行，加快国有粮食企业自身改革。在推进国有粮食企业改革中，重点是实行国有粮食收储企业的主营业务与附营业务分开以及富余职工下岗分流。

2000年，广东省把早籼三级稻谷退出保护范围。

2001年，国务院决定在八个粮食主销区省份实行粮食购销市场化改革，下发了《国务院关于进一步深化粮食流通体制改革的意见》（国发〔2001〕28号）。随后，国家计委、国家粮食局等八部门又下发了《关于加快国有粮食购销企业改革和发展的意见》（计综合〔2002〕677号），国有粮食企业真正意义上的改革才正式拉开序幕。2001年5月1日起撤销城镇居民粮食供应转移证明。

2004年，国务院下发了《国务院关于进一步深化粮食流通体制改革的意见》（国发〔2004〕17号），决定全面放开粮食收购价格和收购市场，实行粮食购销市场化改革。为了适应改革需要，国家有关部门出台了一系列支持国有粮食购销企业改革的政策措施。国家发改委、国家粮食局等五部门下发了《关于印发进一步深化国有粮食购销企业改革的指导意见的通知》（国粮财〔2004〕125号），提出了企业改革的重点是，妥善解决企业历史包袱，推进企业产权制度改革，大力开展粮食产业化经营，继续发挥国有粮食购销企业主渠道作用。

商品流通市场改革

改革开放后，曲江县流通队伍发展很快，原有的国有流通队伍不断壮大，新成立许多公司。个体商业户对流通的参与，一改国有流通系统经营的垄断局面，1987年，个体商业发展到11000户。1988年，曲江县社会商品零售总额3.01亿元，城乡集市贸易成交额10024万元。流通的搞活，繁荣了商品市场。商品农业的发展，使农民进入流通领域，形成了区域性的农产品集散中心，马坝、龙归、犁市等贸易集市就是这样形成的。专业市场（县的粮食市场）、批发市场的出现，也促进了农民从自发状态发展到有组织地进入流通领域。商品远购近销，标志着市场发育的突破。联合经营实体和国有供销社积极到外地组织商品，推销商品，组织"南菜北运""南果北运""南药北运"等等。1987年，曲江县流通系统在全国16个省（市）建立了购销网点，与近百个工厂、公司有密切的固定联系。许多工厂、农村企业都与省内、省外联系，商品市场日趋成熟，之后逐渐形成按市场经济规律运行的机制。至2000年，主要农副产品、日用工业品和生产资料已形成买方市场，商品市场的供求形势发生了根本变化，基本改变了计划经济时期商品供给不足的状况，实现了全社会商品供需总量的大体平衡。

改革开放以来，曲江县人民政府部门顺应时势要求，确立扩大市场、搞活流通、发展贸易的指导思想，按照"谁投资、谁所有、谁受益"的原则,多渠道筹集资金,加快市场建设步伐。

1980 年,全县已有马坝、樟市、罗坑、乌石、大坑口、沙溪、大塘、枫湾、犁市、重阳、周田、新庄、黄坑、大桥、龙归、江湾、白土、白沙、花坪、韶钢(三村)、梅村、凤田、灵溪、小坑等 25 个圩场。此后,县城和工矿区市场亦不断增加。1987 年兴建县城贸易中心市场。至 1987 年底,全县已有 26 个农村圩场(犁市 2 个、周田 2 个、龙归 3 个,其余各乡镇均有一个圩场)、4 个县城市场、18 个工矿区市场。贯彻"政府决策、统一规划、多方兴建、统一管理"的市场建设方针,支持鼓励乡镇、厂矿、部门兴建市场,1993 年投资 629 万元建设了乌石、周田、大塘、犁市、大坑口、火山等 7 个市场,建筑总面积 7850 平方米;1994 年全年共投资 850 万元建设了大坑口、马坝、周田、樟市、大桥以及县城购物中心 6 个市场,建筑总面积 1.3 万平方米;1995 年建成樟市、大桥、江湾、马坝和大坑口 5 个农贸市场,总投资 1350 万元;1998 年为解决马坝农贸市场容量不足、占道经营的状况,先后投入 80 万元扩建和改建马坝农贸市场。

1979 年,全县商业饮食服务业共有 305 人,商品零售总额为 5492 万元。1982 年,商业部门贯彻执行《国务院关于疏通城乡商品流通渠道扩大工业品下乡的决定》,改变了过去按城乡分工的体制,打破了地区和行业界限,实行跨地区跨行业经营或横向联合经营,成立了不少供销、贸易企业。1989 年,全县有粮油、百货、日用杂品、医药、五金交电化工、农资、纺织品、副食品、书店等商店共 4874 个,从业人员 7313 人。全县社会商业商品纯购进总额达 1.83 亿元,纯销售 3.47 亿元。1995 年,全县商业网点增至 9534 个,从业人员 17996 人,其中批发 167 个,1985 人;零售 8011 个,12444 人;餐饮业 1356 个,3567 人。

老区民主政治制度的改革

一、政社分设，乡镇政府的建立

曲江县农村自1958年建立人民公社以来，实行的是"政社合一"的管理体制，将国家基层政权组织与农民的集体经济组织合为一体，使作为国家政权组织的公社具有直接支配集体经济的生产、交换、分配等经济活动的权力，集体经济组织成为政权机构的附属物。中共中央于1983年1月印发了《当前农村经济政策的若干问题》，提出政社分设的要求。中共广东省委、省人民政府《关于实行政社分开，建立乡政府的通知》中规定：行政机构设置，以原来的公社、大队、生产队为基础，分别建立区公所、乡政府、村民委员会；经济机构设置，单独建立合作经济组织，区一级设区农工商联合公司，乡村设经济合作社，有的仍叫生产队。

1980年11月，公社、大队、生产队均撤销革命委员会或革命领导小组建制，恢复管理委员会建制。

曲江县的政社分设工作于1983年11月完成。撤销全县各人民公社建制，废除政社合一的行政体制，重新恢复区乡制。以原公社管委会所辖范围设区公所，作为县的派出机构，以原生产大队管委会所辖范围设乡政府。1983年全县共设21个区、3个镇、138个乡、7个管理区（原马坝、大坑口、花坪3个镇的政府体制不变，下设7个乡级管理区）。区公所设区长1人，副区长2~3

人，设区办公室、财粮、生产、司法、民政、文教卫生、武装、计划生育、经营管理、农工商公司等工作机构。镇政府大致与区设置相同。

后来，由于区公所不是一级基层组织，为了与全国的行政机构设置一致，1986年6月，乌石区先行一步，召开乌石区第八届人民代表大会，依法选举镇政府组成人员，改乌石区公所为乌石镇人民政府，实行以镇管村体制，把原下辖的六乡一镇改为4个行政村。11月，全县全面开展撤区建乡镇工作，把原来的区公所改设为乡镇政府，原乡政府改为村民委员会，自然村改设为村民小组。按原已有3000人以上非农业人口的区改称镇，不足者改称乡。将原马坝区并入马坝镇，将原乌石区所辖的坑口、石角村划归大坑口镇管辖，以镇（乡）为农村基层政权机构。全县将原21个区公所3个镇政府改为15个镇政府8个乡政府，原138个乡政府7个管理区调整为170个村民委员会28个居民委员会和1个街道办事处。改革、调整后的镇、乡政府设正职（镇长、乡长）1人、副职2~3人，设政府办公室、农业办公室、文教办公室、计划生育办公室、乡镇企业办公室、村镇建设委员会、公安派出所、武装部等机构。配备民政、司法、财粮、计划生育、文教卫生、生产、经营管理、计划统计、村镇建设、公安、武装等助理员、办事员、干事。村民委员会设正、副主任各1人及治安保卫委员、人民调解委员、文教卫生委员、青年妇女委员、农业委员若干人。居民委员会与村委会大致相同。自然村与居民小组均设组长、副组长各1人，组员若干人。

1989年9月，曲江县撤销村民委员会，设立管理区办事处。根据广东省、韶关市人民政府关于加强农村基层组织建设的精神，乡、镇下实行派设管理区办事处机构设置。管理区办事处是乡、镇政府的派出机构，不作为一级政权组织。原村民委员会改称管理区办事处，村民小组改为村民委员会。管理区办事处设主任、副主任、民兵营长、妇联主任、治保主任、会计、文书等职，办理本管理区的行政工作。管理区办事处的正、副主任实行任命制，在通过群众推荐、组织考核、充分酝酿、民主协商的基础上，由乡、镇党委、政府直接任命。管理区办事处其他干部编制不变，由管理区内部分工，协助办理本管理区公共事务与公益事业。实行管理区派设机构设置以后，县以下政权机关为乡、镇人民政府，管理层次为乡，镇人民政府，管理区办事处，村民委员会。原设置村民委员会的经济联合社保留不变，管理区办事处、经济联合社实行两块牌子、一套人马。1998年，曲江县共有乡镇23个、管理区办事处181个、村民委员会2032个，街道办事处1个、居民委员会27个。

1993年11月，曲江县将罗坑、白沙、灵溪、江湾、黄坑、凤田、火山、梅村8个乡人民政府改制为镇人民政府。改制后，镇人民政府职能、机构照旧。乡长改称镇长，其他人员配备与原乡人民政府相同。至此，曲江县共辖23个镇人民政府。

1996年5月，设立城东居民委员会，归属马坝镇街道办事处领导。

二、群众自治组织——村民委员会的建立

为理顺农村基层管理体制，1998年，曲江将全县181个管理区办事处全部撤销，设立村民委员会，实行村民自治。根据中共十五大关于扩大基层民主的要求，镇辖的管理区办事处，改设村民委员会。原管理区属下的村民委员会改为村民小组。村民委员会是村民自我管理、自我教育、自我服务的基层群众性自治组织。由主任、副主任和委员3~7人组成。下设经济管理委员会、治保调解委员会、文教卫生委员会和社会福利委员会。村民委员会选

举产生遵循三大原则：（1）管辖范围不变；（2）农村集体经济权属关系不变；（3）农村基层干部队伍相对稳定。村党支部领导成员经过民主选举进入村民委员会的，实行交叉任职。村民委员会干部一届任期三年。实行村民自治后，县以下政权机关为镇人民政府，管理层次为镇人民政府、村（居）民委员会、村民小组。至 1998 年 12 月 31 日，该项工作圆满结束。

老区党组织的整顿与建设

一、开展整党

中共十一届三中全会以后，中共中央在建立健全党的代表大会制度、党的集体领导制度、保障党员民主权利制度、党的监督制度等方面，采取了一系列重大举措，促进了党内政治生活正常化，给党的建设注入了新的生机活力。1980 年 3 月 6 日，中共曲江县第四次代表大会召开，大会按照中共十一届三中全会以来的部署，开展了清理林彪、"四人帮"和"文化大革命""左"的思想影响及余毒，使党内政治生活逐步正常起来。

为了加强党的建设，解决党内存在的突出问题，1983 年 10 月，中共十二届二中全会作出关于整党的决定。为了搞好整党工作，中共曲江县委于 1983 年 10 月 26 日印发了《关于认真学习〈中共中央关于整党的决定〉的通知》，决定在全县采取分期分批集中轮训和经常性教育相结合的方法，对全体党员进行一次以新党章为主要内容的思想教育。并围绕中央《决定》的精神，组织党员学习，达到统一思想认识、端正态度，提高贯彻执行《决定》自觉性，为全面开展整党做好思想准备。

1985 年 7 月，曲江县的整党工作全面展开。在中共广东省委和中共韶关市委的指导下，整党工作分三批进行。第一批为县直机关、企事业单位；第二批为乡镇；第三批农村村级党组织。整党教育经过领导动员、培训骨干、学习文件、对照检查、组织处理和党员登记、总结验收等阶段，历时一年半，于 1986 年 11 月基本结束。全县共有 127 个县直机关、企事业单位和乡镇，381个党支部，5136 名党员，农村 150 个党支部，5982 名党员，参加这次整党教育，占全县党员总数的 96.9%。整党中对县直机关单位办企业进行了全面清理，对"三乱"（乱收费、乱罚款、乱摊派）现象进行了有效治理。进一步清除"左"的思想影响，破除小农经济的旧观念旧模式，树立敢于改革、勇于开拓的精神和商品经济观点。消除了农村部分党员认为包产到户了，党支部和党员就可有可无的错误认识。解决了一些乡镇干部不安心山区工作，村干部不愿当、不想当，只顾自己，不关心群众生产和生活的问题。全县乡镇和农村党员干部的面貌发生了可喜的变化。马坝镇在党委班子成员及党员带领下，整党期间就有 853 户农户承包26500 亩荒山荒地种树种果。罗坑镇党委在整党的当年就带领全镇党员群众造林 7500 亩，种果 750 亩，超过县下达计划指标的 1倍。同时大胆引进外资 40 万元，开辟了 15 公里山区公路，兴建了林木加工厂，为罗坑经济发展开了好头和打下初步基础。沙溪镇窝子村党员在整党中响亮提出"要带头劳动致富，不做穷党员"的口号，建立了支委包村、党员联系农户制度。依托本乡山多宜果的有利条件，发动群众做规划，在原种有部分果树的基础上，又种植果树 250 多亩，村党支部 14 名党员中，有 11 名党员自办起"小五园"，有的党员用 100 多元订了各种杂志，供群众阅读，增长知识。

整党教育中，对照中共十二大通过的党章党员标准，对党员进行了重新登记，查处了一批违法乱纪的不合格党员。同时还核查清理了"文化大革命"时期的"三种人"。整党结束后，根据中共十三大和全国组织工作会议精神，为进一步加强农村党的基层组织建设，1988 年 11 月 24 日，中共曲江县委批转县委组织部《关于从严治党教育整顿和建设好农村党的基层组织的意见》，并在犁市镇开展从严治党教育试点的基础上，在全县农村铺开从严治党教育工作，23 个乡镇的 393 个党支部 8372 名党员参加了教育活动。共处理农村不合格党员 147 人，其中除名 31 人、自动退党 15 人、取消预备资格 10 人、限期改正 78 人、党纪处分 13 人。整党和从严治党教育彻底否定"文化大革命"，清除了"左"的影响，纠正了不正之风，基本达到了统一思想、整顿作风，加强纪律、纯洁组织的目的。

1989 年春夏之交发生政治风波，中共曲江县委根据中共中央的部署和要求，先后发出了《关于旗帜鲜明地反对动乱自觉维护我县安定团结局面的决定》等两个文件，编印了学习资料，在各级党组织和广大党员、群众中进行坚持四项基本原则，旗帜鲜明地反对动乱和资产阶级自由化等形势教育，使各级党组织和广大党员、群众在大是大非面前立场坚定、态度鲜明，经受了考验。

1996 年，江泽民同志提出要在领导干部中开展"讲政治、讲学习、讲正气"教育的号召。此后，中共曲江县委先后请中共韶关市委常委、宣传部部长李桂炎等同志来曲江作了两场讲政治、学理论的大型辅导报告。县四套班子成员还联系党的历史经验、联系改革开放和现代化建设的实践、联系当前的实际和任务、联系自己的工作和思想实际进行学习和讨论，为理解和掌握"三讲"的基本内容和精神实质，为后来在县四套班子领导干部开展"三讲"教育打下了基础。

2000 年 6 月 12 日，中共曲江县委根据中共中央和省委、市委的部署和要求，下发了《关于中共曲江县委"三讲"教育领导小组及办公室人员分组和职能的通知》，开始在县四套班子领导干部中开展"三讲"教育。8 月底在中共韶关市委的指导下，顺利完成了县级班子领导干部"三讲"集中教育阶段的各项任务。

二、党的建设

加强党的各级领导班子建设，是党的建设的重要核心内容。改革开放以后，中共曲江县委坚持不断组织各级领导干部学习马克思、列宁主义基本理论和毛泽东思想，学习邓小平建设有中国特色社会主义建党理论，学习党的社会主义初级阶段理论，学习江泽民"三个代表"重要思想，用正确的思想和理论武装各级领导干部。同时学习党务工作的业务知识，努力提高他们的政治理论水平、党务工作业务水平，提高各级领导班子的整体素质，使他们在思想上与党中央保持一致，认真贯彻党在改革开放和社会主义建设新时期的各项方针、政策，推动改革开放不断深入。

中共十一届三中全会后，随着党和国家工作重点的转移，干部队伍，特别是各级领导班子的文化水平不高，业务能力不强，年龄普遍偏大的状况，越来越难以适应改革开放和社会主义现代化建设的迫切要求。为此，中共十二大通过的党章提出要"实现干部队伍的革命化、年轻化、知识化、专业化"（"四化"）。为了实现这一目标要求，1984 年 7 月，在中共曲江县第五次代表大会上，选拔了一批年富力强的干部进入县级领导班子。随后，县机关各部委办局、乡镇、企事业单位四百多名有知识、懂业务、德才兼备的中青年干部被选拔到领导岗位。在领导干部选拔上，县委始终贯彻党要管党，党管干部的原则，坚持公开、平等、竞争、择优的选人原则。1986 年，中共中央提出，为更进一步推进干部管理的民主化、科学化和制度化，加强领导班子"四化"建设，在各级领导班子中开展"三民"（民主推荐、民主评议、民意测验）工作。1987 年 12 月 3 日，县委印发《关于在县直部委办局和乡镇领导班子中开展"三民"工作的通知》。1988 年，"三民"

工作推广到农村村级领导班子，并作为各级领导班子年度考核的制度固定下来。"三民"工作有力促进了领导干部忠于职守、奋发进取、开拓创新，同时也加强了与群众的联系。

重视农村村级领导班子建设。农村党支部是党的最基层的组织，在整党和从严治党之后，中共中央针对一些地方整党不彻底、村级领导班子存在问题较多的状况，提出开展以加强农村基层组织为重点的社会主义思想教育活动。1991 年 6 月，中共曲江县委印发《关于整顿和加强农村基层组织建设的决定》，用两年的时间，对以农村党支部为重点的基层组织进行全面整顿。采用"全面考察、适当调整、帮助转化、建章立制、教育培训"的方法进行，全县 167 个村党支部，在这次整顿教育中，调整党支部书记 19 人，支委 127 人，增强了村党支部的凝聚力、战斗力。1995 年开始，中共曲江县委根据中共中央和中共广东省委的部署，制定了全县农村基层组织建设三年规划，实行"三个责任制"：县四套班子成员和县直部委办局一把手联动办点责任制，机关单位定点挂钩包干责任制，乡镇党委抓农村基层组织建设责任制，重点抓好村"两委"班子建设和发展村集体经济。并在全县开展创建"五个好"（支部班子好、党员管理好、组织生活好、制度落实好、作用发挥好）先进党支部、"六个好"（建设一个好的领导班子、带出一支好的干部队伍、选出一条好的发展路子、健全一套好的管理制度、保持一种好的工作作风、形成一个好的工作格局）先进乡镇党委和农村基层组织先进县委为内容的"三级联创"活动。对 81 个年集体经济纯收入不到 3 万元的村，连续三年采取由县机关单位定点挂钩帮扶。经过将近两年的努力，农村基层组织建设取得了显著成绩，党支部班子的战斗堡垒作用得到增强，建立和健全了党组织的学习制度、民主集中制度、民主生活制度、"三会一课"制度、交纳党费等制度。集体经济进一步壮大，全县 182 个村集体经济年纯收入全部达到 3 万元以上。1996年底，经中共韶关市委组织检查，顺利通过了"五个好"达标验收，中共曲江县委被中共广东省委评为"基层组织先进县委"。1997 年开始，曲江进一步加大了国有企业和非公有制企业党建工作的力度。1998 年以后逐步形成了以农村和国有企业为单位，全面加强党的基层组织建设的工作格局。到 2002 年底，全县共有基层党委 27 个、党总支 32 个、党支部 762 个。

党员队伍不断壮大。1979 年曲江县有党员 10255 名，到 1985年这 6 年间，平均每年发展党员 100 名左右；1986 年到 2002 年，平均每年发展党员 400 名以上；到 2002 年全县有党员 18327 名。

整党和从严治党的教育活动后，党员队伍增添了一批年纪较轻、有文化的新党员，为党组织输入了新鲜血液。中共曲江县委在 1987 年制定了《1988—1990 年发展党员规划》，提出要贯彻"坚持标准、保证质量、慎重发展"的方针，并强调要特别重视在优秀知识分子、35 岁以下的青年中和从农村、企业生产一线发展党员。仅 1988 年和 1989 年，全县发展农村党员 260 名，占两年中全县发展党员总数的 30.13%。此后，根据改革开放和经济形势的发展，发展党员又向村委干部、企业车间班组长、乡镇企业骨干、致富带头人、党的力量薄弱的单位和部门、领导班子建设后继乏人的单位倾斜。同时十分重视培养和吸收青年和妇女中的优秀分子入党。在 1996 年到 2002 年全县发展的党员中，35 岁以下、高中文化以上的党员都超过 70%，女党员超过 20%。2002年全县有女党员 3457 人，高中以上文化程度的党员 9590 人，35岁以下的党员 4097 人，农村党员 12018 人。

第五节 老区社会主义精神文明建设

一、社会主义教育运动的开展

中共十一届三中全会以后，中共曲江县委根据中共中央的部署，认真组织学习和贯彻中共十一届三中全会精神，开展了真理标准问题的学习和讨论，批判"两个凡是"。1981年6月27日，中共十一届六中全会通过了《关于建国以来党的若干历史问题的决议》，从各方面总结历史和现实经验，比较完整地、准确地阐述了毛泽东思想体系和在实践中提出的有关社会主义理论政策问题。1982年9月，中共十二大召开，提出了"建设有中国特色的社会主义"重大命题。同时，从1982年起中共中央连续多年下发关于农村工作的一号文件。中共曲江县委自改革开放以来认真学习、宣传和贯彻中共十一届三中全会、六中全会和十二大精神，学习《邓小平文选》，坚持四项基本原则，清理"文化大革命"和历次运动中"左"的思想的影响。开展建设有中国特色社会主义理论和信念教育，开展爱国主义、集体主义教育。先后举办二百八十多期培训班，培训九千九百多名宣讲员，深入全县农村、工矿企业等单位进行宣传教育活动。

为了加强精神文明建设，1986年9月，中共十二届六中全会作出《关于社会主义精神文明建设指导方针的决议》（以下简称《决议》）。《决议》从社会主义现代化建设的高度，阐述了社会主义精神文明建设的战略地位和根本任务，强调要培养有理想、有道德、有文化、有纪律的社会主义公民，用建设有中国特色的社会主义的共同理想团结各族人民，提高整个中华民族的思想道德素质和科学文化素质。《决议》指出以马克思主义指导的社会主义精神文明是社会主义社会的重要特征，它为物质文明的发展提供精神动力和智力支持。为它的正确发展提供有力的思想保证，社会主义精神文明建议，是关系社会主义兴衰成败的大事。全面改革和对外开放对精神文明建设提出了新的更高的要求，能不能适应这种要求，有力地抵制资本主义和封建主义的腐朽思想，防止种种迷失方向的危险，是一个历史性的重大考验。《决议》强调，搞资产阶级自由化，即否定社会主义制度、主张资本主义制度，是根本违背人民利益和历史潮流，为广大人民所坚决反对的。《决议》是党的第一个关于加强精神文明建设的纲领性文件，为我国精神文明建设的健康发展提供了基本指导方针。

1987 年 2 月 16 日，中共曲江县第六次代表大会召开，提出了认真学习马克思主义理论、学习《邓小平文选》和中共中央《关于社会主义精神文明建设指导方针的决议》，大会提出，学习要做到三个结合。一是要与反对资产阶级自由化结合起来。中共十一届三中全会以来的路线基本点有两个：一个是坚持四项基本原则；另一个是改革、开放、搞活。这两者是统一的，缺一不可。二是要清"左"破旧，与树立辩证唯物主义和历史唯物主义结合起来。三是要破除小农经济观念，与树立商品经济观念结合起来。

1991 年 3 月，中共韶关市委在曲江县龙归镇开展农村社会主义思想教育试点工作，历时两个半月，于 5 月底结束。针对当时农村群众对党的农村现行政策理解不深，对社会主义道路信念不明的情况，曲江县于 1991 年下半年开始，开展农村社会主义思想教育。第一期在 9 个乡镇 82 个管理区进行，第二期在 8 个乡镇展开，第三期在马坝等 6 个乡镇进行，于 1992 年 12 月结束。社会主义思想教育加深了党对农村现行政策的深刻理解，坚定了走社会主义道路的信念，加强了以党支部为核心的基层组织建设，完善了双层经营体制，建立了集体土地有偿承包制度，使农村面貌发生了很大变化。

1999 年初，曲江县制定了《曲江县城区创建文明城市实施意见》，在县城实施兴建和完善政治宣传标志、宣传栏等硬件建设。试刊《今日曲江》报。举办纪念五四运动 80 周年文艺晚会，开展"爱我中华，爱我曲江"读书系列活动，编排文艺节目深入农村巡回演出等，为宣传精神文明建设开辟了新园地。

2001 年 7 月 1 日，江泽民发表"三个代表"的重要讲话。中共曲江县委按照中共中央和省市的部署，先后在各镇、村和县直机关开展了三批的"三个代表"学习教育活动。参加学习教育的对象共有 1143 个单位 7082 人，学习教育以提高干部队伍整体素质为重点，以增强各级党组织及领导班子的凝聚力和战斗力为目标，使干部素质明显提高，工作作风明显转变，党群、干群关系明显改善，有力地促进了各项工作的开展。

二、文明村（镇）建设

1984 年 7 月 9 日，中共曲江县第五次代表大会召开，大会的报告根据全国文明村（镇）建设座谈会提出的文明村（镇）建设的要求和标准，作出全面规划，提出全县 1984 年要有 15% 的村（镇）基本建成达到基本要求和标准，到 1986 年要有 45% 的村（镇）建成文明单位。在创建中要分类指导，以点带面、逐步推广。要修订、完善各种文明公约、守则和岗位责任制，使创建文明村（镇）工作切实落到实处。1984 年底，小坑区黄洞乡、沙溪区窝子乡田坎下村、马坝镇新村管理区马屋村精神文明建设成绩显著，光荣出席了广东省文明建设表彰大会。小坑区黄洞乡被省授予文明单位称号。

1990 年 4 月 25 日，曲江县在周田镇召开创建"文明乡镇"竞赛活动现场会。马坝、周田、沙溪、枫湾镇从不同角度介绍了创建"文明乡镇"和"文明单位"的经验和体会。会后，中共曲江县委作出《关于全县城乡开展创"文明单位"和"文明乡镇"竞赛活动的决定》。开展以"五改"（改水、改厕、改灶、改路、改造旧房）为主要内容的创建文明村、文明乡镇活动。1990 年，全县共投资 350 万元，投工 25 万个，用于改变村容村貌，批搪房屋 8800 间，总面积 44 万平方米，整治铺设街道 700 条，水渠 110 条，完成改水工程 35 宗。创文明村活动已遍及全县 23 个乡镇，110 个自然村，已建成文明村 63 个。1992 年，曲江县召开精神文明建设表彰大会，表彰了沙溪镇角洞村等 47 个文明村和江湾等 11 个文明乡镇。至 1995 年，全县创建文明村 968 个，加快了文明村（镇）的建设步伐，农村面貌有了新的变化。

1995 年，曲江县成立了以县委书记许自清为总指挥、县长赖龙福为副总指挥的曲江县"奔康工程"指挥部。5 月 16 日，中共曲江县委、县人民政府印发《关于在农村实施"奔康工程"的决定》（以下简称《决定》）。《决定》将近年来开展以"五改"为主要内容的创建文明村活动重点转移到建设现代文明新村上来，作为"奔康工程"的一项重点内容来实施。用 5 年时间基本消除农村泥砖房，分期分批改造旧村和兴建现代文明新村，逐步改善农民居住条件。经过全社会的共同努力，在 20 世纪末全县农村住宅基本实现红砖瓦房结构或楼房化。为此，制定了七项原则：（1）实行"六个统一"，即统一领导、统一规划、统一征地、统一筹资、统一设计、统一施工。（2）确定新村建设基本标准。（3）确定新村建设资金来源。（4）实行新村建设资金统管。

（5）实行农户新建住宅审批制度。（6）实行新村建设优惠办法。（7）保证新村建设补助款如数兑现。七项措施：（1）层层设立机构，逐级加强领导。（2）做好宣传发动工作，广泛、深入地向群众宣传"奔康工程"的深远意义和具体政策。（3）层层签订目标责任书。（4）做好调查摸底、制定总体规划。（5）成立"奔康工程"建设储金会，多方筹集资金。（6）形成合力，齐抓共管。（7）结合年终工作总结，进行年度评比验收。

1997年8月，曲江县又印发了《关于在农村实施"奔康工程"的补充规定》：（1）必须坚持"奔康工程"工作统一领导的原则。（2）必须坚持因地制宜，协调高效的原则。（3）必须坚持统一规划、先报后建的原则。（4）必须坚持节约用地、拆旧建新、严格土地审批原则。（5）各镇必须严格把好"规划报建关、用地审批关、建筑质量关"。对违法违章建筑的，由各镇党委、政府组织人员予以拆除；新房建成后，旧房也要拆除，将土地收为村委会集体所有。（6）必须坚持"自力更生、自筹资金"的原则。

1998年3月，中共曲江县委、县人民政府先后下发《关于加强农业和农村工作，奋战一年，实现奔康达标的决定》和《关于一九九八年全县实现小康达标的决定》。1998年农村和农村工作的主要目标任务是：（1）农村经济总收入达44.5亿元，比上年增长20%。（2）农业总产值（不变价）达9.02亿元，比上年增长8%。（3）乡镇企业总收入达51亿元，比上年增长20%。（4）农村年人均纯收入达4010元，比上年增加592元，增长17.7%。（5）农房改造1万户以上，全县人均钢筋砖木结构住房面积达18平方米以上，文明村比例达80%以上。（6）农村各项基础设施建设有新的突破；县到镇公路硬底化达80%以上，全县管理区全面通电话，80%的自然村通电话；70%的村通自来水；

消灭无电村。

1999 年，为迎接省市对曲江县奔康达标的验收，县全面开展以农房改造和查漏补缺为主的奔康达标工作。继续从县机关单位抽调 500 人，组成 23 个工作组下乡驻点指导，继续实行干部挂钩联系责任制及鼓励农户建房的一系列优惠政策。至 4 月底，全县共投入农房改造资金 3200 万元，建成新村 325 条，改造农房42687 间，使文明村的基础设施日臻完善。5 月 22 日至 24 日，韶关市农村小康达标初审小组对曲江县农村小康达标进行现场检查初审，评审结果为 99.67 分。9 月中旬，又以 99.82 分的成绩通过广东省的验收，1999 年 12 月，广东省人民政府授予曲江县"广东省农村小康达标县"的称号。

三、道德教育的推进

1982 年 2 月 25 日，全国总工会、共青团中央、全国妇联等九个单位联合发出《关于开展文明礼貌活动的倡议》，向全国人民特别是青少年提出，开展以讲文明、讲礼貌、讲卫生、讲秩序、讲道德和心灵美、语言美、行为美、环境美为内容的"五讲四美"活动。3 月，全国开展了第一个"全民文明礼貌月"活动。其内容除"五讲四美"外，又与"三热爱"（即热爱祖国、热爱社会主义、热爱中国共产党）的活动相结合。1984 年，曲江成立了以县委书记为领导的"五讲四美三热爱"活动委员会。统一指导、协调、监督全县活动的开展。"五讲四美三热爱"活动的开展，对促进党风和社会风气的转变起到了积极作用。

1991 年，全县开展"社会公德大讨论"和"爱曲江、讲奉献"活动。中共曲江县委副书记周月云发表了专题广播电视讲话，并充分利用广播、有线电视、黑板报、墙报等宣传工具，开展宣传发动工作。举办了有各行各业人员 30 人参加的社会公德电视演讲比赛，在电视台连播 2 个月之久。结合实际制定了国家机关工作人员、工人、农民、服务行业人员、学生等人的社会公德基本行为规范准则。1993 年后，开展评选曲江县"十大优秀人物"和"中国十杰"等活动。1995 年，曲江县推出学习"少年英雄"杨丽娟等一批具有社会主义思想道德风貌，体现时代精神的先进典型，并运用报刊、电视等多种渠道和形式进行广泛宣传。开展《新三字经》《社会公德四字歌》《家庭美德五字谣》《公民道德歌》等读物的读书竞赛活动，以"讲社会公德、除不良陋习、做文明公民"为主题的活动，在农村宣传引导农民移风易俗，反对封建迷信和封建宗族势力活动，这一系列教育活动提高了曲江人民的道德水准和文明程度，有效促进了良好社会风气的形成。

第六节 老区经济和社会各项事业的稳步发展

一、经济的发展和农民生活水平的逐步提高

改革开放前曲江经济曲折发展，速度缓慢，到 1978 年，曲江县国内生产总值只有 1.74 亿元，人均 566 元；农民年人均收入只有 101 元，职工年人均工资 611 元。人民生活较贫困，温饱问题得不到解决。

改革开放后，曲江的经济建设进入了一个稳步发展时期。

首先在农村实行改革。到 1983 年，全县 150 个乡、2350 个村民小组、45981 户农户全部实行了家庭联产承包责任制。实行家庭联产承包责任制后，大大调动了农民的生产积极性，当年农业生产就获得了大丰收。到 1985 年，农业生产总值达到 1.18 亿元，比 1980 年增加了 6867 万元，增长了 1.39 倍；农村年人均纯收入达到 515 元，比 1980 年增加了 392 元，增长了 3.17 倍。农民温饱问题得到解决。1981 年至 1985 年，农村新建房 2.5 万间，平均每户住房升至 3.8 间，多数农户已将泥砖房改建红（火）砖房，并有约 2% 的富裕农民建起了钢筋混凝土二层楼房。自行车、缝纫机、电视机等商品开始进入农村家庭。

1985 年广东省山区工作会议后，农村改革进一步深化，经济发展步伐加快。在延长土地承包期的同时，进行土地小调整，很多地方土地承包范围扩大到山坡地，实行立体开发，大力发展种

养业，涌现了大批种养专业户。1987 年 3 月，中共中央政治局委员、全国人大常委会副委员长习仲勋到曲江考察了马坝农民甘世雄的汽车修理厂和曾祥福自办的"富民鸽场"；1988 年 11 月 22 日，中共中央委员会委员、广东省委副书记谢非视察了曲江县长坝鸡场立体开发现场。两位领导充分肯定了曲江大力发展种养专业户和农业立体开发的经验。

在农村改革的带动下，城镇建设加快推进，经济从管理型、封闭型、单一投资型向经营型、开放型、多渠道投资的轨道转变，呈现出蓬勃生机。实行国营、集体、乡镇、户办、联户办"五个轮子"一齐转的形式，发展以煤、矿、水电、建材等为支柱的乡镇企业。如小坑、罗坑、江湾等镇充分利用本地丰富的水力资源，发展小水电，加快了城乡经济的发展。

1992 年邓小平南方谈话和中共十四大之后，曲江的改革全方位推进，经济发展提速。进一步调整经济结构，国营工业企业通过实行承包、租赁、拍卖、兼并等形式，实现各生产要素的合理流动整合，增强了企业的活力；乡镇企业，形成了国营、集体、外资、个体和联合体等多种经济成分一齐上，全民大办企业，大力发展经济的热潮。尤其是煤炭、矿产、水泥、水电、建材、建筑、运输、商贸等企业发展迅猛。到 1997 年就有马坝、大塘、沙溪、犁市、龙归、枫湾、小坑、大坑口、乌石、江湾、黄坑、白土、周田、花坪、樟市 15 个镇乡镇企业收入跨亿元。到 2002 年，全县有民营企业 18571 家，其中个体工商户 18306 户、私营企业 265 家，从业人员达 45900 人；曲江县国内生产总值达到 26.92 亿元，比 1992 年增长了 4.2 倍，城镇职工年人均收入为 9385 元，农村年人均纯收入为 3662 元，分别比 1992 年增长 3.4 倍和 3.6 倍。

随着经济的发展，收入的增加，人民的生活水平大幅度提高。

人们在穿着上无须为"布证"发愁，从过去的"御寒遮体"向追求美观、时髦、多样化转变。衣物花色品种丰富多彩，城乡无别。饮食从过去的求温饱向讲质量讲营养转变。肉食、水果的消费大量增加，到 2002 年，全县农村年人均消费肉蛋 42.1 千克，水果 39.65 千克。不少农户建起了宽敞舒适的小楼房；城镇居民和进城农村人口住进了商品楼房，居住条件大幅度改善。较大规模的源河豪庭和江畔花园小区商品房销售活跃。到 2002 年，县城面积扩大到 7.5 平方千米，城区人口增加到 8.8 万人，进一步加快了城镇化进程。人们对家电和交通、通信工具的要求越来越新，越来越高。到 2002 年，全县每百户居民家庭拥有的电视机已超过 100 台，农村户均拥有电视机 1.1 台、自行车 1.38 辆、电风扇 3.51 台、燃气炉 1.2 台。摩托车、电话机等也大量进入农村家庭，"现代三件"的移动电话、电脑、空调也进入了大众家庭，有些家庭还拥有了小汽车。

二、招商引资

1983 年以前，曲江县引进外资还是空白。在 1984 年曲江县第七届人民代表大会第一次会议后，清除"左"的思想影响，大胆引进外资、引进技术，积极开展"外引内联"工作。当年，曲江县的招商引资就取得突破，与外商签订了 7 个合作经营项目，共引进外资及新技术设备总金额达 280 万美元。

曲江县为了改善投资环境，大力加快电力、交通、通信基础设施建设。改造和新建了一大批输变电网站，充分利用曲江丰富的水力资源兴建水电站；先后兴建白土北江大桥，西线公路和环城公路；大量兴建通信电缆网络和基站等。因此，保障了城乡开发建设的用电，使交通更加便捷，通信更加畅顺，招商引资的环境得到改善。

　　1991 年，曲江县首次举办了"三胞"县情座谈会，积极开展招商活动，吸收和利用外资发展"三来一补"业务，办好"三资"企业，扩大出口贸易。

　　1991 年以前，曲江县招商引资工作主要由县的外经等部门负责，难以形成合力，招商引资面不广，力度不够。1992 年，曲江建立了经济开发区，总面积达 2.18 平方千米。经济开发区管委会成立后，积极开展招商活动，外引内联并举，吸引外商和国内各企业、单位到曲江投资置业。1992 年落实征地 60 公顷，签订外引内联项目合同 33 个，累计总投资人民币 4.1 亿元，有 11 个投资总额超 8000 万元的项目动工兴建。沙溪、犁市、大塘、龙归、小坑、周田 6 个乡镇也建立了经济开发小区，落实征地 36 公顷，签订开发项目合同 50 多个，引进资金 220 多万元。开发日具规模，招商引资工作有了较快的发展。1993 年，曲江县经济开发区开发土地 100 公顷，与中外客商签订合同项目 45 宗，合同投资总额人民币 8 亿元，已投入 2.5 亿元，竣工项目 25 项，南华温泉酒店改造、花都酒楼、城信针织厂、香江速冻厂等 15 个项目已建成投产，规模宏大的南苑新村已基本建好，南华家私、家电、陶瓷城即将开业。乡镇开发速度加快，犁市、龙归、大塘、沙溪、小坑、周田 6 个乡镇在 1993 年共引进兴建项目 77 个，总投资额达 2.5 亿元，其中有 55 个项目建成投产。

　　1994 年，曲江县人民政府开始在东莞、香港等地举办招商引资洽谈会。当年签订利用外资合同项目 38 个，合同投资总额 1.15 亿美元，比 1993 年增长 116.2%，创历史新高，为韶关市各县（市）区之首。之后，曲江县每年都举办类似的招商引资洽谈会，招商范围扩大，引资渠道拓宽，成效更加显著。如 2001 年通过招商会，引进广东联益马坝米业（曲江）有限公司，落户马坝转溪村。该公司充分发挥优质稻原产地的优势，开发利用"马坝油粘米"这一名优特产品，成为省级重点农业龙头企业，有效促进马坝油粘米产业化的发展。

2001 年，曲江创办了有 1 万多亩土地的白土工业园区，2002年，进入工业园内投资的企业就有 14 家，总投资额 4.53 亿元。其中盈保非金属有限公司第一期工程、五联木业投资有限公司已竣工投产。白土工业园区的创建，为全县招商引资提供了集中基地，加快了曲江县招商引资的步伐，为实现工业兴县战略打下了坚实基础。

从 1998 年起，由于曲江县制定了一系列招商引资的优惠政策，不断优化投资环境，优化服务，从而加快了招商引资步伐，促进了全县经济的发展。2002 年，全县共签订 500 万元以上招商引资项目 67 宗，合同引进资金 9.65 亿元，实际到位资金 6.81 亿元，其中已注入资金的有 42 个项目、动工建设 34 个项目。其中，曲江假日温矿泉度假村已建成营业；广味钢有限公司第一期工程已经试产；曲江娃哈哈饮料有限公司产销两旺；蒙里电站、苍村水库、宏德热轧带钢厂、江畔花园、源河豪庭等一批大项目已相继动工。招商引资工作从此进入前所未有的好时期。

三、电力、交通、通信的发展

电力

小水电的发展。20 世纪六七十年代，曲江县水电规模和数量都很小，只在黄坑、小坑、江湾等地有一些可以联网、容量在 100 千瓦以上的水力发电站。到 1979 年底，曲江县有 10 宗小水电站，总装机容量为 5470 千瓦。

改革开放后，在曲江县农业银行的支持下，镇、村集体掀起了建设小水电站高潮。到 1989 年，全县共建成装机容量 100 千瓦以上的小水电站达 66 宗，总装机容量 2.88 万千瓦，到 1990 年，发电量达9430万千瓦时。仅小坑镇就建成水电站15宗，装机27台，总装机容量6705千瓦。这些水电站的建成，充分利用本地水力资源，壮大了镇村集体经济，增加了老区群众的收入。

随着改革开放的深入，社会主义市场经济体制的建立，电网建设也随之加快。曲江县小水电事业实行"谁建、谁有、谁管、谁受益"的政策和"自建、自管、自用"的方针，采取集资、合资、股份合作、个体经营等"一电多制"的办电形式，极大地调动了社会办电的积极性，推动了小水电事业的发展。进入20世纪90年代后，曲江县又掀起集体、个体私营、股份等多元化投资建设水电站的热潮，小水电得到了飞速发展。到2002年，曲江县水电站总数达到191宗，装机369台，总装机容量达到111.0万千瓦，发电量达到2.92亿千瓦时。如江湾镇1992年建好升压站后，发挥本地水力资源丰富的优势，大力开展招商引资开发小水电站，1992年到2002年，就建成水电站37宗，装机63台，总装机容量达1.62万千瓦。这些水电站的建成，促进了当地经济的发展。2002年，曲江县的小水电站为全县用电提供了77.78%电量。小水电站的快速发展为曲江县的工农业生产发展和城乡人民生活提供了电力支持。

电网的形成与发展。1960年，韶关乌石电厂1号发电机组投产。曲江县先后在樟市、乌石、马坝三个公社境内架起了10千伏线路和配套安装了变压器，部分单位和居民成为第一批用上电网供电的用户。

1963年，曲江县遭遇百年大旱。广东省人民政府支持曲江县在有河流的部分地区架设高压线路，兴建电动排灌站抗旱。到1964年，曲江新架设了10千伏线路200多千米，架设韶关北郊十里亭至曲江大桥镇古洋22千米35千伏输电线路，建起了第一座35千伏的变电站，建成了近30宗电动排灌站，附近地区的居民也随之用上了电。到 1965 年，曲江县有 13 个公社，架设了 10 千伏线路共 300 多千米，并且还建起了乌石华屋 35 千伏、容量为 1800 千伏安的变电站。这样，曲江县东北片有古洋变电站供电，南片有华屋变电站供电，曲江县电网初步形成。

电网建设初期，电杆都是木制，很容易腐朽。1973 年，曲江县遭受一场大风雨袭击，全县倒杆断线 100 多处，导致 13 个公社停电。1974 年，曲江县自力更生，土法上马自制水泥杆，很快就将全县 400 多千米的 10 千伏木杆线路改造为水泥杆线路，成为韶关地区第一个 10 千伏以上线路水泥杆化的县。

1975 年和 1978 年，为解决小坑和罗坑水电站发电输出问题，分别建设了小坑水电站至古洋变电站 22.4 千米 35 千伏输电线路和罗坑水电站至华屋变电站 22.3 千米 35 千伏输电线路。

改革开放后，各项事业快速发展，用电随之增加，电网建设也进一步加快。1986 年底，曲江县通过省和国家水利电力部门的验收，成为全国 100 个初级农村电气化县之一。1996 年，曲江县实现了 100% 行政村（管理区）通电的目标。至 2000 年末，全县除少数边远农户外，有 99.68% 农户用上了电网电。

1981 年至 2002 年，全县共建有 35 千伏以上高压线路 32 条，总投资 3791 万元，线路总长达 342 千米。其中 110 千伏高压线路 3 条，总投资 434.3 万元，线路总长达 17.68 千米。建设 35 千伏变电站、升压站 17 个，110 千伏变电站 3 个。

10 千伏高压线路建设得更多。到 2002 年，全县共建有 10 千伏高压线路 23 条，总长达 1221.91 千米，装有变压器 1099 台，总容量达 8.77 万千伏安，用电量增加到 2.15 亿千瓦时，是 1979 年的 10 倍多。这些电网的建成，为曲江县的工农业生产、城市建设、水电站电力输送和居民用电的需要起到了非常重要的作用。

在电网建设初期，380 伏以下的低压电网都是由各用电单位、农村集体出资建设的。在农村电网改造之前，农村低压电网基本上是由村集体建设管理的，存在着损耗大、电价高、不安全等许多弊端。为了解决这些问题，曲江县从 1989 年开始，就采用多方筹集资金的办法，对一些镇的农网进行改造。但由于资金不足，改造面还不广，因而未能彻底解决上述问题。

在《国务院批转国家经贸委关于加快农村电力体制改革加强农村电力管理意见的通知》发布以后，1999 年，曲江县开始得到国债资金的支持，首先对线损率高、电价高、线路最残旧的农村电网进行改造。到 2001 年，全县共投资 6821.95 万元，改造兴建了大塘、沙溪、罗坑 35 千伏输变电站，增加变电容量 1.62 万千伏安；新架设、改造 35 千伏输电线路 79 千米和 10 千伏输电线路 120 千米；改造了马坝、白沙、周田、重阳等 16 个乡镇农村 10 千伏以下低压配电线路 818 千米；新建和改造配电台区 229 个，更换高耗能变压器 333 台，更换配电变压器增加容量 4935 千伏安；更换电能计量表 3.06 万只，改造农村用电户 2.03 万户，取得了显著成绩。从 2001 年 11 月起，正式实行农村到户电价统一按每千瓦时 0.78 元收取。2002 年 11 月 27 日，曲江县第一期农村电网建设与改造顺利通过了省的验收。紧接着全县第二期农网改造工程于 2002 年 10 月正式动工。经过 8 个月的工作，共完成投资 5826.59 万元，占计划投资总额的 90.33%。

农村电网改造后，减轻了农民的负担，提升了农村安全用电质量，促进了农村各项事业的发展。

交通

曲江县在新中国成立后共有新建支线（专用）铁路 8 条，全长 52.97 千米；新建主线公路 4 条，共 99.1 千米；新建起周田浈江第一座大桥和樟市大桥；新建县道 9 条，共 163.3 千米；新建乡道 86 条，共 465.1 千米。改革开放后，随着经济的快速发展，交通建设也开始加快。到 1979 年，全县有京广铁路 1 路和 8 条支线铁路，有 2 条国道、5 条省道贯穿全境，24 个公社全部实现了通公路。

1982 年，京广铁路复线开始在曲江县境内开工建设，至 1988 年全线建成通车，2001 年，京广铁路全线实现双线电气化，铁路运输取得很大的进步。1982 年，韶关至马坝公路 14 千米扩建工程竣工。1985 年，大塘黄岭亭至马坝浴塘 13.7 千米的公路全线竣工；1990 年，曲江县第一条横跨北江的公路桥——北江大桥竣工，凉沙公路建成通车，白土鲤鱼村（南水河）公路大桥竣工。

改革开放后，随着运输专营政策的放宽，社会车辆大量投入运输，客货运业务日趋多元化。1984 年，曲江开通县城马坝至灵溪、樟市、罗坑、黄坑、白土的客运班车，从而改变了本县无客运的局面。至 1987 年，除梅村外，全县各乡镇均通客运班车。此外，并有出租客货车投入营运。到 1987 年，全县拥有各种汽车 1986 辆，货运量 623.55 万吨，客运量 100.19 万人次。

在公路网络未形成前，水运曾发挥过非常重要的作用。曲江境内的浈江、武江和北江河畔的许多乡镇都建有码头渡口，运输工具由普遍小木质人工船逐步发展到以钢质机动大船为主，运输量有了很大的增加。改革开放后，曲江县水运公司推行船舶折价转让经营管理，个体、联合体运输船舶也快速发展。到 1998 年，全县有运输船舶 190 艘，载重吨位 1.93 万吨、功率 9760.59 千瓦，达到了鼎盛时期。但随着公路网络的建成，陆路运输方便快捷，加上北江孟洲坝等电站的建成，大宗货源南移，因此，水路运输呈下降趋势。

1992 年 10 月，中共曲江县委、县人民政府决定连续三年在全县范围内征集公路建设基金，1994 年初，又作出《关于加快交通基础设施建设步伐的决定》，并成立曲江县交通建设指挥部，组织和领导全县开展"交通年"活动。1994 年 12 月，京珠高速公路广东段动工，至 2000 年，曲江南段建成通车，2003 年，曲江段全线 35.3 千米建成通车，在曲江县境内有三个出入口。高速公路的建成，使曲江的公路更加畅通，出入更加便捷，带动了经济的发展。

开展"交通年"活动后，全县兴起了新建和改造地方公路的热潮。新建周田浈江第二座大桥，续建了省道西线公路和新建了马坝环城公路，新建和改造了 5 座县城马坝河大桥。1994 年至 2001 年全县新建乡道 66 条，共 384.3 千米，1994 年 9 月，地处大山深处的樟市镇芦溪瑶族村委也开通了水泥公路，结束了瑶族同胞世代靠人力运输的历史。182 个行政村全部实现通公路的目标。改造县道铺设沥青或混凝土 12 条，共 138.4 千米，实现县通乡镇公路硬底化；改造乡道铺设混凝土 5 条，共 19.197 千米。如龙归至革命老区镇江湾的三十多千米公路就是在 1996 年改造铺设了混凝土，改变了山区行路难的状况。至 2002 年，曲江境内有国道 3 条，共 138.2 千米；省道 7 条，共 132.9 千米；县道 11 条，共 171.6 千米；乡道 164 条，共 930.1 千米。至此，曲江县所有行政村可通汽车，已基本形成四通八达连接内外的公路交通网络，为当地经济和社会的快速发展起到了关键性的作用。

随着经济的发展，公路网络的建成，机动车辆快速增加。到 2003 年，全县机动车辆达到 5.22 万辆。所有乡镇实现了通班车。运输业的发展，增加了物流量，加快了流通速度，方便了群众出行，促进了全县各项事业的快速发展。

通信

1961 年曲江县邮电局成立，负责全县邮政和农村电话、长途电话通信业务。1987 年底，全县有城乡投递邮路 55 条，全程 2282 千米。乡镇信报直投面达 100%，村民委员会（行政村）信报直投面达 90%，村民小组信报直投面达 96%。随着电信网络和移动通信的发展，邮政业务收入相比下降。1986 年，曲江县邮电局开始恢复办理邮政储蓄业务，1994 年开始办理快递业务。

1986 年，曲江安装了 1000 门自动电话交换机，结束了县城电话使用"摇把子"的历史。至 1987 年底，全县有长途电话线路 22 条。1992 年，顺利开通万门程控电话，成为粤北第一个万门程控电话县，全县城乡实现了交换程控化、传输数字化。

1998 年 9 月 30 日，曲江县邮政、电信分开，分别成立曲江县邮政局、曲江县电信局。邮、电分营后，电信从独家经营进入完全市场竞争的发展新阶段。

1992 年 12 月，曲江县第一座模拟基站建成，1993 年邮电局成立移动班，正式开通移动电话业务，负责经营移动电话、BP 机业务。1996 年开通数字移动通信后，手机向小型化、多功能发展。

1999 年 1 月 28 日，广东移动通信有限责任公司曲江分公司成立，从此电信与移动通信分开经营，竞争机制进一步健全。

到 2000 年，全县 23 个镇 182 个行政村全部通了电话，实现了全县"村村通电话"的目标，还开通小灵通移动电话业务。到 2002 年，全县有城市电话 3.82 万部，有农村电话 4.18 万部，固定电话普及率为每百人 19.38 部；移动电话 3.28 万户。通信业的大发展，方便了人们的工作和生活，加快了信息的传输速度，有力促进了全县经济的大发展。

四、教育科技文化卫生事业的进步

教育方面

中共十一届三中全会后，社会主义现代化建设迫切需要有文化知识的劳动力和人才，普及教育成为这一时期的主题。1980 年

12 月，中共中央、国务院发布了《关于普及小学教育若干问题的决定》。根据要求，曲江县颁布了《曲江县关于普及小学五年教育岗位责任制》实施方案，向全县提出尽快改善办学条件，实现"一无两有"（无危房、有课室、有桌凳）。全县有 22 个小学教学点，22 个班、768 人长年露天上课，缺桌凳 3669 套，尚有不少的危房。于是采用"捐资、集资、增拨教育经费"等多种办法，多渠道地筹措办学经费。到 1984 年，全县共筹集资金 850 万元，新建校舍 7.86 万平方米，并购置了大批急需的桌凳，全县小学办学条件得到较大程度的改善，其中小坑、沙溪、乌石、坑口等乡镇的学校实现了楼房化。1985 年，曲江县被评为广东省"一无两有"一级县。

1983 年 9 月，邓小平作了"教育要面向现代化，面向世界，面向未来"的题词，并反复强调实现社会主义现代化"科技是关键，教育是基础"。1985 年 5 月，《中共中央关于教育体制的改革的决定》发布，明确提出"在全国有计划、有步骤地普及九年义务教育"。1986 年 5 月，《中华人民共和国义务教育法》颁布。根据要求，曲江县制定了《曲江县普及九年义务教育规划（草案）》，全面推进九年义务教育的实施。9 月，在县城建成了一所占地面积 1.15 公顷，建筑面积 9139 平方米的曲江实验小学，较好地解决了县城小学学位不足的问题。1986 年，曲江县普及初等教育"四率"（入学率、普及率、巩固率、毕业率）指标均达到国家要求，被评为广东省初等教育先进县。

1988 年，曲江县朝着更高要求快速推进普及九年义务教育工作。全县 23 个乡镇向中共曲江县委、县人民政府及 170 个村委向各自的乡镇递交了《实施义务教育责任制》。通过各方的共同努力，到 1991 年，全县共投资 3017 万元，新建 166 栋、修建 142 栋，面积达 17.27 万平方米的校舍，超额完成了省"危改"工作的六项指标。1992 年，为进一步完善危改工作和使普教与职教协调发展，对县城学校布局作了一次大的调整：一是将马坝职中初中部与安山中学合并到县职校，命名为马坝第一中学；二是恢复安山小学；三是县职业高中迁到马坝职中，办成一所综合性的职业技术学校。从此，曲江县职业技术学校步入了快速发展的新阶段（1996 年 6 月，被评为广东省重点职业高中，1996 年 12 月，被评为韶关市重点职业高中）。1992 年底，曲江县被广东省人民政府评为"危改"先进单位，并获得 10 万元的奖励。

1993 年，中共曲江县委、县人民政府再接再厉，作出了《曲江县关于全面实施九年义务教育的决定》。明确规定了几条政策性的教育发展资金筹集措施，并以县委、县政府的名义举办了一次"教育基金百万行"活动，仅此次活动就筹资一百多万元。1993 年冬，曲江县通过了省的验收，成为韶关市首批实现"普及九年义务教育"的县。

1994 年，为认真落实中共中央《关于进一步加强和改进学校德育工作的若干意见》，曲江县教育局要求全县各中小学要严格执行升国旗、唱国歌制度，实施好中小学生日常行为规范检查制度，创建文明校、文明班，建立德育基地等。按此要求，全县各中小学均合力抓德育，并形成正常化、制度化、规范化，收到了良好的效果，校风、班风和学风明显好转，好人好事层出不穷。1995 年在罗坑镇一联小学涌现了一名少年英雄杨丽娟，她舍身救落水同学光荣牺牲，被追认为韶关市"少年英雄"（1998 年 6 月，被省政府批准追认为革命烈士）。当年在全县中小学校掀起了"向杨丽娟学习"的热潮。1997 年，曲江县被韶关市评为德育先进县。

1996 年，在县城新建了占地面积 2.63 公顷，建筑面积 6600平方米的曲江县第三小学。该校的建成，使县城小学布局更为合理，同时也大幅度地增加了县城小学的优质学位。此外，曲江县为了实现中小学教师"教者有其居"（称"安居工程"）的目标，与各镇政府签订了《曲江县教师住房建设责任书》。经过各方努力，到1998年，全县共筹集资金6743.1万元，建成中小学教师住房1321套，面积12.3万平方米，大大改善了全县中小学教师的居住条件，使广大教师安教乐教。1996年，曲江县教师"安居工程"顺利通过了省市的检查验收。1999年9月1日，占地3000平方米的启智学校开学，首批29名智障儿童接受文化教育。

1999年，为进一步巩固"普九"成果，曲江县扎实抓好以调整学校布局、优化教育资源配置、优化学校领导班子、充实提高师资队伍为目标的"改造薄弱学校"（简称"改薄"）工作，并于4月9日在沙溪镇召开了"改薄"工作现场会，就有效推进此项工作作了全面的部署。结合"改薄"，2000年，曲江县人民政府决定在原成人中专学校校址新办一所普通高中，定名为曲江县第三中学，原曲江三中和曲江四中分别更名为犁市中学和乌石中学，从2001年秋季开始乌石中学停止招收高一新生，用两年时间自然过渡完毕；2002年5月，灵溪中学撤并到周田中学，凤田中学撤并到龙归中学。通过这次调整，较好地解决了部分薄弱学校问题。2002年8月，曲江县发文《关于撤销镇教委办的通知》，决定撤销全县23个镇的教委办，将教委办的职能转移到中心小学，此举，在教育行政管理方面，起到了简化与优化的作用。在此期间，曲江县成人教育也取得了新的成绩：1999年，龙归镇成人中心学校被命名为省级示范性成人中心学校；2002年，曲江县被列入全省首批社区教育实验县。

科技方面

1979年3月，曲江县撤销县革委会科技局，成立曲江县科学技术委员会，1979年8月，成立曲江县科学技术协会（与县科学技术委员会合署办公）。1997 年 3 月，县科学技术委员会改为曲江县科学技术局。2001 年 12 月，县科学技术局与县教育局合并，组成曲江县科技教育局。

1978 年，全国科学技术大会召开，特别是中共十一届三中全会后，曲江县认真贯彻"科学技术是第一生产力""尊重知识、尊重人才"的方针、政策，全面实施"科教兴县"战略。1979 年至 2002 年，全县各行各业广泛地开展科研活动，取得了丰硕的科技成果。其中"马坝油粘新品种的开发"等 14 项获国家级奖，"利用肿腿蜂防治粗鞘双条杉天牛的研究"等 42 项获省级奖，"兽医综合技术在诊断耕牛死亡上的研究"等 54 项获市级奖，"废钢渣磁选炼铁直接铸管技术"等 200 项获县级奖。

引进技术，取得成效。水稻抛秧移栽技术、地膜花生栽培技术、林木速生丰产技术、禽畜渔业新品种与新技术，在全县推广普及；科技含量较高的电站升压扩建、多功能通信网络、广播电视新技术得到应用，促进了全县的经济发展。

科普活动十分活跃。到 2002 年，全县建立各种学会、协会、研究会等科技群众团体 96 个，会员 7400 多人，其中镇级科普协会，研究会 68 个，会员 3000 多人。通过广泛地组织开展学术交流、科学普及等活动，使全县逐步形成了"爱科学、学科学、用科学"的良好氛围。1995 年，余祥华被评为"全国农村科普先进工作者"。

卫生方面

继续落实国家"预防为主、防控疾病"的方针，防病工作全方位开展。1979 年 11 月，在全县范围对 7 岁以下儿童全面进行驱虫，驱虫率达 80%。1980 年，为 15 岁以下少年儿童接种卡介苗，预防肺结核病，接种率达 97.2%。1986 年至 1988 年，给全县 0~7 岁儿童进行卡介苗、麻疹疫苗、脊髓灰质炎疫苗、百白破疫苗等免疫接种，接种率达99.17%。对0~6岁儿童肺炎、贫血、佝偻病、腹泻、营养不良五种疾病进行了预防和矫治。到20世纪末，全县患疟疾、痢疾、麻疹、百日咳、流脑等15种传染病的发病率仅为194.31/100000，对比新中国成立初期每10万人的患病人数减少了1.06万人。1985年，经上级验收，宣布曲江县消灭血吸虫和丝虫病，1987年，宣布消灭地方性甲状腺肿。

中、西医院协调发展。1982年，投资229万元，新建总建筑面积1.28万平方米的曲江县人民医院。1987年，又兴建建筑面积2700平方米的县人民医院城区门诊部。1984年，投资57万元，把原来的县人民医院改建为县中医院；随后又新开一所面积363平方米的中医院门诊部；1994年至1995年，新建门诊住院综合大楼（建筑面积4163平方米）、药剂楼（建筑面积1120平方米）。截至1998年，县中医院占地面积1.04公顷，建筑面积1.3万平方米，总资产达1200多万元。1997年，县中医院通过省的评审成为二级甲等中医院。2000年，曲江县被广东省中医药局授予"广东省农村中医药工作先进单位"称号。

爱卫工作成绩显著。1982年，开始农村改水工作，通过采取饮用自来水，手压泵井和大、小口井等办法，初步解决农村饮水问题。到1987年底，全县农村饮用清洁水达24.8万人，占农业总人口72.25%。1986年，小坑镇被广东省人民政府授予"农村改水先进单位"。1991年，曲江县获广东省人民政府"七五"农村改水三等奖。1986年，曲江县人民政府投资23.52万元，购置装运垃圾、洒水、拉粪等一批车辆；沿街新建花坛、花池和植树；灭鼠、灭蚊、灭蝇；扩建街道、修筑下水道等，县城市容和环境卫生逐年改观，县城马坝镇在1988年至2003年间，六次获得年度"广东省卫生先进镇"称号。1990年，曲江县副县长、县爱卫会主任周月云被授予"全国爱国卫生先进工作者"称号。1996

年，曲江县爱卫办获"广东省先进爱国卫生运动委员会办公室"
殊荣。

曲江卫生工作"三项建设"（人员、设备、房屋配套建设）
取得喜人成绩。1987年，广东省卫生厅批准曲江县为全省第六批
卫生事业整顿建设重点县后，曲江县按照要求，增加投入，真抓
实干，到1998年，全县卫生事业又上了一个新台阶。（1）全县
1263名卫技人员中，有主任、主治、主管医（护）师114人，医
师256人，护理师199人，药剂师35人，其他技师34人，初级
卫技人员595人，其他技术人员30人，医务人员的整体素质有了
较大提高。（2）县、镇两级医院和卫生院添置了价值1000多万
元的医疗设备，包括全身CT机、心脏彩色B超、半自动生化分
析仪、血液透析机等高科技医疗设备。（3）县、镇两级卫生机构
新建了住院楼、门诊楼22幢楼，建筑面积4.35万平方米，缓解
了工作、生活用房紧缺的状况。"三项建设"促进了医疗技术水
平的提高。到20世纪末，曲江县人民医院能开展脑肿瘤切除、肝
叶切除、全髋置换、乳腺癌根治等手术。县中医院能开展腹部外
科手术、四肢骨折内固定。妇幼保健院能开展剖宫产手术。樟市、
犁市、周田、大塘四所卫生院可开展阑尾炎切除、疝修补、膀胱
切开取石、胃穿孔修补、甲状腺肿瘤切除等手术。

1997年，曲江县被广东省人民政府授予"初保达标先进县"
称号，2000年又被国家五部委授予"2000年人人享有卫生保健规
划试点基本达标县"称号。

文化方面

按国务院《关于开展第二次全国文物普查的通知》精神，
1982年3月至12月，曲江县在全县范围进行了一次文物普查。
1984年，曲江县博物馆在马坝人化石出土地点发掘了两件打制石
器，填补了马坝古猿人使用石器工具的空白。1984年，曲江县人

民政府发出《关于颁布第一批县级重点文物保护单位的布告》，将乌石床板岭等 20 处文物代单位列为首批县级文物保护单位，其中革命和抗日遗迹 4 处，古建筑 7 处、古遗迹 8 处、古墓葬 1 处。2010 年 3 月，在文物查漏补缺中，又新发现古墓葬 2 处、古建筑 3 处，近现代文物点 7 处，从而保护了一大批文物。

1987 年 3 月 18 日，国际性学术会议——"纪念马坝人化石发现三十周年学术讨论会"第一次筹备会议在广州召开，曲江县的文物考古工作开始走向世界，越来越为世人瞩目。1987 年，曲江县投资 180 万元，兴建一座四合院式 2 层仿古的马坝人博物馆，建筑面积 2100 平方米。为纪念曲江名人、唐代开元贤相张九龄，1989 年在马坝人博物馆东侧兴建了张九龄纪念馆。两馆的建成和对外开放，得到了众多学者和广大游客的高度好评。1988 年，曲江县编辑的《曲江县文物志》出版，并向全国发行。1994 年和 1995 年，曲江县博物馆先后被省文化厅和市文化局评为文物工作先进单位。

1989 年，曲江县投资 118 万元，在城区建成了一座建筑面积 1960 平方米、主楼 4 层、造型独特的新型图书馆，并全面对外开放，深受欢迎，满足了广大读者的文化需求。曲江县图书馆被文化部评为"二级图书馆"。

1992 年，实施"南粤锦绣工程"。经过几年的努力，1995 年，曲江县被人事部、文化部授予"全国文化模范县"称号。

曲江采茶戏是曲江历史悠久的剧种，改革开放以后，该艺术得到不断弘扬和发展。曲江县收集整理的曲江采茶戏曲被编入了《中国戏曲音乐集成·广东卷·粤北采茶音乐》。1996 年至 2000 年，采茶节目《俏妹子》《借婚记》《县令打天子》等参加省、市汇演均获奖，尤其是 2000 年创作的采茶戏《辣椒炒苦瓜》，参加中央电视台全国戏剧展评获铜奖、参加韶关市首届农村小戏小品演出大赛获金奖。

体育方面

广泛开展群众性体育活动。1979 年至 2002 年，曲江县体委、基层工会和各体育协会，共举办了篮球、乒乓球、羽毛球、中国象棋、足球、拔河、田径和元旦长跑等比赛活动达 316 次，参加人数达 9.5 万多人次。为满足广大群众参加体育锻炼的需求，1985 年建成面积为 4730 平方米的曲江县游泳池，1986 年建成了面积为 2516 平方米的曲江县体育馆，1991 年建成面积为 1.75 万平方米的曲江县田径场。全县各基层单位也先后建起篮球场和羽毛球场共 56 个，先后组织起各类球队 40 多支。曲江县 1992 年被国家体委命名为"全国体育先进县"，1993 年被国家体委授予"全国群众体育先进单位"称号。

在开展好群众性体育活动的同时，曲江县重视办好业余体校，培养更多青少年体育优秀人才。业余体校从 1979 年仅开设乒乓球、武术两个项目，学生只有 35 人，发展到 2002 年开设武术、乒乓球、田径、射击、射箭、篮球、举重、柔道 8 个项目，学生达 123 人。在此期间，业余体校共向省体工队、省体校、市体育中专学校分别输送了 28 人、33 人和 79 人，其中有 28 人和 38 人分别获得国家"一级运动员"和"二级运动员"称号。1997 年，曲江县业余体校被国家体育总局授予"全国群众体育先进集体"称号。

五、人口和计划生育工作

曲江县计划生育工作始于 1974 年 1 月，并成立曲江县计划生育办公室。1984 年 4 月，曲江县计划生育办公室更名为曲江县计划生育委员会。全县 23 个区公所及乡镇政府均成立计划生育办公室。1978 年 12 月，曲江县计划生育协会成立。1997 年 8 月，曲江县计划生育委员会更名为曲江县计划生育局。

从 20 世纪 80 年代开始，国家把"实行计划生育，控制人口数量，提高人口素质"定为一项基本国策后，曲江县为了把计划生育的各项方针、政策落到实处，陆续出台了《关于计划生育的若干规定》和《关于加强计划生育工作管理的若干意见》等一系列制度性文件，逐步压实各级计划生育工作责任，并严格落实计划生育"一票否决"制度，对违反计划生育政策的集体和个人，年度评功评奖、评先评优、提职晋升、计划生育奖金发放等事前审查实行一票否决，有效地推动计划生育工作步入严格管理轨道。同时，充分利用广播、电视、标语、横额、宣传车、宣传栏等方式，切实加强计划生育政策的宣传，收到了很好的效果。

1990 年，曲江县被广东省列为计算机在统计工作中应用的试点县之一，全县计划生育信息化不断向前推进。1993 年又被列为广东省建立计划生育计算机管理信息系统工作网络试点县的 6 个县之一。1996 年至 2001 年使用已婚育龄妇女信息系统 DOS 单机版，完成了育龄妇女个案信息的录入，并进行日常管理。2001 年 8 月，曲江县又被省列为韶关市两个 WIS 系统建设的试点县（区）之一。在 2002 年 11 月，县镇两级全面完成计生信息化建设所需的软件和硬件配置，并建成局内局域网和县、镇两级广域网以及全县育龄妇女个案信息数据库，计划生育信息统计工作进入信息化和规范化管理时代。

1999 年，曲江县在计划生育工作中因罗坑镇发生一宗意外事件，被中共广东省委、省人民政府提醒注意。为此，2000 年 3 月 2 日，中共曲江县委、县人民政府召开全县计生工作大会、县长与各镇镇长签订了人口计划责任书。3 月 13 日，县直机关抽调 400 名干部组成计生工作队，进驻全县 182 个村委，决心打一场计划生育翻身仗。通过努力，到 2002 年，全县人口出生率为

11.4‰，人口自然增长率为 6.3‰，分别比 1980 年下降了 7.3 和 8.7 个千分点，实现了人口生产类型以高出生、高死亡、高增长到低出生、低死亡、低增长的历史性跨越。此后，曲江的人口和计划生育工作一直保持在全省一类地区先进行列。

六、构建社会保障体系

城镇青年就业和企业下岗职工再就业及大中专毕业生分配状况

"文化大革命"的十年内乱，给国民经济带来严重的破坏，国营企业效益下降，城镇许多待业青年找不到工作，生活贫困。中共十一届三中全会后，实行改革开放政策，国营、集体、个体多种经济成分并举。

为解决待业青年出路，曲江县从 1981 年至 1984 年，通过增加商业、供销网点，发展私营工商个体户，共有 3100 多人就业。1984 年至 1986 年，曲江县劳动部门贯彻"三结合"的劳动就业方针，通过多种渠道开拓就业门路，共安置待业人员 8118 人。1987 年以后的 10 年，曲江县继续大力发展私营企业、个体工商业、乡镇企业，组织劳务输出。扩大就业渠道、增加就业人数。1990 年至 1992 年，通过劳务输出，三年共安置城镇待业人员 8890 人。至 1995 年，全县个体私营企业发展至 1.57 万户，比"七五"期末增长 1 倍。1997 年，就业人员达 7.37 万人。

1998 年以后，根据中央的精神，国企进行大刀阔斧的改革转制，一大批国企职工下岗。曲江县成立了企业改革工作领导小组，印发了《关于加快国有企业改革步伐的若干意见》，鼓励被解除劳动关系的职工积极承包、租赁、购买国有企业，引导他们从事个体私营经济。同时，允许暂无职业的下岗职工进入再就业中心，参加职工技术培训，待机再就业。这期间，全县解决了商、供、粮系统721名和特殊钢厂部分下岗职工的再就业问题。不仅解决了这批人的生活出路，而且促进了社会的稳定和谐。1979年至2002年，全县共安置就业人员5.87万人。1988年至2002年，共安排大中专毕业生2048人。

复员退伍军人的帮扶和安置

认真做好复员退伍军人的政治思想和妥善安置工作，事关社会的安定团结。历年来，中共曲江县委和县人民政府以及各乡镇都十分重视此项工作，并成立接待和安置机构。在县民政部门的统筹协调下，安置工作得以顺利完成。对一些复员退伍军人有各种特殊困难的给予及时帮助解决。从1978年至2002年，全县共有退役军人3811人，其中农村2672人、城镇1056人、转业志愿兵（士官）83人。通过下达指定性安置、推荐就业和组织协调、检查督办等措施，城镇户籍的退役军人1056人全部得到安置。另外，不论城乡户籍的转业志愿兵（士官）83人也全部安排工作。

优抚贫困、低保、医保、"五保户"、烈军属

贫困户的救济。中共十一届三中全会后，曲江县对贫困户的救济采取扶持与救济相结合的方式。主要是扶持他们生产自救，并给予一定的有偿资金用于扶持贫困户发展生产，也给予一定的无偿救济资金用于解决他们的生活问题。从1979年至2000年共给贫困户支付救济款958万元，平均每年支付43.5万元。并且每年下拨冬寒救济物资，1979年至1990年共发放棉胎、被单、棉衣、卫生衣等救济物资共5.75万张（件），平均每年4790张（件）。1991年后改为下拨救济款，由各镇民政办根据实际自行购买。从1991年至2000年的10年间，曲江县共下拨购买冬寒物资款26.1万元，平均每年2.61万元。从而较好地解决了贫困户、"五保户"、烈军属缺衣少被的困难。

1996年4月，曲江县开始建立农村特困户定期定量扶持救济制度，保障农村特困户的基本生活。1997 年 10 月，将农村特困户定期定量扶持救济对象纳入城乡居（村）民最低生活保障制度。

低保和医保。由于种种原因，农村有少数农民处于贫困之中；城镇有些居民因家庭成员老、弱、病、残，丧失劳动能力或因下岗而又缺乏生产资金和经营技能，收入甚微，难于维持基本生活。为解决他们的实际问题，1997 年 10 月，曲江县成立了居（村）民最低生活保障工作领导小组。县人民政府先后下发了《曲江县城乡居（村）民最低生活保障暂时办法》和《关于曲江县开展在职、失业、下待岗、离退休人员生活状况调查实施方案》等文件，对家庭人均收入低于当地最低生活保障标准的，均纳入最低生活保障范围。

1999 年，全县共有低保对象 733 户、2064 人。1999 年 7 月，曲江县将城乡最低生活保障线标准调高 30%。县城纯居民、企业职工人均月收入由原来的低于 100 元调为低于 130 元；街镇居民人均月收入由原来的低于 80 元调为低于 100 元；农村村民人均月收入由原来的低于 65 元调为低于 85 元。这一年全县共发放最低生活保障金 83.24 万元。

2000 年，按上级要求经过对低保对象进行了调整后，全年发放低保保障金 44.3 万元。

低保工作实行"三个公开"原则。做到保障标准公开、保障对象公开、保障金额公开，张榜公布接受群众监督，增加透明度。

根据广东省民政厅、财政厅、社会保险管理局《关于建立城镇特困人员基本医疗保障制度的紧急通知》精神，为切实解决曲江县城镇特困人员基本医疗问题，保障他们的基本医疗需求，曲江县建立了城镇特困人员基本医疗保障制度，使城镇低保对象家庭成员基本医疗得到保障，按曲江县城镇最低生活保障标准人月均增加 14% 的比例安排基本医疗救助金，由曲江县财政增加预算安排解决，纳入城镇居民最低生活保障金。2000 年，县财政拨出 5 万元，由民政部门统一管理、统一使用。对符合基本医疗保障条件的 218 户、716 人给予救助。

"五保户"的供养。曲江县于 1981 年在农村开始实行家庭联产承包责任制后，"五保"工作遇到了新难题。过去由公社、大队、生产队共同供养的"五保"制度难以为继。"五保户"的粮、油、零用钱等无保障，有病得不到治疗，房子破烂了也无法维修。

1983 年，曲江县人民政府下发《关于供给"五保户"的粮、油、款实行以区为单位统筹的通知》，从 1984 年 1 月起，"五保户"的粮、油、生活费用等实行以区为单位进行统筹解决。稻谷供给标准由原来的每人每年 480 斤提高到 600 斤，食油由原来的 4 斤提高到 6 斤，零用钱由原来每月 3～5 元提高到一年 60 元，使"五保"老人的生活有了保障。1985 年起，曲江县民政局决定安排"五保户"定期救济，标准是每人每月：分散供养的 5 元，在敬老院的 10 元，城镇分散供养的 18 元。

1986 年，全县有"五保"老人 556 人，人均年生活费 587 元，是全县 1985 年人均收入 623 元的 94.2%，超过了省定标准。由于"五保户"的住房大多数都比较简陋，加上自然灾害比较多，1989 年曲江县民政局为 228 名分散供养的"五保"老人的住房购买了房屋财产保险。1991 年为 364 名"五保"老人购买了长寿保险。

1995 年，曲江县认真落实《农村五保户供养工作条例》，落实"五保户"供养标准责任制。确保"五保户"生活跟上人民群众生活水平。1995 年，全县有"五保"老人 571 名，人均月生活费不低于 100 元。犁市、马坝、黄坑、樟市、小坑等镇敬老院老人生活标准都超过了全县 1994 年农村人均收入 1551 元的水平；

大塘镇"五保"老人生活费 1995 年已达到 2400 元。

1999 年，全县各镇和县人民政府签订了《"五保"供养合同》，规定"五保户"每月不少于 60 元的生活补贴。每年中秋、春节两大节日，"五保户"还得到县、镇和社会的资金和实物的慰问。

2000 年，全县"五保"老人 553 人，其中在敬老院的 352 人，分散供养的 201 人。

优抚烈军属。1979 年至 2002 年，曲江县采取慰问、优待、政府抚恤等形式，认真做好全县烈军属的优抚工作。每逢八一建军节和春节，曲江县四套班子组织慰问团，慰问本辖区内的驻军和烈军属，伤残、复员、退伍、转业军人等优抚对象代表。各基层以及机关单位都进行相应的慰问，并召开座谈会。同时，尽可能地帮助他们解决生产、生活上所遇到的实际困难。

除开展节日慰问外，对烈军属还有优待措施。1979 年到 1982 年主要是每年给他们优待劳动工分，参加日值钱粮分配。如 1981 年，全县 22 个公社（镇）共评定优待劳动工分 53.5 万分。1983 年 3 月开始，由优待劳动工分改为优待实物和现金。曲江县成为韶关市第一个以公社（镇）为单位统筹烈军属优待款有章可循的县。1983 年共优待稻谷 45.215 吨，现金 5.31 万元。从此曲江县进入了以乡镇为单位统筹优待实物和现金的阶段。1987 年 11 月 28 日，曲江县人民政府发出《关于实行县统筹烈军属优待款的通知》，决定在全县范围内统筹烈军属优待款，优待标准提高到全县人均收入的 70% 以上。优待对象也扩大到在曲江县范围内应征入伍服役的义务兵战士家属、烈士，因公牺牲、病故军人的直系亲属子女（子女指未满十六周岁的），残疾军人和带病回乡的复员、退伍军人。与此同时，曲江县人民政府还发文规定：青年职工入伍的义务兵由原单位发给其基本工资作优待款，工龄连续计算，退伍后可以复职或由县退伍办另行安排工作，解除了青年职工入伍的后顾之忧。

这一时期，曲江县人民政府对革命烈士，或因公牺牲、或病故军人，给其家属进行一次性抚恤；给伤残军人发抚恤金和伤残保健金。对特等、一等伤残军人，每月还发给护理费；从1980年7月开始，优抚对象还享受国家定期定量的补助，以确保他们的生活来源。

乡镇敬老院和县社会福利院更新改造

乡镇敬老院。改革开放前，曲江县有枫湾、大塘、周田、大桥、乌石的5所敬老院。1982年增建了白土敬老院。到1989年，全县先后办起了14所敬老院，投资总额为77.8万元，总建筑面积5252平方米，共收养"五保"老人149人，工作人员共有26人，供养标准为年人均878元。每所敬老院都有种养场，蔬菜能自给，都有老人娱乐活动场所。

1995年，中共曲江县委、县人民政府将敬老院的扩建、搬迁、重建工作纳入全县奔康工程计划，将敬老院的建设向楼房化、庭园化转变，并将此项工作作为考核各镇领导班子政绩的一项重要内容。经过几年的努力，全县共筹资近800万元，建成了17所楼房和3所砖瓦平房的敬老院，基本实现了镇镇办有敬老院的目标。

同时，制定了各项管理制度，开展"合格敬老院"和"合格管理人员"的活动，并推广樟市镇敬老院开发种养业办好经济实体的经验。马坝镇敬老院1987年以来多次被县、市民政部门评为"先进敬老院"；1990年被广东省民政厅评为"全省民政系统先进单位"；1998年被广东省民政厅评为"一级敬老院"。

到1998年，全县在敬老院的"五保"老人337人，占全县"五保"老人总数的60.9%，年人均生活费达到了1997年全县农村年人均收入水平。敬老院实现了"五化"（即住宿楼房化、院内庭园化、设施配套化、管理规范化、服务优质化）、"六有"（即有饭堂、有医疗室、有电视室、有活动室、有健身室、有电话），使"五保"老人过着生有所养、老有所乐的生活。

县社会福利院。曲江县社会福利院坐落于大坑口镇大坑口村，前身是1958年"大跃进"时兴办的乌石公社敬老院，1982年由曲江县民政局接收，1985年3月经韶关市民政局批准改名为"曲江县社会福利院"，实现了县有社会福利院的目标。

十多年来，在当地驻军、厂矿单位的大力支持下，该院筹集资金100多万元，先后兴建了光荣楼1栋、综合楼1栋、敬老楼2栋、弃婴楼1栋、职工宿舍楼1栋。总建筑面积2200平方米。到2000年，该院已成为集乌石镇敬老院、大坑口镇敬老院、曲江县光荣院、曲江县婴儿收养中心于一体的综合性社会福利院。院内老人由1982年的13人增至24人，供养标准逐年提高，生活已达到当地群众水平。先后共接收弃婴82人，有良好的抚养环境。

救灾。曲江县的自然灾害几乎每年都有，主要是水灾。1981年至2000年，曲江县较大的自然灾害共有15次，每次都有房屋倒塌、农田被淹。水势最大、危害最重的有两次：

1994年6月9—18日，连降7天大雨、暴雨，致使沿北江两岸的重阳、犁市、马坝、白土、白沙、乌石、大坑口、樟市8个镇47个管理区15万人严重受灾，4.76万人被洪水围困，受淹农田7410公顷，倒塌房屋7964间，造成1114户、5205人无家可归，毁坏水利设施26宗，毁坏学校25所，造成11人死亡、4人受伤、2人失踪，直接经济损失1.69亿元。全县千方百计筹资1400万元，帮助受灾群众重建家园，并捐赠大批衣物、食物、药品。对集中兴建的4个新村、123户和分散的991户，春节前已全部搬入新居，体现了党和政府以及全县人民对灾区人民的关心。

2000 年 8 月 31 日 9 时至 9 月 1 日凌晨 1 时。由于受强热带风暴"玛莉亚"的影响，曲江县普降大雨、暴雨。全县受灾较为严重的有火山、枫湾、灵溪、周田、大桥、白土、大塘、小坑、黄坑 9 个镇。特别是火山、枫湾、小坑 3 个镇骤降特大暴雨，降雨量达 240 毫米，致使河水猛涨，造成 3.5 万人受灾，6000 村民被洪水围困，全县倒塌房屋 2218 间，失去居所的 205 户、3 人失踪、26 人受伤，农作物受灾 2867 公顷，一大批公共和交通设施损坏，直接经济损失 1.45 亿元。

每次大的洪灾发生之前或发生期间，曲江县、镇领导和县民政局都积极组织干部帮助群众转移，采取得力措施防洪。洪灾过后，县、镇都成立救灾指挥部或救灾领导小组，鼓励群众树立救灾信心，帮助群众进行生产自救，把损失降到最低限度。同时，县、镇领导还积极发动全县干部、职工和没有受灾地区的群众以及有关单位部门，积极给受灾地区捐款、捐物，帮助灾区群众渡过难关。从 1979 年至 2000 年曲江县预算内用于救灾共支出 826.51 万元，平均每年支出 37.7 万元。

为了更好地解决灾后人民的生产、生活问题，以及维护灾区的社会稳定，曲江县建立了农村救灾扶贫互助储金会（简称"储金会"）。改革由无偿救灾变为有偿互助，将无偿的救灾款变为有偿的互助金，以适应农村新形势下发展和深化救灾救济工作改革的需要。

1993 年，曲江县被广东省评为抗洪救灾先进县。

保障性住房建设。1966 年 2 月，中共曲江县委、县人民委员会及其所属机关单位从韶关迁往曲江县马坝人民公社，处于有县无城状况。干部、职工的住房尤为紧缺。为此，曲江县初步作出了规划，但后因"文革"运动的冲击而停顿。

"文化大革命"结束之后，曲江县城和住宅建设开始加快。

经过三年建设，城镇住宅建筑竣工面积达 12.45 万平方米。

为解决干部、职工住房困难，曲江县人民政府鼓励单位筹资自建，1984 年至 1986 年，县地方财政和县局机关单位投放住宅建设资金 1131 万元，为干部和职工增建了大批保障性住房。其中，1985 年县城建筑面积达 6.74 万平方米，建筑住宅总数为 842 套。此后，曲江县人民政府又投入资金建起了一批廉租房。经过几年的努力，1992 年县城人均住房面积达到 14.2 平方米。

1994 年以后，随着改革开放的深入，市场经济的确立，曲江的房地产发展迅猛，城西、城东、城南小区相继建成，大量商品房上市，交易活跃，不仅扩大了县城区域，而且满足了广大群众的需求，住房条件和环境得到较大的提升。

1996 年开始，曲江县对住房制度进行改革，实行住房商品化，将公有住房以廉价卖给干部、职工，并颁发房产证。同时，建立了住房公积金制度。1977 年到 2002 年，25 年来，投资 2.7 亿元，建设城区各种保障性住房 3210 套，建筑面积达 38 万平方米。

在农村，曲江县加大了新村建设和农房改造的力度，1998 年至 2002 年，4 年间投入新村建设和农房改造资金 3200 万元，共建成文明新村 228 个，改造旧危农房户 2.47 万户，农民住房条件大为改善。

养老和医疗保障。改革开放以后，曲江县的养老保险事业从无到有，逐步完善，对一批待业、工伤和特困企业退休职工实施了保险解困措施。到了 2000 年，全县社会保障参保率达 100%，养老保险金收缴率达 99.2%。1998 年，全县有 10 万多人参加了合作医疗。2000 年，农村合作医疗覆盖面达到 60.08%。2002 年6 月，城镇干部职工基本医疗保险全面启动，农村合作医疗得到巩固。

从 1978 年至 2002 年的 24 年间，曲江县的社会保障体系建立起来，并不断完善，保障面逐步扩大，保障水平不断提升，使广大群众、特别是特殊和困难群体开始享受到改革开放的成果，生活得到改善和提高。它体现了共产党为民的宗旨，不仅有利于全县经济的发展，而且促进了社会的稳定和谐。

第五章

曲江老区在建设小康社会中加速全面发展

（2002 年 11 月—2017 年）

第
一
节 **农村改革深入推进**

农业、农村和农民问题（即"三农"问题）历来是党和国家
高度重视的问题，而农村改革一直是党和国家解决"三农"问题
的重要举措。自 1978 年中共十一届三中全会作出把党和国家工作
中心转移到经济建设上来、实行改革开放的历史性决策以来，我
国的改革步伐一刻都未停止，农村改革也从未止步。从 2002 年
11 月 8 日中共十六大提出"继续推进农村税费改革"到 2017 年
10 月 18 日中共十九大提出"实施乡村振兴战略"，从 2003 年 12
月 31 日新世纪第一个关于"三农"的中央一号文件（即改革开
放以来第 6 个涉农 1 号文件）——《中共中央国务院关于促进农
民增加收入若干政策的意见》出台到 2018 年 1 月 2 日中央一号文
件——《中共中央国务院关于实施乡村振兴战略的意见》公布，
跨越 15 年的农村改革历程波澜壮阔，使我国农村发生了翻天覆地
的变化。农村改革不仅为农业农村发展不断积聚着动力、创造着
活力，也为经济社会改革发展全局夯实了基础、增添了动能。

一、税费改革的推进

农村税费改革是继土地改革和实行家庭联产承包责任制改革
后的又一次重大涉农改革，在农村改革发展历程中具有重要意义。
改革的主要目的是为理顺国家、集体、农民三者的分配关系，规
范农村分配制度，遏制面向农民的乱收费、乱集资、乱罚款和各

种摊派，从根本上解决农民负担过重的问题。农村税费改革的主要内容为"三个取消、两个调整、一项改革"，即取消乡统筹费、农村教育集资等专门面向农民征收的行政事业性收费和政府性基金、集资；取消屠宰税；取消统一规定的劳动积累工和义务工；调整农业税政策；调整农业特产税政策；改革村提留征收使用办法。

2000 年 3 月，中共中央、国务院发出《关于进行农村税费改革试点工作的通知》，对实施农村税费改革试点工作作出重大部署，并确定在安徽省以省为单位进行农村税费改革试点。2001 年 4 月，按照中央、省、市的统一部署，曲江县召开了全县农村税费改革工作会议，会后，全县迅速开展了核实耕地面积工作，为农村税费改革工作奠定了基础。2003 年 3 月，国务院印发《国务院关于全面推进农村税费改革试点工作的意见》，标志着农村税费改革试点工作正式在全国范围内全面开展。随后，曲江县制定了《曲江县农村税费改革实施方案》《曲江县农村税费改革转移支付办法》等政策性文件，确保全县税费改革稳步推进。2003 年下半年，曲江县开始开展农村税费改革工作，至 2004 年 3 月税费改革完成后，全县核减纳税耕地面积 4.44 万亩、核减农业税 150 万元，全面取消提留统筹，农民人均负担由税改前的 50.01 元降至 21.67 元，减负率达 82.23%。税费改革后，马坝镇为农民减负 124.34 万元，人均减负 38.4 元，减负率达 57.98%。实施农村税费改革不仅有力地促进了农民收入的恢复性增长，得到了老区人民的衷心拥护，而且带动了农村各项改革，推进了农村经济的持续发展和农村社会的全面进步。

为巩固和发展税费改革成果、进一步减轻农民税费负担，国家进一步加大改革力度，开始实施粮食直补政策和全面取消农业税。2003 年 12 月，中共中央、国务院印发 2004 年中央一号文件

——《中共中央国务院关于促进农民增加收入若干政策的意见》，提出实行"两减免、三补贴"的政策（即减免农业税、取消除烟叶以外的农业特产税；对粮食主产区种粮农民实行直接补贴，对部分地区农民实行良种补贴和农机具购置补贴）。这是新世纪第一个关于"三农"的中央一号文件，自此，中央一号文件重新锁定"三农"问题。从2004年起，中央每年印发有关"三农"问题的一号文件，这些一号文件的鲜明特点，就是加快社会主义新农村建设，促进城乡经济社会发展一体化，促进农民持续增收。2004年5月，国务院印发《关于进一步深化粮食流通体制改革的意见》，要求"2004年起，全面实行对种粮农民的直接补贴"，标志着粮食直补政策全面实施。2005年12月29日，十届全国人大常委会第十九次会议决定，自2006年1月1日起废止《中华人民共和国农业税条例》，从此，中国农民告别延续两千六百多年的"皇粮国税"。2006年，曲江区全面落实取消农业税政策，全区减免农业税173万元，全区农民因免税可直接增收1597万元；落实粮食直补政策，补助金额346.8万元。2006年，小坑镇全面落实取消农业税政策，全镇减免农业税7万元；落实粮食直补政策，补助金额1.71万元。曲江区实施取消农业税政策和粮食直补政策，极大地减轻了全区农民负担，开启了农民休养生息的新时代，为老区人民持续增收致富奠定了坚实的基础。

2000年开始的农村税费改革，至2006年，已经过6年的改革实践，取得了历史性重大成效，初步规范了农村税费制度，农民负担大幅度减轻。为切实解决农村税费改革的一些遗留问题、巩固税费改革成果、消除加重农民负担的体制性因素，从制度上防止农民负担反弹，2006年10月，国务院发出《关于做好农村综合改革工作有关问题的通知》，提出实施包括乡镇机构、农村义务教育、县乡财政管理体制改革在内的农村综合改革。这是中共十六大以来，国家第一次对农村综合改革所作出的一个重大部署。

二、乡镇机构改革

2008 年 10 月，中共十七届三中全会通过的《关于推进农村改革发展若干重大问题的决定》，提出"继续推进农村综合改革，二〇一二年基本完成乡镇机构改革任务"，对乡镇机构改革规定了明确的时间节点。2010 年，曲江区启动实施乡镇机构改革，按照镇辖区常住人口、土地面积、财政一般预算收入三项指标，对 9 个镇进行重新分类，确定一般镇 4 个，分别是白土镇、枫湾镇、罗坑镇、小坑镇；较大镇 5 个，分别是马坝镇、大塘镇、乌石镇、沙溪镇、樟市镇。按照"因地制宜、精简效能、权责一致"的原则，对各镇重新核定了镇机关行政编制人数和主要职责内设机构数量，确定一般镇内设机构 5 个，较大镇内设机构 7 个。镇机关行政编制人数也根据各镇实际进行了科学确定。2011 年底，全面完成乡镇机构改革后，全区镇一级行政编制人员由原来的 343 人减少到 334 人，核减率 2.7%。其中，小坑镇行政编制人员由原来的 24 名减少到 23 名，核减率 4.3%。乡镇机构改革促进了政府职能转变，初步建立行为规范、运转协调、公正透明、廉洁高效的基层行政管理体制和运行机制，促进了农村经济社会全面发展，维护了农村社会稳定，巩固了党在农村的执政基础。

2009 年，曲江区启动以"镇财区管"（即"乡财县管"）为主要内容的县乡财政管理体制改革工作，于 2009 年 12 月完成，实现了对各镇的"镇财区管"。县乡财政管理体制改革，进一步理顺了区镇两级财政分配关系，加强和规范了乡镇财政管理，提高了基层政权的执政能力和提供基本公共服务的能力。

中共中央、国务院推进的包括乡镇机构、农村义务教育、县乡财政管理体制改革在内的农村综合改革，初步理顺了国家、集体、农民的分配关系，一系列长期困扰"三农"发展的体制机制性矛盾大大缓解，农民负担大幅度减轻，农村干群关系明显改善，党在农村的群众基础进一步巩固。

三、集体林权制度的改革

在国家实施一系列农村改革举措之后，农村经济发展的体制机制进一步健全，农村经济发展活力进一步激发，广大农民特别是山区地区的农民产生了经营山林、发家致富的强烈愿望，于是，新一轮集体林权制度改革提上日程。2008年6月，中共中央、国务院印发《中共中央国务院关于全面推进集体林权制度改革的意见》，提出"全面推进集体林权制度改革"。2009年6月，中共中央召开了新中国成立以来的首次中央林业工作会议，对集体林权制度改革作出全面部署，这项改革随即在全国范围内全面铺开。

集体林权制度改革的核心内容是，在坚持集体林地所有权不变的前提下，依法将林地承包经营权和林木所有权，通过家庭承包的方式落实到本集体经济组织的农户，确立农民作为林地承包经营权人的主体地位。改革主要有明晰产权、勘界发证、放活经营权、落实处置权和保障收益权五个环节。集体林权制度改革的目标是，从2008年起，用5年左右时间，基本完成明晰产权、承包到户的改革任务。在此基础上，通过深化改革，完善政策，健全服务，规范管理，逐步形成充满活力的集体林业发展机制，实现资源增长、农民增收、生态良好、林区和谐的目标。

2009年10月，曲江区启动集体林权制度改革，于2011年底完成改革工作。林改工作涉及集体林地面积178.65万亩，涉及9个镇的85个村委、1个居委和1176个村小组，涉及3.7万户、16.7万人。至2011年底，曲江区共发放集体林地所有权证4991本，涉及林地面积176.65万亩，发证率98.9%；发放集体林地使用权证6098本，涉及林地面积168.88万亩，发证率94.5%；发放自留山林权证956本，涉及林地面积5.15万亩，发证率100%；发放承包责任山林权证601本，涉及林地面积2.22万亩，发证率为100%。其中，乌石镇发放集体林地使用权证384本，涉及林地面积11.1万亩，调解处理历史遗留山林纠纷15宗。实行集体林权制度改革，把集体林地经营权和林木所有权落实到农户，建立了责权明晰的林业经营制度，确立了农民的经营主体地位，激发了农民发展林业生产经营的积极性，调动了农民造林育林的积极性和爱林护林的自觉性，真正实现了"山定权、树定根、人定心"，是农村经营制度的又一重大改变，是继家庭联产承包改革后农村的第二次革命，具有重大的历史意义。

四、农村土地确权

为进一步搞活农村经济，强化农村发展制度保障，中共中央、国务院印发的2009年中央一号文件《关于2009年促进农业稳定发展农民持续增收的若干意见》，提出"做好集体土地所有权确权登记颁证工作""稳步开展土地承包经营权登记试点"，这标志着以集体土地所有权确权登记颁证和土地承包经营权确权登记颁证为主要内容的深化农村土地制度改革工作正式开展。

深化农村土地制度改革工作首先从农村集体土地所有权确权登记颁证工作开始。2009年12月，中共中央、国务院印发《中共中央国务院关于加大统筹城乡发展力度进一步夯实农业农村发展基础的若干意见》，提出"力争用3年时间把农村集体土地所有权证确认到每个具有所有权的农民集体经济组织"。2011年12月，中共中央、国务院印发《关于加快推进农业科技创新持续增强农产品供给保障能力的若干意见》，提出"2012年基本完成覆盖农村集体各类土地的所有权确权登记颁证"，对农村集体土地所有权确权登记颁证工作提出明确时间要求。2012 年 1 月，曲江区启动农村集体土地所有权确权登记颁证工作，于 2012 年底完成工作任务，2013 年通过国家和省验收。通过对农村集体土地所有权进行确权登记颁证，有效解决了农村集体土地权属纠纷，化解了农村社会矛盾，维护了农民的权益。同时，也为开展农村土地承包经营权确权登记颁证工作提供了经验。

在总结农村集体土地所有权确权登记颁证和农村土地承包经营权确权登记试点经验的基础上，2012 年 12 月，中共中央、国务院印发中共十八大以来第一个中央一号文件——《关于加快发展现代农业进一步增强农村发展活力的若干意见》，提出"伴随工业化、城镇化深入推进，我国农业农村发展正在进入新的阶段"，"农业资源要素流失加快，建立城乡要素平等交换机制的要求更为迫切，缩小城乡区域发展差距和居民收入分配差距任重道远"，必须"举全党全国之力持之以恒强化农业、惠及农村、富裕农民"，同时指出"健全农村土地承包经营权登记制度……用 5 年时间基本完成农村土地承包经营权确权登记颁证工作，妥善解决农户承包地块面积不准、四至不清等问题"，这标志着农村土地承包经营权确权登记颁证工作在全国范围内全面开展。2015 年 11 月，中共中央办公厅、国务院办公厅印发《深化农村改革综合性实施方案》，对深化农村土地制度改革作出了明确要求即"坚守土地公有性质不改变、耕地红线不突破、农民利益不受损'三条底线'，防止犯颠覆性错误"，同时，对深化农村土地制度改革明确了基本方向即"落实集体所有权，稳定农户承包权，放活土地经营权"。2015 年 9 月，曲江区印发《韶关市曲江区农村土地承包经营权确权登记颁证工作实施方案》，正式开展农村土地承包经营权确权登记颁证工作。到 2018 年 6 月，全区基本完成农村土地承包经营权确权登记颁证工作。全区确权耕地面积 1.11 万公顷，是家庭承包耕地面积的 101.71%；确权承包农户 3.19 万户，是第二轮家庭承包户数的 114.71%。其中，马坝镇确权耕地面积约 1533 公顷，颁发证书 4285 本，基本完成农村土地承包经营权确权登记颁证工作。

通过开展农村土地确权登记颁证，有效解决了农村土地承包长期存在的地块面积不准、四至不清、空间位置不明、登记簿不健全、档案管理不规范等问题，建立健全了承包合同取得权利、登记记载权利、证书证明权利的土地承包经营权登记制度，确认农民对承包地的占有、使用、收益权利，让农民吃上了"定心丸"、种上了"放心田"，为进一步落实好惠农政策、解决"谁来种地"问题提供了科学依据和基础条件。同时，以集体土地所有权确权登记颁证和土地承包经营权确权登记颁证为主要内容的深化农村土地制度改革工作的顺利完成，有力推动了农村集体产权制度改革的进程。

为探索农村集体所有制有效实现形式，创新农村集体经济运行机制，保护农民集体资产权益，调动农民发展现代农业和建设社会主义新农村的积极性，2016 年 12 月，中共中央、国务院印发《关于稳步推进农村集体产权制度改革的意见》，提出"由县级以上地方政府作出安排，先进行试点，再由点及面展开，力争用 5 年左右时间基本完成改革"，标志着农村集体产权制度改革在全国范围内全面开展。

早在 2009 年 12 月，中共中央、国务院印发的《中共中央国务院关于加大统筹城乡发展力度进一步夯实农业农村发展基础的若干意见》，就提出"鼓励有条件的地方开展农村集体产权制度改革试点"，这是中央一号文件第一次提出农村集体产权制度改革。2012 年 12 月，中共中央、国务院印发《关于加快发展现代农业进一步增强农村发展活力的若干意见》，提出"改革农村集体产权制度""加强农村集体'三资'管理"。2015 年 8 月，曲江区开展农村集体"三资"清理监管工作，到 2017 年 11 月，全区完成了 9 个镇 88 个经济联合社、1194 个经济合作社的"三资"平台建设。开展集体资产清产核资工作，清查农用地资源 30.8 万公顷，非农用地资源 413.90 万平方米，物业资产面积 128.22 万平方米，固定资产原值 6.96 亿元，货币资金 3563.84 万元，建立农村集体资产台账 1276 份。同时，积极探索土地"三权分置"的有效实现形式，到 2018 年 6 月，全区农村土地流转面积达到3780 公顷，占家庭承包经营土地面积的 35.5%。这些基础性工作的完成，为推进农村集体产权制度改革奠定了坚实基础。

五、完善农村基层民主管理制度

健全完善的农村基层民主管理制度是推进农村各项改革的基础。为此，2014 年 1 月，中共中央、国务院印发《关于全面深化农村改革加快推进农业现代化的若干意见》，提出"推动符合条件的地方开展涉农资金整合试验""探索不同情况下村民自治的有效实现形式""可开展以社区、村民小组为基本单元的村民自治试点"。2015 年 11 月，中共中央办公厅、国务院办公厅印发《深化农村改革综合性实施方案》，提出"在有实际需要的地方，依托土地等集体资产所有权关系和乡村传统社会治理资源，开展以村民小组或自然村为基本单元的村民自治试点"。2016 年 9 月，曲江区开展以村民小组（自然村）为基本单元的村民自治试点工作，把大塘镇作为全区农村基层治理和公共服务改革试点镇，并在全区各个镇选择一个村小组作为试点，通过以点带面的方式稳步推进改革工作。以村民小组（自然村）为基本单元的村民自治试点工作为基础，曲江区积极推进"两个构建"（即构建以村民小组或自然村为基本单元的村民自治制度和构建以行政村为单元的公共服务平台）、"两个整合"（即整合涉农资金和农村分散土地）改革工作，至 2017 年 12 月，全区成立村民理事会的村民小组（自然村）605 个，占村民小组总数的 48.8%；全面建成以行政村为单元的区镇村三级公共服务平台，覆盖到 10 个镇（街）的 107 个村（社区），覆盖率 100%；全区共整合涉农资金 1203 万元，整合土地 310 公顷。其中，乌石镇成立村民理事会的村民小组（自然村）47 个，占村民小组总数的 52.2%；建成镇级公共服务平台 1 个，村级便民服务站 6 个，覆盖率 100%；整合涉农资金 98 万元，整合土地 2 公顷。村民理事会的成立为解决村民自治制度面临的突出问题提供了新的思路，调动了农民群众参与村民自治的主动性和积极性，进一步巩固了党在农村的执政基础，促进了农村的建设和发展。

第二节 加快老区现代化农业和社会主义新农村建设

一、现代农业进程加快

农业丰则基础强，农民富则国家盛，农村稳则社会安。曲江区在这 15 年的发展历程中，注重用现代物质条件装备农业，用现代科学技术改造农业，用现代产业体系提升农业，用现代经营形式推进农业，用现代发展理念引领农业，用培养新型农民发展农业，不断提高农业机械化水平，提高土地产出率、资源利用率和农业劳动生产率，提高农业素质、效益和竞争力，现代农业步伐不断加快。

农业支持力度不断加大。对农业实行必要的支持是发展现代农业的客观需要。从 2006 年中央一号文件提出"建立健全财政支农资金稳定增长机制"，到 2017 年中央一号文件提出"坚持把农业农村作为财政支出的优先保障领域，确保农业农村投入适度增加"，国家对"三农"的投入持续增加。特别是 2015 年，中央预算内投资用于"三农"的比重已经连续五年超过 50%。曲江区财政投入到"三农"领域的资金也是逐年加大，从 2002 年的 1529万元增长到 2017 年的 3.56 亿元，年均增长 23.36%；"三农"支出占地方财政支出的比例从 2002 年的 4.18% 上升到 2017 年的15.9%，年均增长 9.3%。曲江区主要是从农业补贴、金融服务、农业保险、农业科技等方面加强对农业的支持。

农业补贴方面，曲江区从 2006 年落实粮食直补政策到 2017 年实施农业"三项补贴"改革（即将农作物良种补贴、种粮农民直接补贴和农资综合补贴合并为农业支持保护补贴），补贴资金规模从 2006 年的 346.8 万元增加到 2017 年的 1299 万元，12 年累计发放农业补贴约 2.057 亿元，年均增长 12.76%。

金融服务方面，从 2005 年的农村信用社改制到 2017 年的农村普惠金融"村村通"建设试点工作开展，金融服务"三农"力度不断加大。到 2017 年底，曲江区农村信用联社涉农贷款余额 6.98 亿元，比 2010 年增长 288.35%，年均增长 14.15%，涉农贷款投放持续增长；积极开展农村普惠金融"村村通"试点工作，辖区内 85 个行政村均设立了助农取款服务点、建立了乡村金融服务站、建成了信用村，到 2017 年底，全区发放农村产权抵押担保贷款、"政银保"合作农业贷款、妇女小额担保财政贴息贷款和金融扶贫贷款四类贷款 66 笔、贷款金额 2630 万元，农村金融服务水平不断提高。

农业保险方面，从 2014 年开始落实政策性农业保险制度，到 2017 年底，全区农业保险规模 7802.16 万元，水稻种植保险实现全覆盖，已建立较为完善的农业保险制度。

农业科学技术推广方面，2006 年以来，持续开展良种良法推广，探索出"示范基地 + 专家组""技术指导员 + 科技示范户 + 辐射带动户"等农技推广新模式，2009 年获得"全国首批农技推广示范县（区）"荣誉称号。"十二五"期间，引进推广优质水稻品种和优良蔬菜品种 135 个，推广种植业新技术 48 项，农作物良种良法覆盖率达到 95% 以上；2 项农业技术获韶关市科学技术进步二等奖，1 项优良新品种的示范推广荣获广东省农业技术推广奖一等奖。

农业综合生产能力不断增强。随着国家对农业的支持力度不断加大和一系列强农惠农政策加快实施，曲江区农业综合生产能力也不断增强。"十二五"期间，2015 年全区粮食播种面积稳定在 1.47 万公顷，总产量 10 万吨以上，比 2010 年分别增长 28.6% 和 29.3%；生猪饲养量 70 万头，比 2010 年增长 14.2%；家禽饲养量 1150 万只，比 2010 年增长 11.4%；水产品总产量 1.68 万吨，比 2010 年增长 20%。"十二五"时期，农业经济总收入由 2010 年的 35.76 亿元上升到 2015 年的 70.8 亿元，增长 98%；农业总产值由 2010 年的 21.51 亿元上升到 2015 年的 25.12 亿元，增长 16.8%；农业增加值由 2010 年的 13.06 亿元上升到 2015 年的 15.62 亿元，增长 20%。

新型农业经营体系不断完善。2012 年 12 月，中共中央、国务院印发《关于加快发展现代农业进一步增强农村发展活力的若干意见》，第一次指出"着力构建集约化、专业化、组织化、社会化相结合的新型农业经营体系"，为此，曲江区在新型农业经营主体的培育和发展、新型职业农民培训、农业产业融合等方面持续发力，不断完善新型农业经营体系。

新型农业经营主体培育和发展方面，曲江区从 2007 年开始培育和发展各类新型农业经营主体，到 2017 年底，全区农业龙头企业 17 家（其中省级农业龙头企业 5 家），比 2012 年增长了 70%；农民专业合作社 173 个，是 2012 年的 3.4 倍；家庭农场 246 家，是 2015 年的 5 倍。

新型职业农民培训方面，从 2014 年至 2017 年，曲江区连续 4 年开展新型职业农民培训工作，共培训新型职业农民 1469 人。2014、2015 年连续两年获得"全省新型职业农民培育工程示范县"称号。

农村产业融合发展方面，2013 年以来，曲江区积极探索发展乡村旅游业，通过整合人文、山水、温泉、生态、乡村等旅游资源，围绕"一镇一景区，一村一特色"的乡村特色旅游发展目标，大力发展乡村旅游业。至 2017 年底，曲江区有星级农家乐 12 家，各类农家乐 70 多家，特色乡村旅游线路 2 条。2016 年，曲江区乡村旅游共接待游客约 120 万人次，实现旅游收入 5 亿元，带动 1 万多人就业。同时，积极探索"互联网＋农业"模式，大力发展农村电商，至 2017 年底，全区建成并投入运营农村淘宝区级运营中心 1 个、村级农村淘宝服务站 12 个，农村淘宝用户 2200 多人，2017 年完成交易订单 1.23 万份，实现交易额 156 万元。

农业机械化水平不断提高。农业机械化水平是现代农业发展水平的重要体现。随着曲江区现代农业的加快发展，全区农业机械化水平也不断提高。"十二五"期间，2015 年全区农机总动力达到 20 万千瓦，比 2010 年增长 33.9%，年均递增 6.78%；农用田间作业机具达 1 万台，比 2010 年增长 231.8%，年均递增 46%；全区农业机械化综合水平达到 70%，比 2011 年提高了 20 个百分点；全区农作物耕、播、收机械化水平分别达到 96%、9.4%、42%。2017 年，全区农业综合机械化水平排名全市第一。

农产品质量安全水平不断提高。曲江区在发展现代农业的过程中，始终把农产品安全放在首位，切实加强农产品质量安全监管，不断提高农产品质量安全水平。到 2017 年，全区获得无公害农产品认证 22 个，比 2012 年增长 37.5%。2017 年共检测农产品批次 121 次，比 2012 年增长 44%；检测样品个数 2518 个，比 2012 年增长 36.6%；样品合格率 99.6%，比 2012 年提高 1.3 个百分点，农产品监管能力不断强化。

二、基础设施建设有力推进

交通运输。曲江县经过 2000 年开展"三大会战"，完成了乡镇公路"四改二"手尾工程，全面实现了行政村"村村通机动车"的目标后，加快了交通大动脉和乡村道路硬底化建设。

2003 年至 2017 年，新建地方公路 3 条，共 20.6 千米；维修了白土北江大桥和樟市大桥；改造县道 91 千米，改造乡村公路 853 千米；建起了 9 个乡镇客运站和一百多个农村客运候车亭。到 2004 年，县通镇公路全部实现硬底化。到 2007 年，全区 9 个镇有 85 个行政村公路全部实现硬底化。从 2010 年开始，社会主义新农村（通自然村）公路硬底化工程建设启动，到 2013 年，通往人口达 300 人以上的自然村公路全部实现硬底化。到 2017 年，90% 以上的自然村通了硬底化公路。如乌石镇展如村委通往徐屋村长达 7 千米狭长的黄泥路，不能过机动车，进村交通运输十分不便。2004 年通过上级政府支持和镇、村集资将这条路修建成 3.5 米宽的硬底化公路，车辆可直达村民家门口。到 2017 年，乌石镇有 95% 以上的自然村公路已实现硬底化，交通条件的改善，有力促进了农业生产的发展，提高了村民的生活水平。

2009 年至 2014 年，经过曲江的武广高速铁路、韶赣铁路和乐广高速公路先后建成通车。这些高速公（铁）路的建成，方便了人们的出行，加大了运输量，加快了物流速度，降低了运输成本，促进了曲江经济的发展。

到 2017 年，曲江区已形成了以"三铁三高一航"（京广铁路、武广客运高速铁路、韶赣铁路、京港澳高速公路、韶赣高速公路、乐广高速公路、北江航道）为主通道，连接起国、省道和县乡村道的公路交通网络。全区公路通车里程为 1697.412 千米。其中京港澳、乐广等高速公路 86.1 千米，国道 87.543 千米，省道 93.198 千米，县道 130.323 千米，乡道 882.472 千米，村道 417.776 千米，公路密度达到 104.79 千米/百平方千米。一般公路桥梁 153 座。

曲江区的交通建设事业持续发展。投资 10.8 亿元的北江航道濛浬电站至韶关段"五改三"工程于 2016 年 12 月开工，预计于 2018 年可建成，1000 吨的大船可通航。投资 4 亿元的曲江大道 9.3 千米扩建工程于 2016 年 10 月动工。投资 7 亿元 6.5 千米的莲花大道第二期工程于 2017 年动工兴建。

交通基础设施的完善，有力促进了交通运输业的发展。至 2017 年，全区有客运企业 3 家，公交车辆（含出租小汽车）177 辆，客运站 9 个，农村客运候车亭 105 个；普通货物运输企业 107 家，危险品货物运输企业 3 家。营运货车 3801 辆，总载重吨位 13.56 万吨；机动车维修企业 257 家，机动车驾驶员培训学校 3 家，汽车综合类培训企业 2 家，摩托车培训企业 1 家；水路运输企业 2 家，港口码头企业 4 家。全区交通运输从业人员约 2.1 万人。

高标准基本农田建设。随着经济的发展，农村剩余劳动力大量转移到城镇务工经商，农村一些水利设施、机耕路等多年失修，导致耕地生产能力下降，一些耕地甚至出现丢荒。2012 年，国家和省制定和下发了关于大力推进高标准基本农田建设的文件。从 2012 年开始，省每年都下达高标准基本农田建设指标和下拨配套的专项补助资金。曲江区按照文件要求，认真制订计划和推进高标准基本农田建设工作。

2012 年，曲江区首先在樟市镇、白土镇实施高标准基本农田建设，此后每年都安排 2～3 个镇实施建设。如 2014 年度乌石镇在乌石、展如、杨梅、坑口、石角 5 个村开展标准化基本农田建设，对 3000 多亩农田的排灌渠道进行"三面光"硬底化修建，彻底解决了农田用水难的问题。单展如村片区就完成一类农渠 5 条，总长度为 2558.80 米；二类农渠 3 条，总长度为 1147.50 米；三类农渠 1 条，总长度为 409.5 米的农田输水工程建设。这些排灌农渠全部修成"三面光"硬底化渠道，达到旱涝保收的农田标准。由于建成了高标准基本农田，村民大量种植优质水稻、花生、玉米、黄豆、瓜果和大棚蔬菜等，特色农业得到大发展，增加了农民的收入。

又如罗坑镇于 2014 年建设了高标准农田面积 640.47 公顷。其中罗坑村 328 公顷、新塘村 220.39 公顷、中心坝村 92.06 公顷。总投资 1152 万元，建成水利陂头 8 个，修建水渠 25 千米，铺设机耕路 9.2 千米，受益村民共 5600 人。

从 2012 年到 2017 年共 6 年时间，全区已建成高标准基本农田 7713 公顷，占全区水田总面积的 59.3%。建"三面光"硬底化渠沟 492.1 千米，新建陂头 45 座，修建田间道路 84.41 千米。2018 年仍继续推进高标准基本农田建设。计划完成 1957 公顷，总资金达 4425 万元的建设任务。

曲江区花大力气建设高标准基本农田，使许多丢荒田得到复耕，有效提高了耕地质量，提高了农业生产机械化和现代化水平，有利于集约化规模经营，降低生产成本，保证农业增产增收，促进了农民早日进入小康。

水利设施建设。曲江县的农用水利设施大部分是建于新中国成立后，集体化时期的 20 世纪 50 年代至 70 年代，到 2000 年，全县已建有中型以上水库 3 宗，小型水库 81 宗，山塘 600 多宗，灌溉 100 亩以上的引水陂 80 多座，农田灌溉渠道网早已形成，主要灌渠还建成了"三面光"硬底化渠。

其中，小坑水库于 1964 年 11 月动工，1969 年建成蓄水，库容 1.13 亿立方米，是具有灌溉 6 万多亩农田、防洪、抗旱、发电功能和解决韶关钢铁厂及其居民生活用水问题的水库；罗坑水库于 1975 年 11 月动工，1979 年建成蓄水，总库容 5200 万立方米，是兼有 4 万多亩农、田灌溉、防洪抗旱、发电等综合功能的水库。

2003 年，曲江县人民政府为解决区域日益扩大的县城居民用水问题，投资兴建苍村水库，到2007年建成蓄水，总投资达1.2亿元。苍村水库的建成，确保了县城及周边厂矿居民生活供水和农村饮水安全，新增加灌溉面积146.4公顷，改善灌溉面积56.2公顷，促进了工农业生产的发展，保障了县城防洪安全，加快了曲江城镇化进程和经济发展。苍村7条自然村献出家园，举村搬迁，为建水库作出了贡献。281户1247移民得到政府妥善安置。

在新建较大型水利设施的同时，切实做好原有山塘水库、水圳的除险加固、清淤、改造、维护和河道的整治工作。

2003年至2014年，投资3470万元，对32宗中小型水库进行加固除险等。2012年至2015年投资8322.73万元，对曲江区9个镇，89宗山塘进行重建或维修。2008年至2013年，投资2888.45万元对罗坑水库进行加固。2011年至2017年投资3亿元先后对马坝、樟市、罗坑、枫湾等9个乡镇20多条河道进行清淤疏浚、加固堤坝护岸等整治。2012年至2016年投资1.09亿元对小坑水库灌区的3条73千米主干渠和3个农业大镇的主灌渠和陂头进行清淤浆砌防漏加固等方面的整治。这一时期对全区大小水利设施的维修加固，不仅消除了隐患，而且有效保证了这些地区的工农业生产用水。

安全饮水工程。新中国成立初期马坝以及各乡镇居民和农村生活均用河沟井水。1965年马坝成为县城，开始抽取深层地下水作为居民生活用水。1979年，曲江县成立自来水公司，采取钻孔抽水供县城居民生活用水。各乡镇在20世纪70年代至80年代相继建起简易的自来水工程，解决居民生活用水问题。

过量抽取地下水带来水源枯竭、水质没保障等诸多问题。20世纪80年代末，曲江县开始在马坝演山兴建自来水厂，1990年建成投产，日供水可达3万吨，解决了县城和周边厂矿居民的生活用水问题。韶关钢铁厂也利用小坑水库的水源经净化作为居民生活用水。在 20 世纪 80 年代至 90 年代，曲江县人民政府也拨款支持一些石灰岩和干旱地区的村落解决群众饮水难的问题。

进入 21 世纪后，曲江县人民政府加大了对解决群众饮水困难和改善用水条件的投入。2005 年投资 480 万元，建成 22 宗饮水工程，解决了 1.07 万人饮水困难。2006 年，曲江区人民政府结合建设苍村水库又扩建了演山自来水厂，以水库为主水源，实行双生产线和双主管供水，日供水可增加到 6 万吨。供水量的增加有力地促进了马坝城区的扩大，还使周边农村群众用上了演山水厂的自来水，解决了饮水不卫生的问题。

2009 年至 2014 年，曲江区人民政府又投资 2700 万元在全区 9 个镇建设引水陂、过滤池、蓄水池、铺设引水管道等饮水工程，解决了 5.95 万农村人口安全饮水问题。至此，曲江区饮水不安全的问题基本得到解决。

2010 年，曲江区人民政府投资 580 万元开始实施建设村村通自来水工程试点，使村民 3530 人首次用上了自来水。2016 年至 2018 年又投资 7800 万元建设村村通自来水工程，覆盖全区 9 个镇，63 个行政村。到 2017 年已有 90% 以上的自然村建好了自来水工程，惠及 13.2 万人，占全区农村人口总数的 92%。预计到 2018 年底，全区实现村村通自来水覆盖率、农村自来水普及率、农村饮水合格率均可达到 90% 以上的目标。如小坑镇的第一期村村通自来水工程在 2016 年投资 226 万元，更新改造了街镇自来水设施和新建或改造了 7 个自然村的自来水设施，使 2000 多人用上了清洁稳定的自来水；第二期预算投资 250 万元，于 2017 年动工新建 7 宗引水工程，解决 7 个自然村 1000 多人的饮水问题，预计 2018 年可全部建成。

演山水厂扩建后，曲江区加快自来水管网建设，还建设了 5 座供水加压站，结合村村通工程建设，不断扩大供水区域。到

2017 年，城区十多万人和周边厂矿以及有 5 个镇 422 个自然村，共计 8.4 万户用上演山水厂供应的自来水，水质综合合格率达 98% 以上。2017 年，演山水厂再动工扩建一条日产 6 万吨的生产线，项目建成后，日产合格自来水可增加到 12 万吨。演山水厂和苍村水库的建成，为加快曲江经济和城市发展以及保障广大人民群众的饮水安全起到了至关重要的作用。

农用电网改造升级。曲江县的农村电网经过第一期农网改造，提升了农村用电质量，初步实现了农村电价每度 0.78 元计收的目标。但随着经济的发展，人民生活水平的提高，用电量快速增加，导致线路、变压器等电力设备负耗不断增大，供电不足的矛盾又突显出来。

为了解决这些问题，2003 年，曲江县实施第二期农网改造工程，投资 5826.59 万元，完成建设与改造 10 千伏输电线路 343.61 千米；建设与改造 400 伏以下的低压配电线路 771.93 千米；改造配电变压器台区 272 个，更换高耗能变压器 257 个，容量 17425 千伏安，更换电能计量表 30515 个，惠及马坝、樟市、龙归、周田等 17 个镇的 10 多万人口。

从 2002 年开始，曲江供电局由广东电网公司代管，之后又改为直管，这一体制的转变，有效解决了新建、改造和升级供电网络资金困难的问题，每年都投资几千万元以上，多的达 1.8 亿多元用于新建和改造升级电网。2004 年至 2007 年曲江新建 110 千伏变电站 4 个和 1 条 11 千米线路，安装变压器 5 台，容量 20 万千伏安；新建 35 千伏变电站 10 个和 4 条总长为 63.09 千米的输电线路，安装变压器 19 台，容量 12.25 万千伏安；改造变电站 4 个，拆除旧变电站 5 宗；配套建设了一批 10 千伏安线路共 500 多千米。如小坑镇原有升压站设备陈旧，上网电损耗大。2005 年，另新建了一宗设备先进的 35 千伏变电站，同时更新了线路，既解决了损耗大和水电上网难的问题，又满足了大森林温泉开发建设的用电，促进了当地经济的发展。

2008 年至 2017 年，曲江区的电力事业得到更大的发展。首次建有 500 千伏高压线路 6 条和 220 千伏高压线路 4 条；新建 110 千伏高压线路 3 条，共 29.1 千米，增加变压器 4 台，容量 20 万千伏安；新建 35 千伏高压线路 1 条，共 11.9 千米，增加变压器 2 台，容量 8300 千伏安；新建 10 千伏中压线路 30 条，共 101 千米，增加变压器 270 台，容量 69416 千伏安。此外，还改造了 84 条 322.65 千米 10 千伏中压线路，更换了 625 台变压器，容量达 15 万千伏安。全区 9 个镇所有农村和集镇的电网都经过了改造升级，综合线损率降到 3.21% 以下，综合电压合格率达 99.985%，使用电更加安全稳定，停电时间大大减少，用户平均故障停电时间降至年平均 13.31 小时/户，居民生活用电电价由 0.78 元/度降至 0.59 元/度，实现了城乡同网同价，人们对供电部门的满意度大大提高。

乌石镇于 2016 年到 2017 年，投入资金 3000 多万元对全镇所有电网进行升级改造，更换老旧的变压器和线路，提高供电的稳定性，大大减少故障率。展如村委原有电网线路残旧，线路超负荷使用，造成经常断电，村民反映强烈。经过改造，将原来 25 平方毫米线路更换成 120 平方毫米线路，更换了 11 台变压器，使全村的用电情况大有改善，安全用电得到了保障。

至 2017 年，曲江全区有变电站 19 座，500 千伏高压线路 6 条，共 170.8 千米；220 千伏高压线路 4 条，共 59.1 千米；110 千伏高压线路 17 条，共 271.4 千米；35 千伏高压线路 15 条，共 240 千米；10 千伏中压线路 122 条，共 1782.6 千米；有大小变压器 2251 台。这些电网的建成和改造升级，使用电量迅猛增加，到 2017 年，曲江区用电量达到 30.69 亿度，比 2007 年增长 4.67 倍，其中农村用电量达到1.75亿度，比2007年增长4.97倍，有力促进了全区经济和社会各项事业的发展，人民的生活水平得到提高。

三、新农村建设提速

新农村示范村的建设。在进入建设小康社会时期，曲江县（区）对新农村建设更为重视，制定了规划，逐年推进，建立责任考核、评比制度，加大资金投入，农村各项基础设施日臻完善，农村面貌发生很大变化。从2002年至2017年共投入农村建设资金达9214.61万元，改造旧危农房415个村、建筑面积达23.23万平方米，惠及37555户；全区108个行政村委会全部新建了办公大楼；实现行政村委会100%通电和通电话，开通了广播、电视、光纤联网；全区新建农村50～600立方米的沼气池3647个；建设安装太阳能灯22745盏，线路达382.04千米，是全省首例路网路灯建设全覆盖的一个区；与此同时，兴建安全饮水工程240宗，解决了6.05万人的安全饮水问题；经过新一轮农村电网的改造升级，98%以上的农户用上了高质安全电；30个村庄进行了规范性的绿化美化。

创建各式各样的示范村是加快新农村建设的一面镜子和榜样。曲江区按照省、市的要求和部署，成立了领导机构，落实责任，建立单位挂钩帮扶制度，投入了大量人力和物力，有步骤、有重点地开展新农村示范村的创建工作。

2004年，全区农村开展法治教育，乌石镇濛浬村委法治宣传落实，调解工作出色，无各种案件发生，社会和谐，被民政部、司法部授予"全国民主法治示范村"荣誉称号。

2009—2010年根据《广东省开展"建设林业生态文明万村绿"大行动方案》的精神和要求，为建设绿色宜居乡村，推动社会主义新农村建设，曲江区筛选了40个自然村作为"万村绿"

大行动的"示范村"。同时，在全区9个镇开展了创建卫生村活动。大塘镇汤溪村委的毛屋村被授予"广东省卫生村"称号。樟市镇南约村委的廖屋村、罗坑镇中心坝村委的下罗新村被授予"韶关市卫生村"称号。2010年1月，革命老区乌石镇被中央精神文明建设指导委员会评为"全国创建文明村镇工作先进村镇"。2011年，全区又有乌石镇的石角村委岭头村小组等3个村被授予"广东省卫生村"称号。

中共十八大以后，曲江新农村建设示范村向创建名镇名村发展。曲江区制定了打造名镇名村的五年总体规划。2012年投入1478.8万元，完成了2个名村5个示范村的改路、改水、改房、绿化、新能源利用等项目建设。经韶关市考核，曲江区名列全市第二。2013年，投入资金173万元，全面启动名镇、名村、示范村规划编制。着手规划小坑为曲江区生态旅游名镇，10个名村、乡村绿化美化25个示范村的建设。2014年，曲江继续开展创建卫生村工作。罗坑镇瑶族村委第五新村被广东省爱国卫生运动委员会授予"广东省卫生村"称号。小坑镇上洞村委曹上村、枫湾镇白水村委子结岭村等被韶关市爱国卫生运动委员会授予"韶关市卫生村"称号。2015年投入资金1363.69万元，完成了大塘镇汤溪村委和沙溪镇东华村委共2个名村的建设；同时对大塘镇汤溪村委杨屋村、马坝镇水文村委老厅一队等5个示范村进行改路、改水、改房、绿化等工程建设。沙溪镇中心村委被省认定为广东省名村。小坑镇获"韶关市卫生镇"称号；小坑镇汤湖村委会、罗坑镇瑶族村委会、马坝镇马坝村委会、乌石镇乌石村委会等共13个村委会被授予"韶关市卫生村"称号。马坝镇石堡村委张屋二队被评为"广东省宜居示范村庄"。罗坑镇建设的仙塘茶农民宿村，成为镇民宿村建设示范点。

随着新农村示范村创建活动的深入和广泛开展，2016年，曲江区沙溪镇和马坝镇获"韶关市卫生镇"称号；罗坑镇新洞、乌石镇展如、沙溪镇凡洞、马坝镇龙岗、大塘镇丈古岭、小坑镇下坪等共 13 个村委获"韶关市卫生村"称号。在新农村创建活动中，各类示范村发挥了很好的示范引领作用，有力推动了新农村的建设。到 2016 年底，曲江区卫生镇、卫生村普及率分别达到 33.3% 和 32%。

2017 年冬，曲江区依照省、市的工作部署，重点在马坝、罗坑、樟市等镇的 330 个省定贫困村小组开展社会主义新农村示范村的创建活动。区镇加强了组织领导，层层落实责任，深入宣传发动，典型带动，充分发挥各村小组理事会的主体作用，加大创建资金投入，很快形成声势较大的群众运动。仅 3 个月内，第一阶段"三清三拆"工作成效明显，共清理杂草、垃圾、淤泥 1.6 万吨；拆除旧房、猪牛栏及茅房 1.28 万间，腾出公共设施和建新居用地 39.6 万平方米。为下阶段统一规划建设新农村打下良好基础。

城乡的绿化、净化、亮化和美化工程。曲江县在 1986 年成立了园林管理处，负责城区造林绿化和管护。投资 3000 万元，从 2001 年开始，用了两年时间兴建起集文化、体育、娱乐于一体的马鞍山人民公园，面积达 8389 平方米。以后几年先后新建了河滨公园、城东花园、城南花园和县（区）委住宅区花园、江畔花园。经过 10 多年的努力，现在城区内种植草皮 15 万平方米，榕树近 4000 株，成为独具特色的"榕树城"。绿地管护面积达 98.52 万平方米，绿化覆盖面积达 827.53 公顷，绿化覆盖率达 51.54%，绿地率 40.5%，城区人均公共绿地面积 13.29 平方米。城区开放性公园 2 个，面积达 135.94 公顷，使城区宜居环境得到改善和提升，达到了国家园林城市的标准要求。

20 世纪 80 年代中期，曲江设立环境卫生管理所，主要负责城区的保洁。该所不断增加人员，更新添置清洁运输车辆和各种保洁设施。每年无害化处理垃圾约5.1万吨。2015年，城区建成3座垃圾中转站。2017年，城区生活垃圾无害化处理率达到96%，城镇生活污水处理率达到90.3%。从而有效地降低城区扬尘，改善空气质量，确保了城区清洁、卫生、舒适的宜居环境。

曲江县路灯管理所成立于1984年，负责城区路灯安装、维护和管理。2010年至2017年，城区亮灯率和设施完好率分别保持在98%和99%以上，达到国家的道路照明的各项指标。与此同时，县城也越来越美，品位不断提升。

对农村的绿化、净化、亮化和美化工作，中共曲江区委、区人民政府高度重视，2010年专门制定了《曲江区2010年村庄整治实施方案》。到2017年，8年共投入绿化、净化、亮化和美化工程建设资金达2540万元，新建了8个镇级垃圾中转站，购买垃圾运输拖拉机186辆、垃圾桶5399个；建立垃圾池1478个、垃圾屋118个、填埋场31个；建立了"户投放、村集中、镇转运、区处理"的四级农村生活垃圾运营管理制度，成为全省示范点之一。各镇还聘请了一批保洁员；卫生保洁惠及村小组1066个，占全区村小组1188个的89.73%、人口14.55万人。推行农村改厕1100户。大塘镇和小坑镇还兴建了镇街污水处理厂；马坝、乌石、樟市、罗坑、枫湾等镇重点整治"脏、乱、差"，开展村庄绿化，安装太阳能路灯成效明显。全区农村绿化、净化、亮化和美化水平不断提升。

全面推进老区以改善民生为重点的和谐社会建设

一、大力推进富余劳动力就业

富余劳动力技能培训。随着改革开放的深入和城镇化的推进，曲江农村富余劳动力纷纷到城镇务工。为了提高他们的素质，掌握一些技能，顺利就业，曲江在县职业技术学校设立农村富余劳动力进城就业免费培训基地，各镇也定期抓培训。区镇两级对农村富余劳动力的技能培训工作年年开展，从未间断。从 2003 年至 2017 年，区镇共举办了电工、电脑、电器维修、旅游、家政服务、厨艺等 71 期技能培训班，参加培训的人数达 1.79 万人次。

曲江区不仅重视农村富余劳动力的技能培训，还认真解决他们的就业问题。一方面，每年定期在县城和乡镇组织企业务工招聘会；另一方面，向珠三角地区推介就业门路。2017 年，深入开展"春风行动""精准扶贫"等专项活动，共组织招聘会 22 场（区级 5 场、乡镇级 17 场），累计参加企业 328 家，提供岗位将近 8477 个，达成就业意向 772 人。从 2003 年至 2017 年，共解决和安置马坝、乌石、罗坑、小坑等镇农村富余劳动力转移就业达 10.27 万人次。

农村富余劳动力的技能培训和安置就业，增加了曲江农民的收入，促进了脱贫致富和社会的稳定和谐。

二、完善城乡社会保障体系

广开就业门路,积极安置城镇待业和下岗人员。2002年,曲江下岗职工、待业人员就业形势仍然比较严峻,就业安置工作压力很大。中共曲江县(区)委、县(区)人民政府充分认识到就业就是民生之本,是惠民工程,确立了健全公共就业服务体系,加快建立劳动者自主择业为主导、市场调节就业为基础、以政府促进就业为动力的机制,健全"零就业家庭"的援助制度,完善就业服务体系,加强就业培训的指导思想。采取全面落实再就业工作目标责任制,落实就业优惠政策,进一步改善创业就业环境,加大转变就业观念的宣传等一系列措施,促进下岗职工、待业人员的有效就业。2001—2005年,新增就业岗位2万个,安置下岗及失业人员8508人,失业率控制在3.5%;2006—2010年新增就业人数1.71万人次,给再就业个体工商户382户减免工商规费99.2万元,失业率控制在3%以内;2011年以后,就业渠道进一步拓宽,就业形势稳定,到2017年共安排就业2.29万人次,失业率控制在2.3%以内。曲江区人力资源和社会保障局于2012年被评为"广东省就业工作先进单位"。从2001年至2017年,全区新增就业人数6.12万人次,城镇失业率从2005年3%下降至2.4%,举办各类技能培训班150期,参训1.13万人次。

中共十六大以后,曲江城区养老、工伤、失业、医疗、生育保险(五险)和农村合作医疗保障有了长足进步,已形成资金多元化、制度规范化、服务社会化,完善了征缴、管理和监督机制,覆盖面年年扩大,保障标准逐年提高。2003年,全县职工居民参加"五险"11.73万人次。到2010年增加至15.27万人次,2017年达到48.9万人次,是2003年的4.17倍。"五险"覆盖率已达到99.3%。其间,曲江区对企业、城镇退休人员养老保险金、失业救济金标准分别进行了几次调升：企业退休人员基本养老金在 2010 年人均调升 135 元/月，调整后月人均为 1050 元，2013 年增至人均 1445 元/月，2017 年调升到人均 2169 元/月；城乡居民社会养老保险金标准于 2013 年由以前每人 55 元/月增加到 65 元/月，2017 年每人达到 120 元/月；失业救济金 2010 年为人均 568 元/月，2013 年调升到人均 808 元/月，2017 年达到人均 1269 元/月。参加农村新型合作医疗保险的人数也逐年增加，2003 年是 15.86 万人，占农村总人口的 54%，到 2011 年增至 16.13 万人，占 98.85%，2012 年是 16.41 万人，100% 全覆盖。

曲江区对城乡低保和"五保户"一贯实行动态的应保尽保。随着改革开放的深入，人民群众生活水平的提高，特别是精准扶贫使脱贫步伐加快，城乡低保户和"五保户"数量呈下降趋势，但政府的投入并未减少，逐年提高低保和"五保"标准：2007 年，城乡低保标准分别为 80 元/月、40 元/月，到 2013 年分别增加到 331 元/月、194 元/月，到 2017 年城乡低保标准大幅提高，分别为 580 元/月和 400 元/月，是 10 年前的 7.25 倍和 10 倍。城乡"五保"对象的供养标准由 2007 年人均 134 元/月增至 2014 年人均 530 元/月，2017 年达到城镇的人均 928 元/月、农村的人均 692 元/月。此外，中共曲江区委对低保户、"五保户"，以及受灾特困户，每年都进行捐资慰问、困难补助或医保救助。2007 年至 2017 年，单给低保户和"五保户"发放的医疗救助金就有 467.23 万元。曲江区对残疾人事业是极为重视的，认真落实上级有关残疾人工作的文件，从生活、就业、医疗、教育、康复等方面大力扶持帮助残疾人。从 2011 年开始，农村残疾人、城镇特困残疾人全部纳入国家低保，使他们的基本生活得到保障；2013 年对低收入残疾人进行生活补贴，2015 年每人每年 1200 元，2017 年增至 1800 元。对重度残疾人发放护理补贴，2015 年每人每年 1800 元增至 2017 年 2400 元；不定期给特困残疾人发放建房补助金、助学金、医疗救助金；残疾人可在市区免费乘搭公交车，对坐轮车的残疾人给予每年 260 元的燃料补助等。曲江区从残疾人的实际出发，每年举办一些技能培训班，积极推荐残疾人就业。同时，从 2010 年开始，全面实施征缴残疾人就业保障金制度。为了使残疾人病有所医，让城镇重度残疾人和农村残疾人分别免费参加居民医保和新农保；给特困残疾人发放医疗救助金。2003 年，曲江县投资 76 万元兴建起县残疾人综合服务中心，2011 年再投资 900 万元改建起一所残疾人康复中心，为残疾人提供了康复基地。同时，为 415 名白内障患者免费进行复明手术。曲江区大力办好启智学校，给残疾儿童良好教育，该校被列为全国"特奥活动示范区"。曲江残疾人事业的巩固发展，给特殊群众送去党的关怀，促进了社会的稳定和谐。

长期以来，曲江县（区）积极开展军民共建活动，千方百计为驻县（区）部队办好事办实事，军民军政关系十分密切，从 1992 年至 2017 年共 9 次获得广东省"双拥模范县"殊荣，5 次被评为全国"双拥模范县（区）"。

曲江区按照上级有关政策和管理条例，继续做好复退军人的安置工作。2010 年至 2017 年共接收退役士兵 689 人，对自谋职业的退役士兵给予一次性补助，标准由 2010 年的 2.03 万元提高到 2.7 万元。妥善安置义务兵 394 人，军转干部 83 人，复员士官 75 人。组织技能培训 262 人，推荐一批退役士兵就业。2002 年至 2017 年，曲江对军烈属等优抚对象的优抚投入逐年增大，2007 年是 55 万元，2010 年增至 315 万元，2017 年达 1.28 亿元，是 2007 年的 233 倍。优抚金数额的剧增，除了优抚对象有所增加外，主要是优抚标准大幅提高。如 2009 年农村烈属每月每户 642 元，城镇烈属每月每户 957 元。此外，对在校读中专、大专和本科的烈士后代，每年发放助学金，助学金标准逐年提高，2017年，读中专、大学的分别获5000元和6000元的资助。农村"五老"人员的优抚金2009年是240元/月，2017年增至531元/月，增长54.8%；农村的义务兵家属的每年每户优待金，2009年为5820元，2012年提高到8210元，2017年为13845元，比2009年增长137.88%。除此以外，从2010年起由区财政出资给全区优抚对象办理了医保，2016年又给全区优抚对象购买了医疗保险，给部分优抚对象发放建房补助、医疗救助金、入疆入藏新兵特殊补贴。

2004年，区社会福利院由大坑口搬到县城马坝，设施进一步完善，管理水平提升，生活在这里的光荣老人、"五保"老人、孤残儿童、弃婴等得到良好的服务。该院2012年被广东省妇女联合会授予"广东省巾帼文明岗"称号，2013年获"广东省三八红旗集体"殊荣。马坝、沙溪、大塘、樟市等9所镇级敬老院再次改建扩建和设施提升，生活标准提高。2011年，大塘镇敬老院被民政部评为"全国模范敬老院"。

曲江区在继续加快保障房建设的同时，注重廉租房的建设和棚户区的改造。2007年至2017年，新建保障性住房3728套、廉租房561套，棚户区改造7306套。不仅缓解了住房不足的状况，而且解决了一批弱势群体、生活较困难的城镇居民的住房困难问题。

2005年至2017年的13年间，曲江区共发生2次旱灾、14次洪灾，受灾群众达6.36万人次，农田受损1013.7公顷，受灾房屋全倒473户。其中，受灾最严重的是2015年，因"5·20"暴雨洪灾，共有1.3万人受灾，直接经济损失9535万元。水灾造成全倒户79户，倒塌房屋224间；因灾需要过渡期生活救助对象291人；因灾死亡1人。灾情发生后，在中共曲江区委、区人民政府的正确领导下，全区上下众志成城，团结一心克服困难，努力把灾情造成的损失降到最低限度。确保受灾群众"五有"（有饭吃、有衣穿、有干净水喝、有临时住所、有病能得到及时医治）。在整个救灾过程中，发放矿泉水、面包、食用油、大米、毛巾被、帐篷等救灾物资一大批。为确保 79 户全倒户于 2016 年春节前搬入新居，共发放救济款 300 万元。同时发动社会资助了 270 吨水泥帮助全倒户重建家园。当每次灾害发生后，中共曲江区委、区人民政府及民政部门立即启动紧急预案，一方面成立指挥领导机构，组织各方力量投入抗灾救灾工作；另一方面迅速核查因灾造成人员、房屋、农田、经济作物等损失情况，并投入救灾专项资金达 1522.52 万元及各项大批生活急需物资，使受灾地区的群众稳定思想、组织自救、重建家园、战胜困难。党和各级政府的关心，使灾区人民群众深刻体会到社会主义制度的优越性。

中共十六大以后的 17 年，特别是中共十八大以来，民生问题愈显重要。曲江区的社会保障体系进一步完善和巩固，保障面继续扩大，保障水平逐年提高，已进入常态化、制度化，曲江广大民众，特别是弱势群体和特殊群体，切身体会到中国共产党的执政为民的宗旨，获得感、幸福感在增强。它不仅有利于曲江经济和社会的发展，而且促进了社会的稳定和谐。

三、扶贫"双到"和精准扶贫攻坚

第一轮扶贫"双到"工作的开展

2010 年至 2012 年扶贫"双到"工作，是中共广东省委、省人民政府作出的重大决策，中共曲江区委、区人民政府始终把这项工作作为重要的政治任务、民心工程来抓，紧紧围绕汪洋（中共中央政治局常委，时任中共中央政治局委员、广东省委书记）提出的"抓票子、盖房子、强班子"三个关键和"贫困户稳定脱贫、贫困村基本改变"的两大目标，迅速掀起扶贫高潮。

这次扶贫对象有马坝镇的石堡村、小坑村，小坑镇的汤湖村，白土镇的横村、龙皇洞村，罗坑镇的瑶族村、中心坝村，枫湾镇的白水村，樟市镇的芦溪村，乌石镇的展如村10个省级贫困村，贫困户1584户，贫困人口6332人。为加强对扶贫"双到"工作的领导，从区到有关镇、村及有关区直单位均成立了相应的工作机构，通过新闻媒体和网络平台等形式，宣传发动，营造氛围。参加帮扶单位92个，其中区直单位83个，市直单位9个，派出1922人与贫困户挂钩结对或参与帮扶，成立10个驻村工作队，常年驻村干部40人以上。经过调查摸底，制定帮扶措施，帮助扶贫对象转变观念，因地制宜，一村一户一策，提高扶贫"双到"的针对性和有效性。

按照中共韶关市委、市人民政府"层层负责、工作到村、扶贫到户"的工作要求，坚持"可持续发展"的扶贫方式，中共韶关市委组织部、韶关发电厂和中共曲江区委宣传部、区政府办等10个帮扶单位切实负起牵头责任，全面组织、协调开展帮扶工作。区委办、区农业局等区直单位，认真协助市挂扶单位和当地镇、村开展帮扶工作。

全区3年共筹集帮扶资金6535万元，投入扶贫资金5752万元。其中帮扶到户的扶贫资金1929.37万元，主要用于贫困户住房改造、购买生产资料和生活物资。帮助442户困难户进行住房改造，完成白土镇横村邱屋村37户和马坝镇石堡张屋二村32户拆旧建新，建成了48户的罗坑镇瑶族新村，对小坑镇汤湖、上岗、芒冬嶂村和乌石镇展如圳下村进行了村庄整治。石堡张屋二村成为广东省宜居示范村庄。至2012年，10个贫困村的贫困户全部参加新农保和新农合。720名适龄学童全部入学，393户935名低保人口全部纳入低保，年人均纯收入达7760元，与帮扶前的1624元相比，增收6136元，增长3.8倍，其中最高的横村达

9248 元，最低的村也达到 7243 元。全区 1444 户有劳动能力户，共 6079 人已实现 100% 脱贫，其年人均纯收入达到 7875 元。

帮扶贫困村方面。一是着力解决集体经济薄弱的问题。2010 年，利用区供水管网扩网建设的契机，全区筹措 300 万元帮扶资金，为 10 个贫困村入股各 30 万元，2011 年起，每年每村享受分红 3 万元，至 2012 年，各贫困村集体经济收入均达到 5 万元以上，与帮扶前平均每村不足 8000 元相比，增长了 7 倍。其中最高的小坑镇汤湖村每年集体经济收入达 12.22 万元。

二是全面推行扶贫"双到"工作的信息化、制度化管理，党务、村务和财务"三务"管理制度不断完善和规范。经过 3 年的帮扶，10 个贫困村村道硬底化建设全面完成，公共服务设施明显改善，实现了通路、通电、通邮、通信、通广播电视，有活动场所、有办公设施、有电教设备、有宣传栏、有工作制度"五通五有"的目标，有效改善了群众的生产、生活条件。

三是建立了"合作社 + 基地 + 农户"的脱贫致富扶贫模式。三年帮扶期间，在曲江已有龙头企业辐射带动的基础上，大力发展了石堡村油粘水稻、汤湖村食用菌、白水村水蜜桃、芦溪村冬菇、展如村大棚菜、龙皇洞沙田柚、瑶族村优质茶叶等特色产业，大大增强了贫困村、贫困户致富奔康的发展后劲。

曲江的第一轮扶贫"双到"工作，连续两年取得省考核优秀成绩，第三年又取得了新的进步，从而赢得了广大农村干部尤其是贫困群众的信赖和一致好评，得到了社会各界的肯定。

新一轮扶贫"双到"的推进

中共十八大以后，对扶贫工作提出了新的要求。根据中共广东省委、省人民政府印发的《广东省农村扶贫开发实施意见 2011—2020》和《广东省农村扶贫开发条例》，曲江又开展了 2013 年至 2015 年新一轮扶贫"双到"工作。把马坝镇炉头村、大塘镇其田村和丈古岭村、樟市镇北约村、枫湾镇浪石村 5 个村作为新一轮扶贫开发重点村。共有贫困户 396 户，贫困人口 1502 人。

为高位推进帮扶工作，中共曲江区委、区人民政府 2013 年印发了《曲江区新一轮扶贫开发"规划到户责任到人"帮扶工作实施方案》《曲江区新一轮扶贫开发"规划到户责任到人"驻村干部选派和管理工作办法》，在建立健全区、镇、村扶贫"双到"工作机构的同时，落实了区四套班子领导定点联系重点帮扶制度，健全了驻村干部的管理、考核和奖惩机制。

对已经完成扶贫"双到"目标任务的 10 个贫困村，由原帮扶单位继续跟踪联系 3 年，定期组织开展"回头看"。持续加强集体项目和主导产业的后续管理，继续推进产业化扶贫，确保扶贫户持续稳定致富奔康，不再返贫，有效巩固和提升扶贫"双到"的成果。

对新一轮帮扶的 5 个贫困村，全区安排帮扶单位 56 个，其中区直单位 54 个，市直单位 2 个。其田村由中共韶关市委组织部和市直机关工委负责帮扶，其他 4 个村分别由区委办、区人大办、区政府办、区政协办负责牵头帮扶，并组成 5 个驻村工作队，常年驻村干部 20 人以上。

在推进新一轮扶贫"双到"工作中，曲江重在落实扶贫资金。在财政较为困难的情况下，仍按年度预算安排每村 20 万元扶贫开发引导资金，区农业、水利、交通、教育、卫生、体育等相关职能部门积极争取专项资金，广泛动员全社会募捐款项参与扶贫开发，3 年共投入帮扶资金 3494.93 万元，实施到村帮扶项目 152 宗 3024.77 万元，到户帮扶项目 10670 宗 470.16 万元，加快了扶贫项目的落实和建设，帮扶成效明显。

贫困村基础设施建设全面推进。3 年来，全面完成省下达曲江 145 户低收入住房改造任务，超额完成 175 户计划外农村低收入住房改造，完成了罗坑镇瑶族新村、樟市镇北约村"两不具备"搬迁项目 310 户，完成村道、农田水利、安全饮水、卫生设施等基础设施建设项目 108 宗，村容村貌和生产生活条件得到全面改善。

农村民生保障政策得到有效落实。5 个贫困村有 130 户 313 人符合最低生活保障条件的全部纳入低保，贫困户 396 户 1502 人全部购买了新农合，60 周岁以上的老年人全部享受了新型农村社会养老保险。

村集体经济不断壮大，贫困户增收大幅度增加。2013 年和 2014 年分两年为这一轮扶贫的 5 个贫困村投入各 40 万元到区自来水公司入股，每村每年可分红 3 万元。并通过盘活村集体资产、招商引资、创办企业、兴办养殖业等提高"造血"功能，村经济收入从 2012 年每村 1.17 万元，提升到 2015 年的 12.3 万元，增长 9.51 倍。与此同时，大力培植发展特色产业，红肉火龙果、湘莲、中药黄栀子、蔬菜等种植基地应运而生。5 个贫困村成立了 6 个合作社，通过建立"合作社 + 基地 + 农户"的产业扶贫模式，带动农民 1111 户包括贫困户 314 户参与产业化经营。2015 年与 2012 年相比，贫困村农民年人均纯收入从 5174.26 元提高到 13809.16 元，增长了 167%，贫困户年人均纯收入从 2662.93 元提高到 11423.69 元，增长了 3.3 倍。

曲江精心组织、强化措施、狠抓落实、扎实有效推进扶贫"双到"工作，为下一轮精准扶贫、精准脱贫攻坚战提供了经验。

精准扶贫攻坚

经过两轮的扶贫"双到"，曲江农村面貌发生了深刻变化，人民生活显著改善，但由于自然、历史等多重原因的影响，一些地区发展相对滞后，基础设施薄弱，人民生活水平不高的问题仍然比较突出，脱贫攻坚任务还很艰巨。按照中共中央、国务院决策部署和省市工作要求，从 2016 年起，曲江打响了新时期精准扶贫、精准脱贫 3 年攻坚战。

2016 年是新时期精准扶贫的开局之年。中共曲江区委、区人民政府坚持把脱贫攻坚作为最大政治、第一民生来抓，更加注重改革创新，更加注重统筹协调，更加注重生态文明建设，更加注重共建共享发展，立足本地特色和资源优势，因地制宜，分类实施、多措并举，实施精准扶贫、精准脱贫。

经过精准识别，曲江有 29 个（马坝镇转溪、水文、龙岗，白土镇由坪、界滩、苏拱，大塘镇东岗岭、西林、侧田、竹园、黑石、历山、新桥、汤溪、红新、大塘、左村，枫湾镇大笋、新村、步村、枫湾、石峰，樟市镇南约、五星、东约、光辉、西约，罗坑镇罗坑、新洞）行政村为省定相对贫困村，认定全区农村 2532 户 6190 人为相对贫困人口，其中贫困村贫困户 1245 户 3324 人，59 个非贫困村（居）相对贫困户 1287 户 2866 人。

为推动工作落实，压实扶贫工作责任，曲江按照"区负总责、镇抓落实"的要求，严格落实区、镇、村三级党组织书记负总责的脱贫攻坚责任制，区委、区政府与各镇签订了责任书。2016 年 5 月，从区直机关选派 23 名年轻、有干劲、有潜力的优秀党员干部到由东莞市对口帮扶的 23 个新一轮贫困村担任副队长兼第一书记，全力配合东莞市开展帮扶工作，29 个派出单位（含市6 个挂钩单位）落实对贫困村的项目、资金、责任"三个捆绑"。同时还建立了区领导扶贫工作定点联系制度和制定了宣传报道、情况通报、督查督办等 6 项工作制度。其间，已召开 10 次区委常委会、4 次区委书记专题工作会议研究精准扶贫工作，并采取切合曲江实际的措施，确保了全区脱贫攻坚工作规范、有序、高效开展。

首先，为发展特色产业，着力打造"一镇一业""一村一品"特色产业带。广东联益马坝米业（曲江）有限公司等米业公司与486户贫困户建立了马坝油粘米种植合作关系，带动贫困户开展水稻种植生产，人均年增收1203.6元。韶关市佰果山农牧科技有限公司通过"公司＋基地＋合作社＋贫困户"的方式，由企业提供饲养场地、代养和包销，帮助马坝镇水文村18户59人有劳动能力贫困户养殖鸡增加收入。罗坑雪花岩等茶叶公司与378户农户签了茶叶种植收购订单，其中17户贫困户人均增收3195元。樟市镇五星益生鸡养殖合作社，发动73户贫困户养殖益生鸡，每户年增收7000元以上。马坝镇龙岗种植马蹄、罗坑镇新洞薯干和红花莲藕加工亦为贫困户增收，拓宽了流通渠道。

其次，发展乡村生态旅游，打造了有32户贫困户参与经营的枫湾浪石荷花生态旅游地；马坝镇举办"龙岗马蹄品鉴会"和"小坑杨梅节"，引来八方游客；罗坑镇举办茶文化节，专设精准扶贫户茶叶展销区；乡村生态旅游加快贫困户脱贫的步伐。

到2017年，全区贫困户种植业达231公顷，养殖规模达6.71万只（头），通过产业带动实现贫困户人均增收3070元。

再次，资金扶持。曲江区委、区人民政府统筹扶贫专项资金3687万元，给1229户贫困户贷款各1万元，以投资入股保底分红的形式，与粤电集团合作在韶关发电厂兴建集中式光伏发电厂。光伏项目投产后，每年按投资额10%分红给贫困户，可为贫困户每户增收3000元。同时，向2661户贫困户发放各类扶持资金729.92万元。

为使"三保障"等扶贫政策得到全面落实，从2016年秋季学期起至2017年秋季学期，全区对1577名贫困户家庭学生发放教育补助资金355.66万元。全区5598人贫困人口已全部落实基本医疗保险政策，并纳入重特大疾病救助范围。对贫困户危房改造发放了补助金。29个贫困村中，有1561人符合条件的贫困人口领取了养老金。全区有3270人符合条件的贫困人口全部按规定领取了生活保障金。

经过两年的扶贫攻坚，曲江取得了明显效果。2016年，全区筹集各级扶贫资金5747.71万元，实现1208户2048人贫困人口脱贫，人均可支配收入达到6986.13元，完成市下达的脱贫任务，通过省级考核验收。2017年，全区筹集各级扶贫资金1.16亿元，投入各类扶贫资金8651.82万元，全区共有1922户4284人贫困人口实现脱贫，占全区贫困人口的76%，脱贫户人均可支配收入12123元。

四、科技教育事业持续发展

科技方面

山区信息化建设，取得成效。2003年，曲江县被广东省列入首批50个山区县（区）信息化建设项目的实施县（区）之一。通过努力，到2007年，建成了区信息服务中心和信息培训中心、9个镇信息服务站和86个村信息服务点，实现了"网络到镇、信息进村、应用入户"的建设目标，成为全市首批实现山区信息化建设目标的县（区）之一。同时，在区电视台专门开通了一个《曲江区科技点播》频道，较好地为广大农民提供了农业科技服务，帮助农民实行科学种养，提高生产效益。

推动技术创新专业镇建设，大力发展特色产业。曲江区为实现"一镇一业"，做大做强各镇的支柱产业，2004年，启动了"技术创新专业镇"的创建工作。到2011年，有大塘镇、枫湾镇、马坝镇、罗坑镇分别被认定为省级的蔬菜、畜牧、油粘米、茶叶技术创新专业镇；樟市镇、小坑镇、沙溪镇分别被认定为市级的水果、毛竹技术创新专业镇。2012年，为了使技术创新专业镇转型升级，启动实施了"曲江绿色现代农业专业镇创新联盟建设"项目，并得到了广东省财政40万元专项资金的支持，取得了较好的效果。

科技创新驱动发展，增强企业自主创新能力。曲江区通过开展科技自主研发和高新技术认定，创自主品牌，使高新技术产业迅速发展。到2017年，广东五联木业集团有限公司等14家企业成立了"工程技术研究开发中心"，粤佳太阳能有限公司等13家企业与有关院校、科研单位开展长期的产学研合作，韶关市雅鲁环保实业有限公司等14家企业被认定为高新技术企业。同时，知识产权保护意识不断增强。2010年，曲江区在全市率先实施《曲江区专利申请资助实施细则》，2013年，曲江区被国家知识产权局确认为"国家知识产权强县工程试点县（区）"。2003年至2017年共获得知识产权专利1958件。2011年被科技部评为"全国科技进步考核先进市（县）"，同时，杨良清、张维浪、郑龙华被授予"全国科技进步考核先进个人"称号。

曲江区认真实施《全民科学素质行动计划纲要》，科普工作取得可喜成绩。2005年12月，曲江区投资300万元，建成了面积2500平方米的韶关市首个县（区）级科技馆。到2017年，全区分别建起国家级、省级、市级、区级科普教育基地共17个。全区各镇、村（社区）和学校都完善了科普活动站（室）。同时广泛地开展科普进校园等"四进"活动，使社会公众的科学素质得到了明显的提高。2011年，曲江区被中国科学技术协会命名为"全国科普示范区"。2012年，马坝镇府前居委被授予"全国科普示范社区"称号，并获得中央财政20万元的奖励。2013年，杨良清被评为"广东省科协系统先进工作者"。

教育方面

2003年，曲江县进一步加大"改薄"的力度，在县城撤销矮石小学，并在该校旁建成了一所占地面积4.46公顷，建筑面积2万平方米，可开办48个班的寄宿制小学——城南小学。该校的建成，不仅满足了县城不断发展带来的学生逐年增加的需求，也确保了马坝镇能按时完成"改薄"任务。到2003年底，全县撤销了32间小学，撤并了99所小学，其高年级学生到中心小学就读，其中有乌石等18个乡镇完成了撤并工作。通过撤并学校，既使教育资源得到优化配置，也达到了改造薄弱学校的目的。

2004年8月，经国务院批准，曲江撤县设区。撤县设区后，曲江区教育进入优化发展和全面创办人民满意教育事业的新阶段。2005年10月，总投资1.2亿元，占地面积23.33公顷，建筑面积10.38万平方米，规模100个教学班，按照国家示范性普通高中标准建设的曲江中学新校建成开学。曲江中学新校建成后，曲江区进一步整合教育资源，将原曲江中学高初中分离（旧校更名为曲江初级中学），撤销曲江三中（并入曲江中学），把三中校舍划归到曲江职业技术学校，使曲江职业技术学校占地面积从13.67公顷扩大到18.51公顷，建筑面积增至5.68万平方米，解决了曲江职业技术学校校舍、用地不足的问题。2004年，曲江职业技术学校被评为国家级重点中等职业学校。同时，还先后撤并了小坑中学（并入曲江二中）、马坝一中（并入曲江初级中学）、大坑口中学（并入乌石中学）、火山中学（并入大塘中学）、安山小学（实验小学接收），将乌石中学和乌石中心小学合并为九年制的学校，改名为乌石学校。通过进一步整合优化教育资源，全区教育结构完整，学校布局日趋合理，基本实现规模与效益同步发展。

曲江区不断加大投入，进一步改善全区各级各类学校办学条件。在广东省、韶关市和曲江区老促会的大力支持下，大力实施老区学校改造工程，至2005年底，共改造老区学校26所，面积4.03万平方米，大大改善了老区学校的办学条件。2006年起，曲江区投入 2478.8 万元实施农村义务教育阶段学校危房改造工程，至 2007 年底，全区新建校舍 24 幢，建筑面积 3.2 万平方米；加固维修危房 64 幢，建筑面积 2.89 万平方米，拆除危房 71 幢，建筑面积 3.15 万平方米，提前完成了省政府下达的危房改造工作任务。2008 年起，曲江区先后投入 4.5 亿元实施义务教育规范化建设工程、农村学校"新装备"工程、中小学校舍安全工程、义务教育学校标准化建设工程、教育信息化建设工程、教育现代化建设工程。至 2017 年 11 月，新改造塑胶运动场 18 个，新建或完善理化生和科学实验室 86 间，新装计算机室 39 间，新添置学生用的电脑 2186 台、教师办公电脑 1768 台，新装多功能课室 24 间，语音室 21 间，课室电教平台 688 个，新建音乐舞蹈室、美术室、心理咨询室和图书藏书阅览室各 33 间，新增纸质图书 40 万册以及常规教育教学仪器一大批；全区完全小学以上义务教育学校办学条件全部达到省标准化学校标准，覆盖率达 100%；全区 10 个镇（街）的中小学、教学点全部实现了宽带"校校通"，完全小学以上全部实现了"班班通"；全区独立建有校园网 18 个。

2007 年，曲江区人民政府制定了《曲江区 2007—2011 年高中阶段教育发展规划》，2008 年 3 月，又印发了《关于加快普及高中阶段教育的决定》。经过努力，曲江区高中在校生（含普通高中和中等职业技术学校在校生）从 2003 年（撤县建区前）的 5034 人增加到 2008 年的 9986 人，增长了 98.4%；初中毕业生升学率从 2003 年的 57%，提高到 2008 年的 97.3%；本区户籍适龄人口高中阶段教育的毛入学率从 2003 年的 40%，增加到 2008 年的 91.4%，提高了 51.4 个百分点；提前三年达到了省提出的高中阶段教育毛入学率达到 85% 以上的目标，在全市率先实现了普及高中阶段教育，这标志着曲江区普及基础教育迈上新台阶。

2009 年 6 月，曲江区人民政府公布了《韶关市曲江区创建广东省教育强区工作实施方案（2009—2011 年)》，并召开动员会，全面启动"广东省教育强区"创建工程。到 2012 年 12 月，曲江区马坝、沙溪、大塘、枫湾、罗坑、樟市、乌石 7 个镇成功创建为"广东省教育强镇"；2015 年 11 月，白土镇创建"广东省教育强镇"顺利通过省的督导评估验收，全区纳入创建范围的 8 个镇全部成功创建为省教育强镇，实现了"广东省教育强镇"全覆盖。2013 年 2 月，曲江区被广东省人民政府授予"广东省教育强区"称号。2014 年 5 月，曲江区人民政府印发了《关于进一步推进曲江区义务教育均衡发展的实施意见》和《曲江区创建全国义务教育发展基本均衡区工作实施方案》，正式启动"全国义务教育发展基本均衡区"创建工程。2015 年 11 月，曲江区顺利通过了教育部督导评估验收，被授予"全国义务教育发展基本均衡区"荣誉称号。在此期间，先后在曲江城区新建了两所按照《广东省义务教育标准化学校标准》的小学：一所是 2011 年 9 月建成的，总投资 4000 万元，占地面积 2.33 公顷，建筑面积 1.55 万平方米的九龄小学。另一所是 2015 年 9 月建成的，总投资 8000 万元，占地面积 3 公顷，建筑面积 2.4 万平方米的余靖小学。这两所学校的建成，使城区小学布局更加合理，同时较好地解决了城区小学"大班额"的问题。此外，为发展社区教育，2014 年 7 月，曲江区创办了一所老干大学，有学员 170 人（到 2017 年已增至 320 人），丰富活跃了老年人的精神文化生活。

2012 年起，曲江区实施了三期《曲江区学前教育三年行动计划》。到 2017 年，全区共有幼儿园 46 所，其中公办幼儿园 11 所，普惠幼儿园 35 所，"省一级"幼儿园 2 所，"市一级"幼儿园 15 所。全区学前适龄儿童毛入学率达 98.8%。比 2011 年增加了 27.8 个百分点。

2016 年 9 月，曲江区人民政府制定了《曲江区创建广东省社区教育实验区工作实施方案》，全面启动"广东省社区教育实验区"创建工程。2017 年 11 月，曲江区创建"广东省社区教育实验区"顺利通过省复评验收。2016 年 3 月，曲江区人民政府制定了《韶关市曲江区创建广东省推进教育现代化先进区工作实施方案》，力争全面打造结构合理、优质均衡、质量优良、机会公平的现代国民教育体系和终身教育体系，努力走出一条具有山区特色的教育现代化之路。到 2017 年 11 月，曲江区创建"广东省推进教育现代化先进区"已全面做好接受省督导验收的各项准备工作。

五、医疗卫生事业持续发展

医防单位用房和设备进一步完善。2003 年至 2017 年，先后建成了区妇幼保健院住院综合大楼和门诊大楼、区疾控中心办公大楼、人民医院新住院大楼和急救中心大楼，各镇卫生院的门诊和住院楼也进行了新建或修缮。医疗设备进一步增加，区人民医院添置了 16 排螺旋 CT、数字化摄像系统（DR）、核磁共振（MR）、全自动生化仪等大型检验检测设备。各镇卫生院配备了黑白 B 超机、X 光机、心电图机、血球计数仪、尿常规分析仪等基本的检查检验设备。设施设备的充实，更进一步提高了医治水平。

2003 年，"非典"疫情在全国和国外蔓延，曲江县把抗"非典"作为首要任务，严防死守，按照上级党政和卫生部门要求，积极、主动、全面开展"非典"防治工作，对发热病人严格筛查，对全县公共交通车辆、公共场所、街道进行全面消毒。其间，县卫生局医疗救护专家指导小组共出动 29 次，排查发热病人 80多例，未发现"非典"病例及疑似病例，取得了"非典"病例及疑似病例"双零"的战果。为此，县卫生局被韶关市人民政府授予"抗击'非典'先进集体"，县人民医院医生黄菊珍被广东省人民政府授予"抗击'非典'先进个人"。

2005 年 4 月，中共韶关市委、市人民政府启动创建国家卫生城市工作，随后，中共曲江区委、区人民政府制定了《韶关市曲江区创建国家卫生城市工作方案》，建立机构、舍得投入、措施得力、全员参与，经过四年多奋战，城市功能进一步完善，城市品位得到提升，人居环境大为改善，各项指标达到国家卫生城市标准。2009 年 12 月，韶关市被全国爱国卫生运动委员会命名为"国家卫生城市"。

曲江区卫生改革不断深化。（1）2014 年，曲江区中医院、区慢性病防治院与曲江区人民医院合并，重新整合功能科室、临床科室、医疗设备，服务功能进一步健全，实现了资源共享、优势互补、互利共赢。（2）2017 年 2 月，曲江区卫生和计划生育局印发了《韶关市曲江区镇（街道）卫生院（社区卫生服务中心）绩效考核实施方案》，完善基层医疗机构综合绩效考核和激励机制，给予基层医疗机构在奖励性绩效工资分配中更大的自主权，充分调动医务人员工作积极性。（3）建立和完善全科医生制度，组建以家庭医生为核心、专科医生提供技术支持的签约服务团队，实施家庭医生式签约服务。截至 2017 年 9 月 30 日，全区已组建家庭医生签约服务团队 39 个，全区常住人口已签约 9.36 万人，签约率 29.8%，重点人群签约 5.26 万人，占重点人群总人数的 66%。

六、人口和计划生育工作

曲江的人口计划生育工作常抓不懈，2003 年完成了市、县、镇三级广域网的建设，全面实现信息化管理与服务。2003 年、2004 年、2006 年、2007 年被中共广东省委、省人民政府授予

"全省人口与计划生育工作先进单位"的称号；2005 年，曲江区被评为"全省计划生育优质服务区"。2006 年，区计生服务站被国家人口计生委授予"全国人口和计划生育科技工作先进集体"称号。

2004 年 8 月曲江县撤县设区后，曲江县计划生育局更名为韶关市曲江区计划生育局。2006 年 5 月 15 日，韶关市曲江区计划生育局更名为韶关市曲江区人口和计划生育局。2014 年 1 月，韶关市曲江区人口和计划生育局与曲江区卫生局合并，成立韶关市曲江区卫生和计划生育局。机构和人员实现平稳过渡，全区卫生和计划生育各项工作稳步推进。

曲江区认真落实计划生育奖励政策，对全区奖励扶助对象的资格确认、审核、严格把关，依法依规发放计划生育奖励扶助金，各项计生奖励全部按时足额发放到位。2003 年至 2007 年 10 月，共发放四项计划生育奖励金额 448.85 万元，发放广东省农村部分计划生育家庭奖 6500 人次，金额 78 万元；发放广东省农村计划生育节育奖 2.67 万人次，金额 133.59 万元；发放广东省农村计划生育家庭特别扶助金 881 人次，金额 66.01 万元；发放城镇独生子女父母奖励 3826 人，金额 171.25 万元。

到 2017 年 10 月，全区人口出生率为 12.28‰、人口自然增长率控制在 7.46‰，与 1979 年相比，人口出生率和自然增长率分别下降了 6.72 和 7.54 个千分点，实现了人口再生产类型从高出生、高死亡、高增长，到低出生、低死亡、低增长的历史性跨越。据测算，1974 年至 2017 年，全区少出生人口 7 万人左右，有效缓解了人口对资源环境的压力。

七、文化体育事业持续发展

曲江区大力实施文化惠民工程，高标准建成了一批文化基础设施：（1）2011年，建成了供区文广新局、文化馆、图书馆、电影公司等文化服务单位使用的曲江区文化中心大楼，总面积8000平方米。（2）完成了樟市、大塘、沙溪、枫湾等镇和松山街道办的文化站扩建、维修工程。（3）实现了全区行政村广播、电视、宽带互联网的"户户通"和"农家书屋"全覆盖。（4）投资4396万元，完成了马坝人遗址环境风貌保护工程。（5）对曲江区博物馆、韶州府学宫进行了重新修缮等。文化服务基础设施的进一步完善，为丰富城乡居民文化生活提供了有力保障。2011年，曲江区通过"全国文化先进县"复评。2012年，曲江区博物馆被评定为"国家三级博物馆"。2014年，马坝人遗址被评为国家级3A旅游景区。

2013年至2017年，区相关文化部门在全市率先开展好"三下乡"（送书、送戏、送电影）活动的同时，有组织地在城乡广泛开展："我们的中国梦、文化进万家""欢乐新春""闹年宵""幸福我来秀""书画展"等形式多样的文化活动。此外，在城区坚持每月举办一次以上"风度曲江"广场文化活动，大大丰富了城乡居民的文化生活。

曲江区积极推进非物质文化遗产保护与传承，大力弘扬中华民族优秀传统文化。2015年，曲江区被列入广东省非物质文化遗产名录的有：民俗"南华诞庙会"；列入韶关市非物质文化遗产名录的有：民间打击乐"十点梅花"和民俗"扛阿公"。

曲江区体育工作以贯彻实施《中华人民共和国体育法》和《全民健身计划纲要》为抓手，大力推动各类人群参加体育活动的开展。2003年至2017年，曲江区体育局会同区总工会，坚持每年举办全区职工运动会。此外，利用节假日或重要节点，在城区举办"体彩杯"重阳登山活动、"8月8日全民健身日活动"、广东省体育节活动、元旦环城跑等形式多样，参与民众广泛的体育活动。篮球、羽毛球、乒乓球、老年体协、足协、社会体育指导员协会、体质测定与运动健身指导协会、排舞协会 8 个体育协会，也不定期地自发组织相应的比赛活动。通过这些有组织的体育活动，有效地推动了全民健身热潮的掀起。2003 年、2013 年和 2016 年，曲江区被国家体育总局评为"全国群众体育先进单位"。

为全面贯彻落实《全民健身条例》和《全民健身计划 2016—2020》，曲江加快对全民健身广场和相关设施的建设。到 2017 年 12 月，已将曲江区田径场升级改造成含十一人制标准草皮足球场、塑胶运动区和跳远、跳高区的 400 米标准运动场；在城区建成江畔全民健身广场和全民健身中心，以及 10 条健身路径；9 个镇和 85 个行政村完成了农民体育健身工程；建设 7 个户外运动驿站。此外，全区还免费开放了 12 个体育场馆，面积约 8.9 万平方米，从而大大方便和满足了全区城乡民众参加体育健身的需求。

在抓全民健身活动的同时，曲江区十分注重培养体育尖子，抓竞技。曲江区青少年业余体育学校越办越好，有省、市重点班 5 个（田径、举重为省业余训练重点班，柔道、摔跤、乒乓球为市业余训练重点班），参加业余训练运动员 200 人。一直以来，坚持科学选材，科学训练、严格管理，培养出了众多体育优秀人才。先后为国家、省输送了曲棍球世界冠军侯晓兰，2005 年全国运动会田径比赛 4×400 米接力第一名（成员之一）杨晓翠，2007 年世界青年举重锦标赛冠军刘鑫，全国田径锦标赛撑杆跳高亚军何漳等优秀运动员。曲江区运动员参加省运动会均取得优异成绩（2010 年广东省第十三届运动会上取得 4 块金牌，2015 年广东省第十四届运动会上取得 3 块金牌），在每年广东省锦标赛中取得优异成绩，在韶关市运动会比赛中连续七届获得团体总分和金牌总数第一名的优异成绩。

曲江区认真贯彻落实国务院颁布的《彩票管理条例》和国家

体育总局印发《2007—2009 年体育彩票发展实施纲要》，扎实做好体育彩票发行取得可喜成绩。2007 年至 2017 年，全区体育彩票累计发行 3.23 亿元，筹集公益金 1600 万元，为曲江区体育事业的发展作出了较大贡献。

八、旅游业的快速发展

曲江区紧紧围绕建设"国家旅游产业聚集区""广东休闲度假祈福首选地"的目标，依托丰富的旅游资源、优越的区位优势等，致力于旅游景点的开发：（1）创建"大南华"景区。南华寺是禅宗六祖惠能弘扬"南宗禅法"的发源地，距今已超 1500 年的历史，有"祖庭"之称。1983 年被国务院定为国家重点寺院。为充分发挥这个中国佛教名寺的作用，2004 年 2 月 10 日，时任中共中央总书记、中央军委主席江泽民到南华寺和马坝人遗址视察参观。2017 年，曲江区积极配合韶关市人民政府启动了"大南华"整体提升工作，规划建成集文化、禅修、生态、旅游、休闲、度假于一体的旅游景区。（2）2014 年在山水秀丽的小坑森林公园，建成了占地面积 17 公顷，内集禅修、温泉、度假、养生于一体的经律论文化旅游小镇（2016 年被评为国家 4A 级旅游景区）。该小镇内拥有一尊高 5.3 米、宽 3.8 米、厚 2.7 米的翡翠观音像，据称这是迄今为止世界最大的翡翠观音像，堪称盛世宝尊，是曲江旅游的新亮点。（3）2003—2017 年，曲江县（区）对马坝人遗址公园进行多次扩建、修缮，设施不断完善。（4）建成了按国际四星级酒店标准设计建造、建筑风格独特、具有古代园林浓郁气息的韶关枫日泉生态温泉度假村。（5）打造"一镇一景区"。2015 年，曲江区开始实施：把马坝镇打造成一河两岸风景美丽，绿化、净化、亮化上品位，具有"大南华"禅宗文化，马坝人遗址古文化为一体的宜居宜游之城。以经律论文化旅游小镇为龙头，融合温泉、森林公园、古村落、户外运动等旅游资源，在公路沿线可视范围的空地逐年种植银杏树，形成连片银杏景观，把小坑镇打造成禅意东方小镇。以枫湾农禅谷为龙头，融合自然生态、枫日泉、瑶族风情村、黎壁石等旅游资源，通过大面积种植枫树，形成连片枫叶景观，把枫湾镇打造成药膳养生小镇。以茶产业为龙头，融合国家级自然保护区、船底顶、峡洞湿地自然风光、罗坑水库等旅游资源，利用入镇公路沿线及城镇空地种植茶花，形成连片茶花景观，把罗坑镇打造成梦里茶乡小镇。以观光农业为龙头，融合生态农业、黄花风铃木、雪花顶、梅花顶、天池等旅游资源，在入镇公路沿线及城镇空地种植黄花风铃木，形成黄色花海景观，把樟市镇打造成金色花田小镇。以方园现代农业生态园为龙头，融合生态湿地、森林、温泉、养生等资源，把大塘镇打造成"大塘花海"小镇。

到 2017 年 10 月，曲江区开放的景区（点）有 12 家，其中 4A 级景区 2 家（经律论文化旅游小镇、曹溪温泉度假村），3A 级景区 2 家（马坝人遗址公园、韶关枫日泉生态温泉度假村）。

曲江区继续完善旅游基础设施，提高旅游接待能力。到 2017 年，全区已有酒店、宾馆共 61 家，客房 3409 间，床位 5927 张，星级酒店 4 家，其中四星级 2 家（友好温泉商务酒店、曹溪温泉度假村），三星级 2 家（迎宾馆、南华温泉酒店）。"十二五"期间新评定的星级农家乐 12 家，其中五星级 2 家，四星级 4 家，三星级 6 家。2015—2017 年，省、市、区级财政共投资近 400 万元，在全区建设旅游厕所 37 座，其中新建 16 座，改扩建 21 座。

曲江区充分利用报纸、宣传手册（单）、电视、网络、平面广告、地面广告、公交广告、新闻发布会等形式，宣传和推介旅游信息，大力拓宽旅游市场的空间，并启动曲江旅游微信平台，通过文字、图像、视频等形式全方位展示了曲江旅游发展状况，着重推介了一批新培育起来的乡村旅游景点。同时精心策划了南华诞祈福文化节、罗坑茶文化节、枫湾花果节、小坑曹角湾民俗文化节、樟市登山节等多个旅游节庆活动，通过以节会友、以节招商、以节兴旅的形式，不断提升曲江美誉度和知名度，从而引来大批区外和海外游客到曲江观光旅游。

2017年，全区接待游客总数440万人次，比2012年增长31%，实现旅游总收入31.8亿元，比2012年增长46.5%。

九、经济发展与人民生活水平的提高

2002年至2017年的15年，是曲江经济持续、健康、快速发展并取得巨大成就的时期。中共曲江县（区）委、县（区）人民政府认真贯彻落实中共十六大、十七大和十八大精神，带领曲江人民，凝心聚力谋发展，攻坚克难求突破，向全面实现小康社会大步迈进。在这十五年间，特别是中共十八大以后，曲江继续深化了各项改革，加快了新型工业化、城镇化和农业现代化的进程，不断提高城市品位，加快社会主义新农村的建设，加大社会保障力度，不断改善民生，抓紧抓实精准扶贫攻坚，曲江经济呈现跨越式发展态势。2002年，全县国内生产总值为26.92亿元，2012年增至125.14亿元，到2017年达到167.74亿元，是2002年的6.2倍；一、二、三产业比重由2002年的39.6∶31.4∶29调整到2017年的11∶51.5∶37.5，结构进一步优化；2002年，全县财政收入是2.09亿元，2012年增至5.54亿元，增加了3.45亿元，2017年达到8.5亿元，是2002年的4.1倍；2002年全县固定资产投入7.44亿元，2012年猛增至96.5亿元，2017年达到60.7亿元，是2002年的8.2倍。小坑镇2017年生产总值是1.62亿元，比2002年增长48.2%。罗坑镇2017年生产总值是3.19亿元，比2002年增长290%。全县失业率逐步下降，2002年为

3.5%，2012 年下降至 2.68%，2017 年下降至 2.4%，比 2002 年下降了 1.1%。

经济的快速发展，促进了曲江人民生活的提高。2002 年，曲江城镇居民和农村居民年人均收入为 8900 元和 3895 元。到 2012 年分别增加到 16874 元和 9476 元，分别增长 89.6% 和 143%。到 2017 年，增至 27048 元和 15312 元，分别是 2002 年的 3 倍和 3.9 倍。2017 年，小坑镇、罗坑镇农村年人均收入分别达到 1.688 万元和 1.4 万元，是 2002 年的 4.14 倍和 3.9 倍。城乡居民储蓄余额大幅增加，2002 年是 25.16 亿元，2012 年增至 69.42 亿元，增加了 44.26 亿元，2017 年达到 105 亿元，是 2002 年的 4.17 倍。曲江十分重视社会保障和改善民生，投入逐步增加，2002 年，全县投入民生的资金总额约占全县财政总支出的 50%，2012 年增加到 65%，2017 年增加到 79.7%，比 2002 年的比例增加了 29.7%。现在城镇居民和农村居民居住面积增加，而且居住环境大为改善，农村楼房化已达到 90% 以上，城乡居民饮用水清洁、安全，出行交通便捷，用电安全、提质，大批现代电器，如平板彩电、空调、冰箱、电脑等进入城乡居民家庭，移动通信普及，私人小汽车大量进入平常百姓家。人民饮食向精细、健康方面发展，医疗有保障，教育优质资源共享，文化、体育活动活跃、常态化，在国内、出境外旅游人数剧增。困难人群生活有保障且水平逐年提高。经过精准扶贫攻坚，农村 75% 以上的贫困户脱贫，年人均收入已超过 7760 元。

十五年来，曲江全区人民共享改革开放成果，获得感和幸福感大大提升。

推进老区生态文明建设

一、生态建设

中共十六大以后，搞好生态建设的重要性日益突显。2002 年 7 月，中共曲江县委作出加快实施"青山、碧水、蓝天、绿地"工程的决定，要创建森林生态县，加强治污措施，提高城乡空气质量，依法保护动植物资源，合理开发利用土地、矿产、水力等自然资源，实现生态、经济和社会的协调发展。

2002 年，恢复了马坝镇阳岗山 7.33 公顷被污染的植被。2004 年，实施城区生态林体系建设总体规划，用 5 年时间打造了以城区为中心，直径 10 千米、面积为 7850 公顷的城区森林景观和生态屏障。

2010 年，城区生态林体系建设继续扩大，造林 855 公顷，建设生物防火林带 243.3 千米，义务植树 146.67 公顷。城区生态林体系范围进一步提高，城区周边森林生态环境不断改善。曲江区加强生态林体系管护队伍和设施建设，加强宣传，提高公民的生态意识。坚决查处各类破坏森林资源的案件，几年来没发生重大火灾和人员伤亡事故。2009 年，全区森林覆盖率从 2004 年初的 23.9% 增加到 65.3%。城区绿化覆盖率达 37.6%，提升了县城的形象，有效地促进了城区生态环境保护与经济社会发展的良性循环。2010 年 2 月，曲江区被广东省人民政府授予"广东省林业生态县"的荣誉称号。2011 年至 2015 年，曲江区掀起了生态建设新高潮。继续加强全区护林员队伍管理，落实发放生态公益林补偿资金制度等。这五年，完成造林 2533.33 公顷，森林面积达 11.92 万公顷，森林蓄积量达 754.8 万立方米，增长 30.7 万立方米，森林覆盖率达 74.7%，增长 0.65%；新增生态公益林面积 1666.67 公顷，实现全区森林面积和森林蓄积量"双增"的目标。罗坑国家级自然保护区和沙溪省级自然保护区的生态资源保护进一步加强。

重点建设"四大"工程：乐广、武广等高速公路、铁路 22.8 千米沿线 20 米范围内造林 11.71 公顷；完成交通主干道（三边）森林景观改造 796.8 公顷；建设"乡村绿化美化"村庄 20 个，种植 8000 株乡土树种；建设枫湾镇"小桂林"、马坝镇松山下"园山"和樟市镇"芦溪山" 3 个镇级森林公园。同时，建立森林保险投保制度，划定林业红线，以保障和维护曲江区国土生态安全、人居环境安全。

2016 年至 2017 年，生态建设继续深入，全区森林面积达 12.29 万公顷，比 2015 年增长 0.23%，森林覆盖率达 74.9%；森林蓄积量 789.86 万立方米，比 2015 年增长 35.06 万立方米。

二、环境整治监测和保护

生态环境保护是生态文明建设的重要组成部分。中共曲江县委、县人民政府的环境保护意识随着改革开放和中共中央科学发展观的提出，日益增强，正确处理好经济发展和环境保护的关系，运用法律、经济和必要的行政手段，坚持不懈地做好本辖区的环境整治、监测和保护工作。

由于曲江境内中央和省属企业较多，20 世纪 80 年代中后期，曲江县兴办了系列工业，20 世纪 90 年代招商引资又引进了一些企业，房地产、饮食业发展迅速。因此，水污染、大气污染、土地污染、噪声污染等比较严重，生态环境的整治任务很重。曲江迎难而上，加大整治力度。2003 年，妥善处理了县无机盐厂遗留下来的 5 万吨铬渣，消除了一大污染隐患。从 2004 年开始，重点整治城市污染。首先，抓了横贯县城的梅花河和马坝河的污水治理，关闭、搬迁了梅花河周边 14 家选矿厂，责成韶关钢铁厂自建日处理 10 万吨废水的污水处理厂，严格整治马坝河沿岸的排污企业，实行循环用水，停建、停审排污建设项目。到 2000 年，这两条河的水质从劣五类提升到四类，达标且稳定。其次，大力整治大气污染。关闭了一批污染严重的"五小"企业，严格控制韶关钢铁厂、韶关发电厂、韶关冶炼厂等周边厂矿的"三废"排放量。到 2008 年，化学需氧量、二氧化硫排放量分别下降了 13% 和 16%，城区空气质量大为改善。最后，2005—2009 年，完成城区污水处理厂一、二期建设，日处理污水 3.25 万吨，使城区生活污水处理率提高到 61%；日处理污水 1.5 万吨的白土污水处理厂在 2010 年建成投入使用。2011 年以后，特别是中共十八大以后，曲江区坚持绿色发展的理念更加明确，环境综合整治力度更大，执法更严。每年坚持环境大排查，先后整顿建筑施工噪声扰民，饮食业油烟污染空气问题，拆除一批水泥主窑生产设施，加强了区内 13 家重金属生产企业、多家危险化学品和涉粉尘生产企业的环境监控，开展对辖区内矿山、电厂、尾矿库的专项检查，协同广东省环保厅处理好大宝山矿周边开采点的环境污染问题。同时，严肃查处了一批违法污染企业，分别给予停电、拆除、罚款处理，有力打击了环境违法行为。在抓好城区环境整治同时，逐步向乡村推进，2012 年曲江区人民政府组织大型联合督查组，对全区 9 个镇的环境进行了一次全面的排查整治，2017 年在农村建成一批小型污水处理设施，47 个农村人工湿地和公园已开工建设，将近完成。

从 2003 年至 2017 年，曲江区投入环保综合整治资金达 6200 万元，组织出动执法检查人员 3168 人次、现场检查全区排污企业共 1300 家次，并作出经济处罚。

曲江区在抓好环境整治的同时，做好环境监测工作，做到经常化、制度化。重点监测企业生产的污水、粉尘、二氧化硫等排放和噪声、土壤、固体废物指标。对存在环境隐患的企业时时严加监控，限期整改，对整治情况坚持"回头看"。抓好机动、工程、工业、农业污染减排监测，特别是坚持每月对苍村水库水源区环境和水质进行监测，确保 10 多万居民饮用水的安全。为了做好环境的保护，曲江加强了环保部门的队伍建设和设施建设，加大环保的资金投入，严格执行新上项目的环保审批制度。

经过长期对环境的整治、监测和保护，到 2017 年，全区环境质量总体提升，城市饮用水水质达标率为 100%，污水处理率达 90% 以上，空气质量控制在二级标准以内，全年空气污染指标小于 100 的天数已达 350 天左右，交通噪声和城区噪声保持较好水平。

虽然曲江环境整治难度大，但中共曲江区委、区人民政府决心更大，不能以破坏环境为代价换取经济暂时发展的认识深入人心，绿色发展已成共识。环境保护形成常态化，离实现"青山、碧水、蓝天、绿地"的目标越来越近，促进了曲江经济稳步、协调、可持续的发展，为全区人民提供了一个安居乐业的优良环境。

第五节

加强老区党的建设

一、党的先进性教育活动

2004年12月16日，根据中共中央关于在全党开展以实践"三个代表"重要思想为主要内容的保持共产党员先进性教育活动和中共广东省委关于在党员中开展"理想、责任、能力、形象"教育活动的部署，中共曲江区委成立了保持共产党员先进性教育活动领导小组和在党员中开展"理想、责任、能力、形象"教育活动领导小组，两个牌子、一套人马。2005年1月25日，中共曲江区委印发了《关于以实践"三个代表"重要思想为主要内容的保持共产党员先进性教育活动实施意见》。实施意见强调要以邓小平理论和"三个代表"重要思想、科学发展观作为教育活动的指导思想。要达到四个目标和要求：（1）提高党员素质。增强党员学习和实践"三个代表"重要思想的自觉性、坚定性，要求党员努力成为先进生产力发展的促进者、实践者，先进文化的倡导者、传播者，最广大人民利益的实现者、维护者，成为有理想、有责任、有能力、形象好（"三有一好"），胸怀全局、心系群众、奋发进取、开拓创新，充分发挥先锋模范作用的共产党员。（2）加强党组织建设。组织"百名干部"下基层驻农村推进固本强基工程。切实解决农村基层组织存在的突出问题，提高党组织的凝聚力，成为贯彻"三个代表"重要思想的组织者、推动者、实践者。（3）服务人民群众。进一步增强全心全意为人民服务的宗旨观念，改进作风，密切联系群众，提高组织、宣传、教育和服务群众的本领，切实解决群众反映的热点问题。（4）促进各项工作。

开展先进性教育活动，对党员重点解决马克思主义信仰、共产主义理想不够坚定，执政意识不强的问题；不思进取、安于现状、个人主义、得过且过、责任意识不强的问题；科学发展观和正确的政绩观不够牢固，轻视学习，不注意掌握新知识、总结新经验和政策理论、业务水平偏低，驾驭全局和应对复杂局面能力不够的问题；作风飘浮、脱离群众、弄虚作假、好大喜功、骄奢淫逸、贪图享受等问题。对基层党组织重点解决软弱涣散，后继乏人的问题；责任制不够落实，组织生活不够健全，制度不完善，监督不到位，疏于教育管理的问题，思想政治工作薄弱的问题；党组织的凝聚力、战斗力不强，决策不民主，办事不公开，服务水平不高，调解社会矛盾不力，工作长期打不开局面等问题。为了保证先进性教育取得好的效果，制定了加强领导的措施：一是建立领导责任制。区委书记为第一责任人，下属单位一把手为直接责任人。二是建立各级党员领导联系点制度，实现包干包点。三是建立督察制度。组成若干督导组进行巡回督导检查。四是建立群众监督评价制度。向群众公布教育活动进展情况，接受群众评议和监督。

2005年1月起，全区先进性教育活动先后分三批展开。第一批在区党政机关和直属事业单位；第二批在乡镇机关和城市基层及各类中小学校等单位；第三批在农村基层单位。2006年1月21日，中共广东省委副书记、省长黄华华来曲江视察，亲自给大塘镇党员上党课。先进性教育活动分学习动员、分析评议、整改提高三个阶段，于2006年4月底结束。全区参加先进性教育活动的有 300 个单位，531 个基层党组织，12989 名共产党员。先进性教育活动始终围绕学习实践"三个代表"重要思想这条主线，严格按照胡锦涛总书记提出的先进性教育活动"关键是要取得实效""真正成为群众满意工程"的要求，坚持重在联系实际、重在讲求质量、重在取得实效；在实际工作中，坚持以"六从六看"和"六个带头"为标准，坚持以抓学习，提高认识促整改，以整改的效果来衡量教育活动是否取得实效，以扎实的整改实效取信于民。教育活动中，为了找准问题，搞好整改，全区共发放征求意见表 7633 份，召开各类座谈会 557 次，设立意见箱 300 个，个别谈心 7735 人次，走访群众 4300 人次，征集各种意见和建议 3059 条。针对党员和党组织在思想、组织、作风以及工作方面查找出来的突出问题，坚持领导带头与落实目标责任结合起来，促进整改效果；坚持整改与当前和长远工作结合起来，促进经济发展；坚持整改与作风建设结合起来，促进党风好转；坚持把整改与解决党组织和党员自身存在问题结合起来，加强党的基层组织建设。通过先进性教育活动，广大党员受到了一次深刻的马克思主义理论和党的基本知识的教育，坚定了理想信念，进一步发挥了共产党员的先锋模范作用。2009 年 11 月 3 日乌石镇党委副书记许明亮在扑灭山火中身先士卒英勇牺牲，被广东省人民政府评为革命烈士。教育活动期间，仅乡镇党的基层组织就组织了 38 个党员服务队，参加党员 678 人，下乡开展为群众服务活动 85 次，服务群众 1.8 万人次，党员为群众办实事、好事蔚然成风。党的基层组织创造力、凝聚力、战斗力进一步增强。先进性教育活动中，整改了软弱涣散和不起作用的基层党组织，调整和充实了领导班子成员，使基层党组织在带领党员和群众践行"三个代表"重要思想、落实科学发展观和发展经济方面发挥了重要作用。

2006 年 6 月，中共曲江区委办公室先后转发中共中央办公厅印发的《关于加强党员经常性教育的意见》《关于做好党员联系和服务群众工作的意见》等文件。2010年6月，中共曲江区委办公室印发《关于在全区基层党组织和党员中深入开展创先争优活动的实施方案》，8月，中共曲江区委组织部印发《关于建立乡镇党委抓农村（社区）党建工作责任制的意见》。2012年6月转发《关于做好基层党组织整改提高晋位升级工作的通知》，中共中央及各级党组织文件精神的贯彻和执行为保持和发挥共产党员先进性提供了长效机制，为巩固和发展先进性的教育成果创造了条件。

为进一步提高各级领导班子的执政能力和领导水平，根据中共广东省委、中共韶关市委的部署，2012年11月18日，中共曲江区委印发了《关于建设"五好四有"领导班子的实施意见》，提出以区、镇两级领导班子为重点，以提高执政能力和领导水平为核心，通过开展创建"五好四有"（精神状态好、能力素质好、团结协作好、服务群众好、廉洁自律好，推动科学发展有新成效、促进社会和谐有新局面、惠民利民有新作为、抓班子带队伍有新气象）领导班子活动，进一步加强了各级领导班子以坚定信念为重点的思想建设，以提高执政能力为着力点的组织建设，以保持党同群众血肉联系为切入点的作风建设，以贯彻民主集中制为重点的制度建设，以完善惩防体系为重点的反腐倡廉建设。为初步构建学习型、实干型、亲民型、和谐型、廉洁型的领导班子创造了条件。

2012年11月8日至14日，中国共产党第十八次全国代表大会在北京举行，标志着党在坚持和发展中国特色社会主义上进入新的历史时期。2013年4月27日，中共曲江区委印发了《曲江区党员干部学习宣传中共十八大精神"十百千万"培训工程实施方案》，通过全方位、立体式地组织全区党员干部学习宣传中共十八大精神，引导党员干部把思想统一到中共十八大精神上来，把力量凝聚到实现中共十八大确定的各项任务上来。为了取得效果，"实施方案"明确了培训内容以学习贯彻中共十八大精神为主题，密切结合曲江实际的七个方面的内容。明确了培训方式，指定十名区领导辅导讲，百名支部书记党课讲，千名干部进村讲，万名党员结对讲。从"实施方案"下发的 4 月开始，至 2014 年 1 月底结束。教育学习方案的实施，使中共十八大精神深入党员和群众心中，吹响了实现中国梦的号角。

2014 年 2 月 3 日，按照中共中央和省委、市委关于开展第二批党的群众路线教育实践活动的要求，曲江区成立了党的群众路线教育实践活动领导小组，印发了《韶关市曲江区深入开展党的群众路线教育实践活动实施方案》及区级领导班子成员挂钩联系点方案。2 月 14 日，全区召开动员大会，一次以"为民务实清廉"为主要内容的党的群众路线教育实践活动全面展开，于 2014 年 10 月底基本结束。全区共有 4 个区级领导班子、127 个区直属单位、10 个镇（街道）、107 个村（社区）、525 个基层党组织和 14372 名党员参加了教育实践活动，在中共韶关市委第五督导组的精心指导下，坚持以"照镜子、正衣冠、洗洗澡、治治病"的总要求，对照"三严三实"（严以修身、严以用权、严以律己，谋事要实、创业要实、做人要实），坚决查改"四风"（形式主义、官僚主义、享乐主义、奢靡之风）等问题。精心部署、精心组织，狠抓整改落实。教育活动进一步提升了各级领导班子的为民、务实、清廉形象，初步刹住和解决了当前突出存在的"四风"问题，增强了党员干部，尤其是领导干部的群众观念，严格了党内政治生活的行为规范，加强了基层服务型党组织的建设，推动了作风建设的常态化、长效化。2015 年 3 月，中共曲江区委印发了《关于深化"四风"整治，巩固和拓展党的群众路线教育实践成果的实施意见》。2016 年 5 月印发了《关于在全区党员开展"学党章党规、学系列讲话、做合格党员"学习教育的方案》，全区有1.4万名党员参加学习教育，增强了党员反对"四风"，提高"有纪律、讲规矩讲奉献、有作为"的自觉性，做符合党章党员标准，发挥先锋模范作用的共产党员。至2016年12月，曲江区设有基层党委18个，党总支部32个，党支部504个。有党员14757人，其中女党员4024人，35岁以下2318人，高中以上文化9970人。乡镇农村党员7961人。

二、开展对软弱涣散基层党组织的整顿

加强基层组织建设，整顿软弱涣散基层党组织是一项经常性的，长抓不懈的工作。根据中共中央和省市委的部署和要求，2004年4月以后，中共曲江县委印发了《关于加强农村基层党组织建设的通知》《关于组织"百名干部"下基层驻农村深入推进固本强基工程的实施方案》《关于开展农村党的建设"三级联创"活动实施意见》等一系列文件，把整顿基层组织特别是农村基层组织与党的先进性教育活动紧密地结合起来。在先进性教育活动期间，按照中共广东省委不低于行政村总数30%的要求，全区采用倒排查的方法来确定后进村26个，其中3个村被列为省级重点整治后进村。针对排查确定的后进村存在问题性质，制定了整顿方案，派驻区镇联合工作组，有的放矢进行分类整改。增强了村党支部班子核心领导作用，理清了发展思路，进一步增强了发展信心。2012年起，根据中共广东省委和中共韶关市委的部署，中共曲江区委把薄弱村整治转化工作作为推进基层组织建设的重要内容。2012年，全区107个村（社区）对照基层组织分类定级参考标准，按照基层党组织自评、组织党员群众测评、上级党组织评定和公示的程序，评选出"好""较好""一般""差"四个等级的村党组织。在此基础上，各镇采用倒排的方式，按照行政村

（社区）总数 20% 左右的比例，排查确定 21 个薄弱村（社区）。针对排查找准的问题，加强领导，周密部署，统筹安排，有针对性地采取措施，认真做好薄弱村的整治转化工作，较好地解决了薄弱村的突出问题，使后进村转化变先进、先进更先进的进级晋升局面初步显现。2014 年 8 月，中共广东省委组织部下发了《关于在第二批党的群众路线教育实践活动中整顿软弱涣散农村基层党组织的通知》，中共曲江区委按照教育实践活动部署，对全区 107 个村（社区）进行了深入排查，确定了 15 个村（社区）为软弱涣散村（社区）。其中存在村务居务财务公开和民主管理混乱的有 5 个村（社区），党组织服务意识差、能力弱、群众意见大有 5 个村（社区），党组织书记不胜任现职、工作不在状态、严重影响班子战斗力的有 1 个村，信访矛盾纠纷集中、积案较多、社会治安不稳定的有 2 个村，换届选举拉选票、班子不团结、工作不能正常开展的 2 个村。2014—2017 年连续 3 年按照省市的要求开展排查和整顿农村（社区）软弱涣散基层党组织工作。根据存在的问题，重点从领导班子建设、发展经济、完善制度、改善环境、谋划民生等入手制定整改措施，做到"一村一策"，保证整顿转化工作到位，实现预期目标。

强化组织领导，着力形成整顿转化工作合力。中共曲江区委成立专门工作领导小组和督导组，区委书记为第一责任人，镇党委书记为直接责任人，区领导分工联系定点，由挂钩机关单位和镇组成工作小组进村驻点开展整顿和转化工作。2015 年 4 月 28日，中共韶关市委常委、曲江区委书记黄劲东主持召开区委常委会，专题研究全区软弱涣散村级党组织的整顿工作，并亲自到马坝镇龙岗村挂点整顿，针对该村主要突出问题是业务用房仍是 20世纪六七十年代瓦房，建筑面积只有 60 平方米，不具备省提出的便民服务中心等基本功能的服务场所，不利于发挥基层服务群众

的作用，立即召开整顿工作会议，研究建设综合性服务中心业务
用地、经费来源等的具体方案，使问题得以解决。同时驻村整顿
工作组实行"三包"：包制订整顿方案、包解决突出问题、包按
时完成整治任务。

加强班子建设，着力提高村级班子战斗力。整顿好班子是巩
固党的执政基础的重要抓手。通过召开民主生活会、谈心会、恳
谈会等形式，在班子中开展批评与自我批评，增进了解、化解心
结；利用"三会一课"、农村党员干部远程教育平台对党员干部
进行教育培训；召开党员或村民大会等，对党建中存在的问题以
及整改工作的情况，实行班子成员与群众面对面的交流，加强沟
通增进理解。调整不合格班子成员，特别是选好村党支部书记，
选派大学生到村班子任职；加强对村后备干部的选拔培训，采取
滚动式的方法不断增强后备干部的活力。2017 年，全区已建有
176 名村级后备干部库，实行梯次培养，动态管理，定岗使用等。
开展优秀农村党支部书记评选活动，对连续三年或累计五年被评
为优秀的，给予其公务员工资待遇。仅乌石镇在开展这项评比以
来的 2006 年至 2011 年就有 3 名村党支部书记连续三年被评为优
秀，享受公务员工资待遇。马坝镇山子背村党支部书记丘建光等
5 人参加镇领导班子。2014 年，沙溪镇窝子村支部书记巫福军被
评为广东省优秀村支部书记，马坝镇党委书记王爵承荣获广东省
优秀乡镇党委书记殊荣。为保证村班子成员的稳定，解决其后顾
之忧，调动和发挥工作积极性，中共曲江区委积极解决其劳动报
酬问题。从 1987 年 1 月起，村干部的区财政补贴从每人每月 20
元提高至 30 元。此后，随着经济发展，人民生活水平提高，中共
曲江区委、区人民政府又先后四次提高村干部的补贴标准，2006
年 5 月每人每月提高到 450 元。2017 年，区对村干部的补贴标准
已达到每人每月 2500 元。加强村班子建设措施的推进和落实，进

一步增强了班子的凝聚力、战斗力，调动了村干部的工作积极性和创造性。

理清思路，着力锻造村级造血功能。结合精准扶贫工作，把提高经济收入重点放在"帮"字上，发挥挂钩单位作用，帮理清发展思路、帮提高发展能力、帮引进发展项目。积极引导村委盘活自身资源，加强农民专业合作社、党员示范基地建设，提升村级组织带领群众奔康致富的能力。如罗坑镇在建设"一村一景"的示范工作中，在该镇中心坝村种植6.67公顷红花莲，打造"荷塘夜色"乡村旅游项目，吸引众多游客远道而来观赏。中共十八大以来，全区建立了枫湾白水蜜桃、罗坑雪花岩茶叶、小坑汤湖食用菌等21个党员示范基地，引领带动7800户农户增收致富。马坝镇龙岗村委充分利用当地狮子岩优质水资源，在扶贫工作队的帮助下，发动群众种植马蹄、莲藕，腌制咸酸菜等，发展特色种植和农产品加工业，成立了"韶关市曲江区马坝狮源有机农产品专业合作社"，并注册"龙焱"商标。2016年，仅马蹄一项就有40多户农户种植，面积达20公顷，增收90多万元。2016年11月13日，广东卫视以《立足岗位，以学促做》为专题，对龙岗村发动马蹄种植开展精准扶贫工作进行新闻报道。2017年1月成功举行了首届龙岗马蹄品鉴会，进一步扩大了品牌影响力。全区建设和完善了农村基层公共服务中心及农村"三资"交易中心两个平台，已产生大宗业务进场交易100多宗，交易额达500万元，为壮大村级经济注入了新动力。加强村级组织的经费保障，近年来，区财政每年都加大了对村级组织的经费投入力度，建立了村级组织经费增长机制，从2015年每年5万元，至2017年提高到每年8万元。

整治办公环境，着力解决农村村级办公条件差的问题。中共十六大以来，中共中央和省委、市委很重视村级组织办公场所和环境的建设，曾拨出专款与地方配套计划资金来加强对农村村级办公场所的建设，先后建起了一批村级办公楼房。中共十八大以后，随着村级党组织提升晋级，整顿软弱涣散村级党组织的不断推进，对办公场所和设施也提出了更高的要求和标准。区采取区财政给一点、区管党费拨一点、镇补贴一点、挂钩单位助一点、村自筹一点的形式，帮助改善办公场所和环境。2015 年，沙溪镇窝子村筹集资金 50 万元，新建了一座二层办公楼。马坝镇龙岗村也在多方面支持下建起了面积达 630 平方米的便民服务中心，把便民服务中心、党员学习教育、乡村卫生站、村民图书馆和村民活动广场等多功能融为一体。2017 年，全区 85 个农村村委都完善了村办公场所，建立了便民服务中心和农村"三资"交易中心两个服务平台，为农村群众服务和经济发展提供了便利条件。

三、基层党组织的思想政治、作风和制度建设

提高基层党组织的执政能力，保持党员的先进性，关键在于加强基层党组织的思想政治建设。加强以坚定信念、对党忠诚、服务人民、廉洁自律为重点的党性教育，构建学习型的基层党组织班子。理论学习方面，曲江区四套班子在中共十六大前后成立了班子成员"学习中心组"，形成长效学习机制。在区领导干部带头示范作用下，镇、村级班子都相继制定了学习制度，定期学习马克思主义、毛泽东思想、邓小平理论、"三个代表"重要思想和科学发展观。尤其是中共十八大以后，中共曲江区委先后印发《曲江区党员干部学习宣传党的十八大精神"十百千万"培训工程实施方案》。一系列的学习教育，提高了党员干部理论水平和综合素质。加强培训是提高党员干部理论素质的重要内容。中共十六大以后，每年中共曲江区委组织部作出规划、统一安排。充分利用区、镇两级党校对党员干部进行培训教育，同时充分利

用新兴媒体平台、阵地学习平台、党日活动平台、户外实践平台，开展以"强化个人自主学习、强化履职服务能力、强化党性培养锻炼、强化技能实践应用"为主要内容的综合素质的提升为目标，大力对村委干部、大学生村官、入党积极分子、党员创业致富带头人、村级后备干部进行多层次、全方位、系统性的教育培训。提升他们的思想政治素养和发展经济致富带富能力、依法依规基层治理能力、社会发展公共能力。2015年起，区财政投入100多万元，对农村156名50岁以下村委干部进行免费学历教育培训，目前，绝大多数村委干部已达到大专文化水平。

党的优良作风得到发扬。中共十六大以后，中共曲江县（区）委按照中共中央和省委、市委的部署，开展了以实践"三个代表"重要思想为主要内容的保持共产党员先进性教育活动和建设"五好四有"领导班子的活动。在农村开展了民情日记活动，基层党组织班子的思想作风和工作作风有了明显转变，民主决策，深入群众，了解民情、真抓实干的精神得到发扬。2014年2月，中共曲江区委开展党的群众路线教育实践活动。2015年3月，又进一步开展深化"四风"整治、巩固和拓展党的群众路线教育实践活动成果的教育活动。坚持一手抓"四风"整治，一手抓经常性教育，教育与实践并重，常抓不懈。始终保持对"四风"问题的高度警觉，做到常抓、细抓、长抓。教育和实践活动的不断推进，党的密切联系群众的优良传统，实事求是、扎实干事、干净干事的正气上升，组织党的核心作用加强，政治生活得到健全，领导干部带领群众干事创业的积极性和主动性不断提升。

党组织的各项制度得到进一步健全和完善。中共十六大以后，按照中共中央和省委、市委的部署，2004年3月中共曲江县委印发了《关于开展农村党的建设"三级联创"活动的实施意见》，9月又印发《关于加强农村基层党组织建设的通知》，重点内容之一是要建立和健全党的民主集中制度、"三会一课"制度、民主生活会制度等。2012 年 8 月,中共曲江区委印发了《曲江区委制度汇编》,2016 年又在实践中总结,进行了修订。经修订的《曲江区委制度汇编》共有四章:第一章为议事决策制度,有区委常委会议议事等十项制度规定;第二章为工作执行制度,有区委常委挂点联系基层等六项制度规定;第三章为廉政建设类制度,有区委自身建设规定等五项制度规定;第四章为内务管理制度,有区委理论学习等六项制度规定。镇、村基层党组织也在实践"三个代表"重要思想,保持党的先进性教育、党的群众路线教育实践活动中,不断进一步在实践中建立和完善了理论学习制度、领导干部和机关直接联系群众制度、曲江区村级便民中心"365"工作手册、党务公开制度、民主评议等一系列制度。目前,马坝镇党委、政府制定的《马坝镇制度汇编》中有马坝镇党委议事规则和马坝镇党政班子联席会议制度等 20 项规章制度。其中党委议事规则中有 26 条规定,党政班子联席会议制度有 52 条规定。此外,马坝镇村级班子联席会议制度有 13 条规定,村级党群联席会议制度有 12 条规定等。这些制度的落实和执行,为提高基层党组织的凝聚力、战斗力,发挥其战斗堡垒作用从制度上打下了基础。

四、加强党风廉政建设、严惩腐败

1952 年 5 月,中共曲江县委纪律检查委员会成立,1956 年 6 月,中共曲江县委纪律检查委员会改称为中共曲江县委监察委员会。1979 年 7 月,经中共韶关市委批准,重新成立了中共曲江县纪律检查委员会。1980 年 3 月,中共曲江县第四次代表大会选举了纪律检查委员会,县委副书记苗喜荣当选为纪委书记。1983 年 3 月,中共曲江县委纪律检查委员会易名为中共曲江县纪律检查委员会。1988 年 3 月,曲江县监察局挂牌办公。1993 年 9 月,中共曲江县委成立党风廉政建设领导小组，下设办公室（简称"党廉办"），办公地点设在中共曲江县纪律检查委员会。1994 年 7 月，根据中共中央的有关指示，中共曲江县纪律检查委员会、曲江县监察局正式合署办公，实行两块牌子，一套人马，履行党的纪律检查和政府行政监察两种职能。1998 年 9 月，中共曲江县委成立了党风廉政建设领导小组，县党廉办担负日常工作，履行职责。在县委的正确领导和县委党风廉政建设领导小组的指导下，全县党风廉政建设各项工作全面有序开展。

反腐倡廉教育。反腐倡廉教育是一项长期而艰巨的任务。新中国成立以来，中共曲江县委一直重视对党员干部的廉政教育，经常组织学习《中国共产党章程》，学习中央的有关文件和《毛泽东选集》，开展学习雷锋、焦裕禄全心全意为人民服务精神的活动。

改革开放后，全县反腐倡廉教育经常性、系统性地开展起来。1980 年初，开展学习贯彻中共中央《关于党内政治生活的若干准则》，在学习中，广大党员干部进一步认清形势，解放思想。1985 年和 1986 年，开展纪律整顿、端正思想的教育，加强纪律性和坚决纠正以权谋私等问题。1989 年和 1990 年，开展政治纪律和反腐保廉教育。1991 年和 1992 年，开展了反腐教育和党内法规教育。

运用正面典型开展经常性、系统性的教育，曲江涌现不少典型人物。20 世纪 90 年代以来，有小坑水库管理处主任丘耕云、曲江县林业局局长杨忠、曲江中学校长邝仕周、曲江县水产局局长张永强等一批先进人物，他们严于律己，廉洁勤政的事迹在全曲江弘扬，这些正面典型教育了广大党员干部。在本县电视台等宣传媒体播放《风正帆扬》《公仆情》《心连心》《勤政风范录》《无悔人生》等弘扬正能量的电教片。

结合形势，坚持开展纪律教育月活动。从 1992 年开始，每年的 7 月，曲江都开展纪律教育月学习活动，各级党组织都召开动员大会，组织党员干部学习党内和行政法规及法律知识，学习中共中央领导关于党风廉政建设和反腐败的有关论述。县纪委监察局利用《曲江纪检监察》简报宣传先进人物，全县廉洁从政的态势。先后编印了《明镜》《担当》《曲江家风集》等一批书籍，为广大党员干部提供了学习的教材。2013 年，曲江区纪律教育学习月活动的主题是"严纪律、正作风、促廉洁"。在全区开展以中国特色社会主义教育为重点的理想信念教育；开展以政治纪律教育为重点的党纪教育；开展以党纪法规教育为重点的廉政教育；开展以治理庸懒散奢为重点的作风教育；开展从政道德教育为重点的政治品质和道德品德教育；开展以保密责任意识为重点的保密宣传教育。推进了廉政文化活动，曲江区党员干部特别是党员领导干部的党性观念得到进一步增强，拒腐防变、抵御风险的能力得到了提高，解决了作风建设中存在的突出问题。2015 年，中共曲江区委结合"三严三实"教育，组织区四套班子成员及镇街、区直单位"一把手"到阳江监狱、韶关监狱开展警示教育。以纪律教育学习月活动为载体开展选树正面典型教育活动，以"道德讲堂"为载体，到各镇、各单位巡回开展廉政教育讲座（讲堂）14 个。深入开展"清廉曲江"创建活动，组织了 90 家单位的党员干部走进反腐倡廉教育基地接受廉政教育。2016 年，在农村党支部中开展以全心全意为人民服务和用好权为重点的教育。乌石镇杨梅村党支部、党支委结合实际书写了学习体会。中共十八大召开后，各级党组织经常组织学习习近平总书记的系列讲话，开展党风廉政建设谈心活动。

在学习中，充分利用反面典型加强警示教育。同时通过《警钟》《阿罗汉神兽》和剖析曲江典型案例让党员干部得到警示。

2005 年，马坝镇原党委书记袁某某、党委副书记丘某某、党委委员何某某因贪污腐化，先后因在征地问题上职务犯罪，受到党纪政纪的严惩，被判刑。马坝镇党委、政府进行认真剖析讨论。强调今后一定要坚持民主集中制，凡属重大事项一定要经班子会议讨论决定，并形成会议纪要。重新制定了《马坝镇党委议事规则》《马坝镇督查工作制度》等 7 项制度，把权力关进制度的笼子。组织党员领导干部深入学习党的政治纪律，学习习近平总书记重要讲话精神，开展全方位的理想信念、作风纪律、政治品质和道德品德教育，构筑思想防线。马坝镇还加强了对党员领导干部八小时以外的活动监督，推进干部作风建设。加强反腐倡廉教育，有力地推进纠正各种不正之风工作的开展。

纠正各种损害群众利益的不正之风。改革开放后，曲江和全国各地一样，生产力迅速提高，经济建设取得很大的成绩。一些行业和部门出现了损害群众利益的行为，群众意见很大，这些行为破坏了党群和干群关系。1991 年 7 月，曲江县人民政府成立了纠正行业不正之风办公室（简称"纠风办"），并抽调一些单位的人员开展纠风工作。

1991 年 7 月至 1994 年 11 月，针对当时一些部门和行业利用职务和工作之便，对客户"吃、拿、卡、要"和"乱收费、乱摊派、乱罚款"等"三乱"行为进行整治。各部门和行业开展自查自纠，建章立制，全县组织大检查，纠风工作初见成效，基本刹住了"三乱"、利用公款出国出境旅游、公款吃喝、请客送礼等不正之风。全县共取消和降低收费标准 239 项，取消单位自行设立的收费项目 97 项，清退多收乱收费 30 多万元，罚没处理 6.58 万元。遏制了项目奠基剪彩、周年庆典等活动中的铺张浪费行为。

1995 年，曲江在全县范围开展了行政事业性收费实行"收支两条线"的管理和清理小金库工作。清理行政事业性收费 1612.5

万元，缴入国库 362.8 万元，清理小金库 16 万元。同时，认真整改，制定了行政事业性收费、财务管理和预算外资金管理制度，规范了"收支两条线"管理。

1996 年，曲江县开展减轻农民负担专项治理工作。制定了农民减负监督卡制度，设立了举报电话，聘请农户为减轻农民负担观察员。全县重点抓整顿农贸市场，打击了坑农害农行为，清理涉农收费项目和标准，加大力度对镇统筹村提留的财务管理，用制度和监督约束机构实施农民负担预决算。开展专项审计。全面推行涉农收费公示制度，严厉查处坑农害农的行为。

1999 年，为解决群众看病难和药价虚高等问题，曲江县全面开展了纠正医风和医药购销的专项管理，查处了 6 个从不正当渠道采购药品和医疗器械的单位，处理了相关责任人，清退红包 5870 元。2011 年，切实纠正医药购销和医疗服务中的不正之风，通过集中采购招标采购药品，实行基本药物零差率制度，减轻患者经济负担。深入开展医药回扣专项治理工作，通过自查自纠，全区卫生系统有 3 个医疗单位 146 名医务人员主动上交收受的回扣款 17 万元，进一步规范了医药购销和医疗服务行为，促进了医疗部门政风行风的好转。

严肃查处违法违纪案件。中共曲江县纪律检查委员会成立后，以国家法律和党的章程为依据，查处各类违法违纪案件。至 1994 年，违纪立案 186 宗，处分党员 193 人，其中副科级以上党员干部 22 人，开除党籍 123 人，挽回经济损失五百多万元。曲江县监察局从设立起，以国家法律法规和有关的监察条例为准绳，以事实为依据，至 1994 年，立案查处违法违纪案件 42 宗，处分干部 39 人，其中副科级以上干部 16 人，开除公职 4 人，挽回经济损失 150 多万元。

1994 年，中共曲江县纪律检查委员会和监察局合署办公后，加大了力度惩治腐败案件。至 2004 年，共立案查处党员干部违法违纪案件 427 宗，审理案件 427 宗，受党纪处分 356 人，受政纪处分 123 人。挽回经济损失 6000 多万元。

中共十八大以后，曲江区纪检监察机关深入学习中共十八大精神和习近平总书记的一系列关于反腐败的重要讲话，抓教育、抓制度、抓严惩，坚持把查办案件摆在反腐倡廉的突出位置，做到有案必查，有腐必惩，派出纪检组，经常开展明察暗访，严抓违反中央"八项规定"的案件。至 2017 年，立案查处党员干部违法违纪案件 329 宗，其中大要案件 13 宗，处分党员干部 341 人，其中副科级以上干部 68 人。马坝镇原党委副书记蓝某某，利用职务之便，指使不明身份人员殴打承租户，抢夺相机、毁灭证据。在职期间收受各种贿赂折合人民币 28.5 万元，受到开除党籍公职，判处有期徒刑 5 年，并没收个人财产 3 万元处理。全区追缴违纪金额 1.01 亿元，挽回经济损失 7100 万元。惩处腐败，使广大党员干部从中受到教育，逐步做到不想腐、不敢腐、不能腐，为曲江全面建设中国特色社会主义社会保驾护航。

附　录

附录一 曲江区（县）领导机构沿革和领导人名录

一、中共曲江区（县）委历届领导成员名录

机构名称、年限	职务姓名及任职时间	备 注
中共曲江县支部 （1925 年 12 月— 1927 年 7 月）	书　记：梁展如（1925 年 12 月—1927 年 7 月）	曲江最早成立的党组织。
中共曲江县委员会 （1927 年 2 月— 1927 年 7 月）	书　记：梁展如（1927 年 2 月—1927 年 7 月） 　　　　（一说刘胜侣） 委　员：刘胜侣、卢平克等	
重建的中共曲江县委 （1927 年 11 月— 1928 年 1 月）	负责人： 书　记：梁展如（1927 年 12 月—1928 年 1 月） 委　员：欧日章、叶发青等	
恢复后的中共曲江县委（1928 年 2 月— 1928 年 8 月）	书　记：王果强（1928 年 2 月—1928 年 8 月） 委　员：欧日章、卢克平、刘　福、 　　　　叶发青、蔡　根、张美顺	
新组成的中共曲江县委（1928 年 8 月— 1928 年 12 月）	书　记：陈之（待查）曾　发 委　员：欧日章、刘　福、叶发青、 　　　　蔡　根、张美顺、黄道文	
北江特委被破坏后的中共曲江县委（1929 年 1 月—1931 年 5 月）	负责人：彭　晒、一　夫 委　员：欧日章、刘　福、叶发青、 　　　　蔡　根、张美顺、黄道文	
中共北江（曲江）县委（1931 年夏— 1932 年 6 月）	书　记：彭　叙 委　员：刘裕光、梁展如、赖　新等 巡视员：彭金华	

（续表）

机构名称、年限	职务姓名及任职时间	备　注
改组后的中共曲江 （北江）县委 （1931 年 8 月— 1932 年秋）	1. 1931 年 8 月改组的曲江县委 书　记：彭　叙 委　员：梁展如、赖　新、△△（工　人）、 　　　　△△（工　人） 2. 1932 年 3 月改组的曲江县委 书　记：彭　叙 委　员：△△△（秘书，知识分子） 　　　　邓　强（手工业工人）	
中共曲江县工作委 员会（1932 年秋— 1933 年夏）	书　记：马　锦 组织部部长：邓　强 宣传部部长：梁展如 巡　视　员：卢毅生	
中共曲江县委 （1939 年 6 月— 1939 年 10 月）	书　　记：岑振雄 组织部部长：张尚琼 宣传部部长：张尚琼（兼）	
中共曲江中心县委 （1939 年 11 月— 1940 年 9 月）	书　　记：岑振雄 组织部部长：黄焕秋 宣传部部长：吴震乾（1940 年初到任）	
中共后北江特委 （1940 年 10 月— 1943 年 2 月）	1. 1940 年 10 月后的中共后北江特委 书　　记：陈　祥（1940 年 10 月—1941 年秋） 组织部部长：岑振雄（先）、黄焕秋（后）、 　　　　　　李守纯（1940 年 10 月—1941 年 8 月） 宣传部部长：黄焕秋（1940 年 10 月—1941 年 8 月） 妇女部部长：周薇雨（1940 年 10 月—1941 年秋） 2. 1941 年秋后的中共北江特委 书　　记：李守纯（1941 年秋—1943 年 2 月） 副　书　记：魏南金（1942 年 2 月—1943 年 3 月） 组织部部长：魏南金 青年部部长：袁鸿飞（1942 年春—1942 年 2 月） 妇女部部长：周薇雨（1941 年秋—1942 年 4 月）	

（续表）

机构名称、年限	职务姓名及任职时间	备 注
中共曲江特派员 （1944 年 12 月— 1945 年 8 月）	特派员：徐 沂（徐毅平）	
中共曲（江） 英（德）边工委 （1944 年 12 月— 1945 年 8 月）	负责人：肖少麟	
中共曲（江） 乳（源）特派员 （1945 年 9 月— 1946 年底）	特派员：杜国彪 副特派员：毛鸿筹（1945 年 9 月—1945 年 10 月） 　　　　　陈兴中（1945 年 11 月—1946 年 7 月） 　　　　　程 琪（1946 年 8 月—1946 年底）	
中共曲（江） 乳（源）乐（昌） 仁（化）特派员 （1947 年初— 1948 年 2 月）	特派员：杜国彪 副特派员：程 琪（1947 年初—1947 年 7 月）	
中共曲江工委 （1948 年 8 月— 1949 年 7 月）	书　　记：赵学光（女） 组织部部长：赵学光（兼） 宣传部部长：李凌冰	
中共清（化） 曲（江）工委 （1949 年 3 月— 1949 年 7 月）	书　　记：何远赤 委　　员：莫世延、何耀爵、许少楷	
中共曲江县委 （1949 年 7 月— 1949 年 10 月）	书　　记：陈培兴 组织部部长：赵学光（女） 宣传部部长：李凌冰 武装部部长：何远赤	

（续表）

机构名称、年限	职务姓名及任职时间	备　注
新中国成立初期的中共曲江县委员会（1949年10月—1956年6月）	1.　书　记：袁鉴文（1949年10月—12） 　　　　　黄桐华（1949年12月任） 　副书记：黎晓初（1949年10月—1950年2月） 　委　员：向步成（女，1949年10月任） 　　　　　李祥麟（1949年10月—1950年12月） 　　　　　张勋甫（1949年10月—1950年10月） 　　　　　许文明（1950年1月任） 　　　　　肖怀义（1950年1月任） 　　　　　曾　东（1950年5月任） 　　　　　郑彦文（1950年7月任） 2.　第一书记：张根生（1950年12月—1951年5月） 　　书　记：黄桐华（连任—1951年6月） 　副书记：向步成（女，1951年6月任，主持全面工作） 　委　员：向步成（女，连任） 　　　　　许文明（连任） 　　　　　肖怀义（连任） 　　　　　曾　东（连任） 　　　　　郑彦文（连任） 3.　书　记：陈　奋（1951年11月—1953年10月） 　副书记：向步成（女，连任—1952年3月） 　　　　　丁兆臣（1952年3月—1953年4月） 　　　　　马植田（1953年1月—10） 　委　员：许文明（连任—1952年9月） 　　　　　肖怀义（连任—1952年8月） 　　　　　郑彦文（连任—1951年12月） 　　　　　张　普（1951年6月—1952年6月） 　　　　　王启智（1952年3月—6） 　　　　　武　杰（1952年3月任） 　　　　　杨　平（1952年3月—1953年9月） 　　　　　乔心良（1952年6月任）	1956年5月以前，中共曲江县委的领导班子是由上级党委任命的。初时只设正副书记、委员，1955年2月，开始设立常委会。

（续表）

机构名称、年限	职务姓名及任职时间	备　注
新中国成立初期的 中共曲江县委员会 （1949年10月— 1956年6月）	李洪德（1952年8月任） 叶放青（1953年3月任） 刘国安（1953年6月任） 4. 第 一 书 记：左　铭（1953年10月—1954年10月） 　第 二 书 记：殷连城（1953年10月—1954年10月） 　第 三 书 记：马植田（1953年10月—1954年9月） 　书　　　记：殷连城（1954年10月任） 　第一副书记：刘国安（1954年7月—1955年2月） 　第二副书记：李洪德（1954年7月任） 　委　　　员：武　杰（连任—1953年12月） 　　　　　　　乔心良（连任—1953年12月） 　　　　　　　李洪德（连任—1954年6月） 　　　　　　　叶放青（连任） 　　　　　　　刘国安（连任—1954年6月） 　　　　　　　林卧龙（1954年1月任） 　　　　　　　陆奕年（1954年1月任） 　　　　　　　魏日朗（1954年5月任） 　　　　　　　官怀民（1954年6月任） 　　　　　　　韩福聚（1954年6月任） 　　　　　　　钱成山（1954年7月任） 　　　　　　　潘文华（1954年11月任） 　　　　　　　李春环（女，1954年11月任） 　　　　　　　郭全强（1954年12月任） 　　　　　　　刘更生（1955年1月任） 5. 书　　　记：殷连城（连任—1956年6月） 　副 书 记：李洪德（连任—1955年8月） 　　　　　　林卧龙（1955年2月—1956年6月） 　常　　　委：陆奕年（1955年2月—1956年6月） 　　　　　　　叶放青（1955年2月任） 　　　　　　　吴　畏（1955年2月任） 　　　　　　　刘更生（1955年2月任）	

（续表）

机构名称、年限	职务姓名及任职时间	备 注
中共曲江县 第一届委员会 （1956年6月— 1959年1月） （1961年3月— 1961年11月）	1. 书　记：马植田（1956年6月—1957年4月） 　　副书记：林卧龙（1956年6月—1957年4月） 　　　　　　吴　畏（1956年6月—1957年4月） 　　常　委：刘更生（连任） 　　　　　　叶放青（连任） 　　　　　　潘文华（1956年6月任） 　　　　　　魏日朗（1956年6月任） 2. 第一书记：马植田（1957年4月—1959年1月） 　　书　记：林卧龙（1957年4月—1958年5月） 　　　　　　吴　畏（1957年4月—1958年5月） 　　　　　　李洪德（1957年4月—1959年1月） 　　　　　　杨文挺（1958年5月—1959年1月） 　　常　委：潘文华（连任—1959年1月） 　　　　　　魏日朗（连任—1959年1月） 　　　　　　叶放青（连任—1958年5月） 　　　　　　刘更生（连任—1957年8月） 　　　　　　姜吉田（1957年8月—1959年1月） 3. 第一书记：李凌冰（1961年3月任） 　　书　记：何　祥（1961年3月任） 　　　　　　吴宝臣（1961年3月任） 　　　　　　李洪德（1961年3月任） 　　　　　　贺　勇（女，1961年3月任） 　　　　　　魏日朗（1961年3月—11） 　　　　　　杨永明（1961年3月任） 　　　　　　姜吉田（1961年3月任） 　　常　委：刁中亭（1961年3月任） 　　　　　　韩福聚（1961年3月任） 　　　　　　陈双龙（1961年3月任）	1959年1月， 由于曲江、 乳源、仁化 三县和韶关 市合并，因 此，撤销中 共曲江县委 员会。1961 年3月，三 县一市分开， 恢复曲江县 建制，县委 领导人由上 级任命。

（续表）

机构名称、年限	职务姓名及任职时间	备 注
中共曲江县 第二届委员会 （1961 年 11 月起 —1968 年 1 月）	1. 第一书记：李凌冰（连任—1963 年 12 月） 　书　记：何　祥（连任—1963 年 12 月） 　　　　　吴宝臣（连任—1963 年 12 月） 　　　　　李洪德（连任—1963 年 8 月） 　　　　　贺　勇（女，连任—1963 年 7 月） 　　　　　姜吉田（连任—1963 年 10 月） 　　　　　杨永明（连任—1963 年 12 月） 　　　　　韩福聚（1961 年 11 月—1962 年 12 月） 　常　委：刁中亭（连任—1963 年 12 月） 　　　　　陈双龙（连任—1963 年 12 月） 　　　　　王　庆（1961 年 11 月任） 　　　　　王文义（1962 年 12 月—1963 年 12 　　　　　月，列席常委） 2. 书　记：李凌冰（1963 年 12 月任） 　副书记：何　祥（1963 年 12 月任） 　　　　　吴宝臣（1963 年 12 月—1966 年 9 月） 　　　　　杨永明（1963 年 12 月—1964 年 10 月） 　　　　　伍云志（1964 年 1 月任） 　　　　　李景春（1965 年 8 月任） 　　　　　康乐书（1965 年 11 月任） 　　　　　刁中亭（1965 年 11 月任） 　常　委：刁中亭（连任—1965 年 11 月） 　　　　　陈双龙（连任） 　　　　　王　庆（连任—1965 年 10 月） 　　　　　王文义（1963 年 12 月任） 　　　　　陈东秋（1965 年 11 月任） 　　　　　栾锡斌（1965 年 11 月任） 　　　　　于万春（1966 年 12 月任）	1963 年 12 月后，第一 书记改为书 记；书记改 为副书记； 常委称谓依 旧。

（续表）

机构名称、年限	职务姓名及任职时间	备　注
曲江县革命委员会党的核心领导小组（1968年4月—1969年9月）	组　长：于万春（军代表，1968年4月—1969年4月） 　　　　钟玉哉（军代表，1968年4月—1968年8月） 成　员：何　祥（1968年4月—1969年8月） 　　　　杨崇林（1968年4月—1969年4月） 　　　　苏　权（军代表，1968年4月—1969年8月） 　　　　甘义娣（女，1968年4月—1969年4月） 　　　　李仕权（1968年4月—1969年4月） 　　　　马春离（1969年4月—1969年8月） 　　　　邢书田（军代表，1969年4月—1969年8月）	"文革"期间，县委机构一度中断，由党的核心领导小组取代。
中共曲江县第三届委员会（1969年9月起—1980年3月）	书　记：马春离（1969年9月—1970年4月） 　　　　钟玉哉（1970年4月—1972年12月） 　　　　陈国生（1972年12月—1974年6月） 　　　　康乐书（1974年6月任） 副书记：邢书田（1969年9月—1974年6月） 　　　　钟玉哉（1969年9月—1970年4月） 　　　　陈国生（1971年3月—1972年12月） 　　　　甘义娣（女，1972年10月任） 　　　　康乐书（1973年1月—1974年6月） 　　　　陈东秋（1974年6月任） 　　　　梁仲恒（1974年9月任） 　　　　徐佑成（1976年1月任） 　　　　卢定周（1977年9月任） 　　　　廖水松（1977年9月—1978年2月） 　　　　苗喜荣（1979年6月任） 常　委：张任然（1969年9月—1971年10月） 　　　　陈东秋（1969年9月任） 　　　　李景春（1969年9月—1971年3月） 　　　　卢定周（1969年9月任） 　　　　苗喜荣（1970年7月任） 　　　　康乐书（1971年5月任） 　　　　汪明星（1971年5月—1974年6月） 　　　　鲁德安（1971年10月任） 　　　　廖水松（1972年10月任）	

（续表）

机构名称、年限	职务姓名及任职时间	备　注
中共曲江县第三届委员会（1969年9月起—1980年3月）	齐敬波（1973年11月—1978年9月） 彭　念（1974年7月任） 刘程荫（1976年1月任） 蔡传仗（1976年1月任） 孔赐安（1976年2月任） 余之德（1976年6月任） 杨明球（1977年7月任） 王和清（1978年3月任） 孙静刚（1978年3月—1980年3月） 王雄武（1978年10月任） 甘达明（1978年11月—1979年12月）	
中共曲江县第四届委员会（1980年3月—1984年7月）	书　记：康乐书（连任—1983年6月） 　　　　卢定周（1983年6月任） 副书记：陈东秋（连任—1982年9月） 　　　　徐佑成（连任—1984年3月） 　　　　卢定周（连任—1983年6月） 　　　　苗喜荣（连任—1984年2月） 　　　　杨明球（1982年11月任） 　　　　蔡传仗（1983年8月任） 　　　　梁灿盛（1984年3月任） 常　委：蔡传仗（连任—1983年8月） 　　　　刘程荫（连任—1984年3月） 　　　　杨明球（连任—1982年11月） 　　　　王和清（连任—1984年3月） 　　　　王雄武（连任—1983年12月） 　　　　肖　扬（1980年3月—1981年10月） 　　　　杨　瑰（1982年9月—1984年3月） 　　　　杨育南（1982年9月任） 　　　　李竹斌（1983年12月任） 　　　　余煌章（1984年3月任） 　　　　莫家国（1984年3月任） 　　　　贺汉龙（1984年3月任）	

（续表）

机构名称、年限	职务姓名及任职时间		备　注
中共曲江县 第五届委员会 （1984年7月— 1987年2月）	书　记：卢定周（连任） 副书记：蔡传仗（连任） 　　　　梁灿盛（连任） 　　　　杨明球（连任—1984年10月） 　　　　刘程荫（1984年10月任）		
	常　委：余煌章（连任） 　　　　莫家国（连任） 　　　　贺汉龙（连任） 　　　　李竹斌（连任—1986年1月） 　　　　杨育南（连任—1985年4月） 　　　　许自清（1986年4月任） 　　　　何宗源（1986年8月任） 　　　　谢世民（1984年8月任、市挂职）		
中共曲江县 第六届委员会 （1987年2月— 1990年3月）	书　记：卢定周（连任—1989年4月） 　　　　蔡传仗（1989年4月—1990年2月） 　　　　梁灿盛（1990年2月任） 副书记：蔡传仗（连任—1989年4月） 　　　　梁灿盛（连任—1990年2月） 　　　　刘程荫（连任—1990年3月） 　　　　许自清（1990年2月任）		
	常　委：余煌章（连任） 　　　　莫家国（连任—1988年12月） 　　　　何宗源（连任） 　　　　贺汉龙（连任—1988年1月） 　　　　许自清（连任—1990年2月） 　　　　胡建民（1987年2月任） 　　　　谢世民（1986年8月挂任—1988年1月） 　　　　黄应龙（1989年2月任） 　　　　杨树新（1989年2月挂任—1989年9月） 　　　　莫锦强（1989年3月挂任） 　　　　江少强（1990年2月任）		

（续表）

机构名称、年限	职务姓名及任职时间		备 注
中共曲江县 第七届委员会 （1990 年 3 月— 1993 年 2 月）	书　记：梁灿盛（连任）		
	副书记：许自清（连任）		
	余煌章（1990 年 3 月任）		
	周月云（女，1990 年 3 月—1993 年 2 月）		
	常　委：何宗源（连任）		
	胡建民（连任）		
	黄应龙（连任—1991 年 11 月）		
	江少强（连任）		
	叶汉辉（1990 年 3 月任）		
	莫锦强（连挂任—1991 年 2 月）		
	郑中玉（1991 年 5 月挂任）		
	何伟源（1991 年 12 月任）		
中共曲江县 第八届委员会 （1993 年 2 月— 1998 年 2 月）	书　记：梁灿盛（连任—1993 年 12 月）		
	许自清（1993 年 12 月—1996 年 7 月）		
	赖龙福（1996 年 7 月任）		
	副书记：许自清（连任—1993 年 12 月）		
	余煌章（连任—1995 年 8 月）		
	江少强（1993 年 2 月—1997 年 12 月）		
	赖龙福（1994 年 2 月—1996 年 7 月）		
	邹永松（1995 年 3 月任，正处级，援藏）		
	李维员（1995 年 3 月任，援藏）		
	肖金笋（1995 年 11 月—1997 年 10 月）		
	叶汉辉（1997 年 3 月—1997 年 12 月）		
	谭章明（1997 年 12 月任）		
	刘灶金（1998 年 2 月任）		
	刘伟聪（1998 年 2 月任）		
	常　委：何宗源（连任—1997 年 1 月）		
	胡建民（连任—1993 年 11 月）		
	叶汉辉（连任—1997 年 3 月）		
	郑中玉（连挂任—1993 年 5 月）		
	何伟源（连任—1995 年 6 月）		

（续表）

机构名称、年限	职务姓名及任职时间	备　注
中共曲江县 第八届委员会 （1993 年 2 月— 1998 年 2 月）	李航海（1993 年 2 月—1998 年 2 月） 谢新贤（1993 年 2 月—1995 年 11 月） 罗宗祥（1994 年 2 月任） 肖金笋（1994 年 4 月—1995 年 11 月） 林其新（1994 年 4 月任） 邹永松（1994 年 4 月—1995 年 3 月，援藏） 杨武标（1995 年 6 月任） 何建国（1995 年 11 月—1997 年 12 月） 陈　英（1996 年 7 月任） 刘伟聪（1997 年 3 月任） 黄东太（1997 年 12 月任） 廖和昌（1997 年 12 月任—1998 年 2 月）	
中共曲江县 第九届委员会 （1998 年 2 月— 2003 年 2 月）	书　记：赖龙福（连任—2001 年 6 月） 　　　　谭章明（2001 年 10 月任） 副书记：谭章明（连任—2001 年 10 月） 　　　　刘灶金（连任） 　　　　刘伟聪（连任—2002 年 12 月） 　　　　练建秋（2001 年 8 月—2003 年 2 月） 　　　　罗宗祥（2002 年 5 月—2003 年 2 月） 　　　　邹志坚（2002 年 12 月任） 常　委：罗宗祥（连任—2002 年 5 月） 　　　　林其新（连任—1998 年 3 月） 　　　　杨武标（连任） 　　　　陈　英（连任—2003 年 2 月） 　　　　黄东太（连任—2002 年 12 月） 　　　　谢新贤（1998 年 2 月—2003 年 2 月） 　　　　朱福昭（1998 年 2 月—2003 年 2 月） 　　　　钟移明（1998 年 12 月任） 　　　　梁光明（2000 年 11 月任） 　　　　彭仲华（2002 年 12 月任） 　　　　杨绍凯（2002 年 12 月任）	

（续表）

机构名称、年限	职务姓名及任职时间	备 注
中共曲江县第十届委员会、中共韶关市曲江区第十届委员会（2003年2月—2006年12月）	书　记：谭章明（连任） 副书记：阙定胜（2004年2月—2006年12月） 　　　　刘灶金（连任—2006年8月） 　　　　邹志坚（连任—2006年8月） 　　　　杨武标（2003年2月—2006年8月） 　　　　龙勇文（2006年8月任） 常　委：刘灶金（2006年8月—2006年12月） 　　　　邹志坚（2006年8月—2006年12月） 　　　　杨武标（2006年8月—2006年12月） 　　　　彭仲华（连任—2004年6月） 　　　　梁光明（连任—2005年7月） 　　　　杨绍凯（连任） 　　　　李小平（2003年2月任） 　　　　罗海俊（女，满族，2003年2月任） 　　　　霍志武（2003年6月任） 　　　　钟移明（连任—2005年1月） 　　　　吴春腾（2004年12月任） 　　　　蓝振云（2005年7月任） 　　　　翟成洪（2005年7月任） 　　　　黄健庭（2006年12月任）	2004年8月撤县设区后，机构及职务名称随之相应变更。
中共韶关市曲江区第十一届委员会（2007年1月—2011年9月）	书　记：谭章明（连任—2007年1月） 　　　　阙定胜（2007年1月—2009年9月） 　　　　胡书臣（2009年9月—2011年9月） 　　　　陈向新（2011年9月任） 副书记：龙勇文（连任—2010年3月） 　　　　吴春腾（2007年3月任） 　　　　范国文（2010年3月任）	

（续表）

机构名称、年限	职务姓名及任职时间	备　注
中共韶关市曲江区第十一届委员会（2007年1月—2011年9月）	常　委：杨绍凯（连任—2011年9月） 　　　　霍志武（连任—2007年4月） 　　　　蓝振云（连任—2009年4月） 　　　　翟成洪（连任—2007年4月） 　　　　李小平（连任—2011年9月） 　　　　罗海俊（连任—2011年9月，女，满族） 　　　　许永波（2007年1月—2011年3月） 　　　　黄健庭（连任） 　　　　彭耀远（2007年4月—2009年4月） 　　　　游加慧（2007年7月—2011年9月） 　　　　陈建新（2009年3月—2011年6月） 　　　　伍海艳（女，2009年12月任） 　　　　孙江平（2010年7月任） 　　　　杨新军（2011年6月任）	
中共韶关市曲江区第十二届委员会（2011年9月—2016年9月）	书　记：陈向新（连任—2012年7月） 　　　　黄劲东（2012年7月—2016年6月） 　　　　高冬瑞（女，2016年6月任） 副书记：吴春腾（连任—2012年7月） 　　　　范国文（连任—2015年6月） 　　　　黄健庭（2012年12月—2016年9月） 　　　　高冬瑞（女，2015年8月—2016年6月） 　　　　伍　文（2016年8月任） 常　委：黄健庭（连任—2012年12月） 　　　　杨新军（连任—2014年4月） 　　　　孙江平（连任—2012年5月） 　　　　伍海艳（女，连任） 　　　　罗永东（2011年9月—2016年8月）	

（续表）

机构名称、年限	职务姓名及任职时间	备　注
中共韶关市曲江区第十二届委员会（2011 年 9 月—2016 年 9 月）	刘小文（女，2011 年 9 月任） 张政殿（2011 年 9 月—2012 年 10 月） 陈来安（2011 年 9 月—2015 年 4 月） 朱鹏志（2012 年 6 月—2014 年 10 月） 唐继华（2012 年 12 月任） 文浩培（2012 年 12 月任） 文建勇（2014 年 4 月任） 林应良（2015 年 4 月任） 肖绍托（2015 年 7 月任） 陈夏广（2016 年 8 月任） 王献军（2016 年 8 月任）	
中共韶关市曲江区第十三届委员会（2016 年 9 月—　　）	书　记：高冬瑞（女，连任—2017 年 4 月） 　　　　罗海俊（女，满族，2017 年 4 月— 　　　　2017 年 12 月） 副书记：伍　文（连任—2017 年 12 月） 　　　　刘小文（女，2016 年 9 月—2017 年 12 月） 常　委：伍海艳（连任—2017 年 12 月） 　　　　林应良（连任—2017 年 12 月） 　　　　唐继华（连任—2017 年 12 月） 　　　　文浩培（连任—2017 年 12 月） 　　　　王献军（连任—2017 年 12 月） 　　　　肖绍托（连任—2017 年 12 月） 　　　　陈夏广（连任—2017 年 12 月）	

二、曲江区（县）历届人大常委会领导成员名录

机构名称、年限	职务姓名及任职时间	备　注
曲江县第六届 人大常委会 （1981 年 1 月— 1984 年 5 月）	主　任：苗喜荣（1981 年 1 月—1984 年 5 月） 副主任：李　勤（1981 年 1 月—1984 年 5 月） 　　　　刘益群（1981 年 1 月任） 　　　　蔡艺波（1981 年 1 月任） 　　　　甘　元（1981 年 1 月任） 　　　　李蕃春（1981 年 1 月—1982 年 2 月）	1954 年 9 月至 1966 年 4 月，曲江县依照第一部《中华人民共和国宪法》精神召开过五届人民代表大会，均无设立常务委员会。"文革"期间，宪法被践踏，没有召开县人民代表大会。至 1981 年 1 月恢复召开县第六届人民代表大会，开始设立县人大常务委员会。
曲江县第七届 人大常委会 （1984 年 6 月— 1987 年 2 月）	主　任：刘程荫（1984 年 6 月—1985 年 4 月） 　　　　杨　瑰（1985 年 4 月任） 副主任：蔡艺波（连任—1984 年 11 月） 　　　　甘　元（连任—1984 年 12 月） 　　　　刘益群（连任—1987 年 2 月） 　　　　孙静刚（1984 年 6 月—1985 年 4 月） 　　　　陈达康（1984 年 6 月任） 　　　　白凤仪（女，回族，1984 年 6 月任） 　　　　叶放青（1985 年 4 月—1987 年 2 月）	

（续表）

机构名称、年限	职务姓名及任职时间	备　注
曲江县第八届 人大常委会 （1987年2月— 1990年3月）	主　任：杨　瑰（连任—1990年3月） 副主任：陈达康（连任—1990年3月） 　　　　白凤仪（女，回族，连任） 　　　　邓智德（1987年2月—1990年3月） 　　　　何仕坤（1987年2月任） 　　　　吕凤翔（1987年2月—1990年3月） 　　　　叶绍松（1987年2月任）	
曲江县第九届 人大常委会 （1990年3月— 1993年3月）	主　任：刘程荫（1990年3月任） 副主任：何仕坤（连任） 　　　　白凤仪（女，回族，连任—1993年3月） 　　　　叶绍松（连任—1993年3月） 　　　　张素韬（1990年3月任） 　　　　朱继存（1990年3月任） 　　　　梁坤仔（1990年3月任）	
曲江县第十届 人大常委会 （1993年3月— 1998年3月）	主　任：刘程荫（连任—1995年3月） 　　　　余煌章（1995年4月任） 副主任：何仕坤（连任—1998年3月） 　　　　张素韬（连任—1995年3月） 　　　　朱继存（连任—1995年3月） 　　　　梁坤仔（连任） 　　　　张　晞（1993年3月—1998年3月） 　　　　许瑞贞（女，1994年3月—1998年3月） 　　　　刘棣生（1995年4月—1998年3月） 　　　　邓俊东（1995年4月—1998年3月）	

（续表）

机构名称、年限	职务姓名及任职时间	备　注
曲江县第十一届人大常委会（1998年3月—2003年3月）	主　任：余煌章（连任—2003年3月） 副主任：梁坤仔（连任—2001年2月） 　　　　肖　洪（1998年3月—2001年2月） 　　　　谭鼎先（1998年3月—2003年3月） 　　　　沈春燕（女，1998年3月—2003年3月） 　　　　刘作元（2000年2月—2003年3月） 　　　　李　强（2001年2月—2003年3月）	
曲江县第十二届人大常委会、韶关市曲江区第十二届人大常委会（2003年3月—2007年1月）	1. 主　任：谭章明（2003年3月任） 　　副主任：谢新贤（2003年3月任） 　　　　　廖年娇（女，2003年3月任） 　　　　　曾宪明（2003年3月任） 　　　　　卢春燕（女，2003年3月任） 2. 主　任：谭章明（2004年8月改任） 　　副主任：谢新贤（2004年8月改任） 　　　　　廖年娇（女，2004年8月改任） 　　　　　曾宪明（2004年8月改任） 　　　　　卢春燕（女，2004年8月改任—2007年1月）	本届期间的2004年8月，撤县设区后，机构及职务名称随之作相应变更。
韶关市曲江区第十三届人大常委会（2007年1月—2011年11月）	主　任：谭章明（连任—2007年2月） 　　　　阙定胜（2007年4月—2009年9月） 　　　　胡书臣（2010年1月—2011年11月） 副主任：谢新贤（连任—2011年11月） 　　　　廖年娇（女，连任） 　　　　曾宪明（连任—2011年5月） 　　　　朱福昭（2007年1月任） 　　　　邹志坚（2007年1月—2011年11月） 　　　　赵玉民（2007年1月任）	

（续表）

机构名称、年限	职务姓名及任职时间	备 注
韶关市曲江区 第十四届 人大常委会 （2011 年 11 月— 2016 年 10 月）	主　任：陈向新（2011 年 11 月—2012 年 8 月） 　　　　黄劲东（2013 年 1 月—2016 年 7 月） 副主任：李小平（2011 年 11 月—2016 年 10 月） 　　　　朱福昭（连任—2016 年 2 月） 　　　　廖年娇（女，连任—2016 年 10 月） 　　　　赵玉民（连任） 　　　　刘文挺（2016 年 1 月任） 　　　　陈实盟（2011 年 11 月—2016 年 2 月） 　　　　黄云波（2011 年 11 月—2016 年 10 月）	
韶关市曲江区 第十五届 人大常委会 （2016 年 10 月 —　　　）	主　任：黄健庭（2016 年 10 月—2017 年 12 月） 副主任：赵玉民（连任—2017 年 12 月） 　　　　刘文挺（连任—2017 年 12 月） 　　　　叶伟胜（2016 年 10 月—2017 年 12 月） 　　　　卜师带（2016 年 10 月—2017 年 12 月） 　　　　张秀兰（女，2016 年 10 月—2017 年 12月） 　　　　张以荣（2016 年 10 月—2017 年 12 月）	

三、曲江区（县）历届人民政府领导成员名录

机构名称、年限	职务姓名及任职时间	备　注
新中国成立初期的曲江县人民政府曲乳县人民政府（1949 年 10 月—1955 年 6 月）	县　长：黄桐华（1949 年 10 月—1951 年 5 月） 代县长：许文明（1951 年 6 月—1952 年 9 月） 县　长：马植田（1952 年 9 月—1953 年 8 月，1954 年 1 月—1954 年 6 月） 　　　　乔心良（1953 年 8 月—12） 　　　　陆奕年（1954 年 7 月任） 副县长：曾　东（1949 年 10 月—12，1950 年 5 月—1951 年 6 月） 　　　　张勋甫（1949 年 11 月—1950 年 10 月） 　　　　李洪德（1953 年 12 月—1955 年 6 月） 　　　　官怀民（1954 年 7 月任）	1949 年 10 月 10 日，曲江县人民政府成立。1952 年 3 月，曲江、乳源两县合并为曲乳县，1953 年 5 月，分别恢复原建制。政府领导成员由上级任命。
曲江县第一届人民委员会（1955 年 6 月—1957 年 1 月）	县　长：陆奕年（连任—1957 年 1 月） 副县长：官怀民（连任） 　　　　温福东（1955 年 6 月—1957 年 1 月） 　　　　赵　文（女，1956 年 11 月—1957 年 1 月）	
曲江县第二届人民委员会（1957 年 1 月—1958 年 5 月）	县　长：林卧龙（1957 年 1 月—1958 年 5 月） 副县长：官怀民（连任） 　　　　伍　明（女，1957 年 1 月—1958 年 5 月） 　　　　李　坚（1957 年 1 月—1958 年 5 月） 　　　　苗霖雨（1957 年 1 月任）	
曲江县第三届人民委员会（1958 年 5 月—1959 年 1 月）	县　长：杨文挺（1958 年 5 月—1959 年 1 月） 副县长：官怀民（连任—1959 年 1 月） 　　　　张西武（1958 年 5 月—1959 年 1 月） 　　　　陈志奋（1958 年 5 月—1959 年 1 月） 　　　　苗霖雨（连任—1959 年 1 月）	

（续表）

机构名称、年限	职务姓名及任职时间	备　注
曲江县第四届 人民委员会 （1959 年 1 月— 1963 年 6 月）	县　长：吴宝臣（1961 年 3 月任） 副县长：陈双龙（1961 年 3 月任） 　　　　成崇仕（1961 年 3 月任） 　　　　陈志奋（1961 年 3 月任） 　　　　周秩善（1961 年 3 月—1962 年 12 月） 　　　　刘　洪（1961 年 5 月—1962 年 12 月）	1959 年 1 月，曲江、乳源、仁化三县和韶关市合并为韶关市后，县人民委员会撤销，故无领导人名录。1961 年 3 月，县市分开，恢复曲江县建制，领导人由上级任命。
曲江县第五届 人民委员会 （1963 年 6 月— 1968 年 1 月）	县　长：吴宝臣（连任—1968 年 1 月） 副县长：陈双龙（连任—1968 年 1 月） 　　　　陈志奋（连任—1968 年 1 月） 　　　　成崇仕（连任—1968 年 1 月） 　　　　梁　钜（1965 年 11 月—1968 年 1 月） 主　任：于万春（军代表，1968 年 1 月—1969 年 3 月） 　　　　钟玉哉（军代表，1969 年 3 月—1973 年 1 月） 　　　　陈国生（1973 年 1 月—1974 年 6 月） 　　　　康乐书（1974 年 6 月—1981 年 1 月） 副主任：何　祥（1968 年 1 月—1969 年 12 月） 　　　　杨崇林（军代表，1968 年 1 月—1969 年 3 月） 　　　　甘义娣（女，1968 年 1 月—1981 年 1 月） 　　　　苏　权（军代表，1969 年 3 月—1971 年 9 月） 　　　　马春离（1969 年 3 月—1970 年 4 月） 　　　　邢书田（军代表，1969 年 4 月—1974 年 6 月） 　　　　陈东秋（1969 年 12 月—1981 年 1 月） 　　　　李景春（1970 年 5 月—1971 年 2 月） 　　　　苗喜荣（1970 年 5 月—1980 年 6 月）	

（续表）

机构名称、年限	职务姓名及任职时间	备　注
曲江县革命 委员会 （1968 年 1 月— 1981 年 1 月）	宁顺源（1970 年 5 月—1981 年 1 月） 陈国生（1971 年 2 月—1972 年 12 月） 康乐书（1971 年 2 月—1974 年 6 月） 鲁德安（1971 年 11 月—1978 年 9 月） 廖水松（1972 年 4 月—1977 年 9 月） 卢定周（1974 年 9 月—1981 年 1 月） 彭　念（1974 年 9 月—1980 年 3 月） 梁仲恒（1974 年 9 月—1977 年 5 月） 刁中亭（1975 年 3 月—1976 年 3 月） 徐佑成（1976 年 1 月—1981 年 1 月） 栾锡斌（1978 年 3 月—1981 年 1 月） 刘益群（1979 年 4 月—1981 年 1 月） 雷光烈（1979 年 4 月—1981 年 1 月） 吴　畏（1980 年 1 月—1981 年 1 月） 吕凤翔（1980 年 6 月—1981 年 1 月）	
曲江县第六届 人民政府 （1981 年 1 月— 1984 年 4 月）	县　长：陈东秋（1981 年 1 月—1982 年 8 月） 代县长：卢定周（1982 年 8 月—1983 年 8 月） 　　　　蔡传仗（1983 年 8 月—11） 县　长：蔡传仗（1983 年 11 月任） 副县长：徐佑成（1981 年 1 月—1983 年 12 月） 　　　　孙静刚（1981 年 1 月—1984 年 3 月） 　　　　吕凤翔（1981 年 1 月—1984 年 3 月） 　　　　雷光烈（1981 年 1 月—1984 年 4 月） 　　　　余之德（1982 年 8 月—1984 年 4 月） 　　　　麦文立（1983 年 8 月任） 　　　　杨育南（1983 年 12 月—1984 年 4 月） 　　　　佘　云（1984 年 4 月任） 　　　　关耀辉（1984 年 4 月任） 　　　　周月云（女，1984 年 4 月任）	1981 年 1 月，曲江县第六届人民代表大会第一次会议召开，选举产生了正副县长，恢复了人民政府建制，结束了行使职权达 13 年之久的县革命委员会的称谓。

（续表）

机构名称、年限	职务姓名及任职时间	备 注
曲江县第七届 人民政府 （1984 年 6 月— 1987 年 2 月）	县　长：蔡传仗（连任） 副县长：佘　云（连任—1987 年 2 月） 　　　　关耀辉（连任） 　　　　麦文立（连任） 　　　　周月云（女，连任）	
曲江县第八届 人民政府 （1987 年 2 月— 1990 年 3 月）	县　长：蔡传仗（连任—1990 年 2 月） 代县长：许自清（1990 年 2 月—1990 年 3 月） 副县长：周月云（女，连任—1990 年 3 月） 　　　　关耀辉（连任） 　　　　麦文立（连任） 　　　　许自清（1987 年 2 月任—1990 年 2 月） 　　　　李福庆（1987 年 2 月任—1990 年 3 月） 　　　　蔡乐云（1988 年 10 月挂任） 　　　　李山金（1989 年 4 月挂任）	
曲江县第九届 人民政府 （1990 年 3 月— 1993 年 3 月）	县　长：许自清（1990 年 3 月任） 副县长：关耀辉（连任—1993 年 3 月） 　　　　麦文立（连任—1990 年 10 月） 　　　　赖龙福（1990 年 3 月任） 　　　　刘棣生（1990 年 3 月任） 　　　　肖金笋（1990 年 12 月任） 　　　　林龙光（1991 年 3 月任） 　　　　黄福印（1992 年 1 月任） 　　　　蔡乐云（连挂任—1990 年 12 月） 　　　　李山金（连挂任—1991 年 4 月） 　　　　符福存（1991 年 4 月挂任—1992 年 4 月） 　　　　王绍林（1991 年 7 月挂任） 　　　　卓　雄（1992 年 4 月挂任—1993 年 1 月）	

（续表）

机构名称、年限	职务姓名及任职时间	备　注
曲江县第十届 人民政府 （1993 年 3 月— 1998 年 3 月）	县　长：许自清（连任—1994 年 3 月） 　　　　赖龙福（1994 年 3 月—1996 年 8 月） 　　　　江少强（1997 年 3 月—1998 年 1 月） 代县长：江少强（1996 年 8 月—1997 年 3 月） 　　　　谭章明（1998 年 1 月—1998 年 3 月） 副县长：赖龙福（连任—1994 年 3 月） 　　　　刘棣生（连任—1995 年 4 月） 　　　　肖金笋（连任—1995 年 12 月） 　　　　林龙光（连任—1998 年 3 月） 　　　　黄福印（连任—1994 年 1 月） 　　　　张亚娇（女，1993 年 3 月—1998 年 3 月） 　　　　叶汉辉（1994 年 3 月—1997 年 3 月） 　　　　王永明（1994 年 3 月—1998 年 3 月） 　　　　王绍林（连挂任—1993 年 5 月） 　　　　邹爱辉（1994 年 4 月挂任—1996 年 4 月） 　　　　刘灶金（1995 年 8 月—1998 年 3 月） 　　　　谢新贤（1995 年 12 月任） 　　　　江少强（1996 年 8 月—1997 年 3 月） 　　　　林惠志（1996 年 8 月挂任） 　　　　李　强（1997 年 3 月任） 　　　　谭章明（1998 年 1 月—1998 年 3 月）	
曲江县第十一届 人民政府 （1998 年 3 月— 2003 年 3 月）	县　长：谭章明（1998 年 3 月—2001 年 11 月） 　　　　练建秋（2002 年 3 月任） 代县长：练建秋（2001 年 11 月—2002 年 3 月） 副县长：谢新贤（连任—2003 年 3 月） 　　　　李　强（连任—2001 年 2 月） 　　　　林惠志（连挂任—1998 年 8 月） 　　　　陈业明（1998 年 3 月任）	

（续表）

机构名称、年限	职务姓名及任职时间	备 注
曲江县第十一届人民政府（1998 年 3 月—2003 年 3 月）	何著东（1998 年 3 月—2003 年 3 月） 廖年娇（女，1998 年 3 月—2003 年 3 月） 曾宪明（1998 年 3 月—2003 年 3 月） 鲍佑林（1998 年 7 月挂任—2001 年 8 月） 龙昌弟（1999 年 11 月—2003 年 3 月） 吴春腾（2001 年 2 月任） 练建秋（2001 年 11 月—2002 年 3 月） 戴拥军（2002 年 12 月挂任） 高冬瑞（女，2003 年 1 月任）	
曲江县第十二届人民政府、韶关市曲江区第十二届人民政府（2003 年 3 月—2007 年 1 月）	1. 县　长：练建秋（连任—2003 年 10 月） 　　　　　阙定胜（2004 年 3 月任） 　代县长：阙定胜（2004 年 3 月任） 　副县长：彭仲华（2003 年 3 月—2004 年 6 月） 　　　　　陈业明（连任） 　　　　　吴春腾（连任） 　　　　　戴拥军（连挂任） 　　　　　朱福昭（2003 年 3 月任） 　　　　　高冬瑞（女，连任） 　　　　　赵玉民（2003 年 3 月任） 2. 区　长：阙定胜（2004 年 8 月改任） 　副区长：陈业明（2004 年 8 月改任） 　　　　　吴春腾（2004 年 8 月改任） 　　　　　戴拥军（2004 年 8 月改挂任） 　　　　　朱福昭（2004 年 8 月改任—2007 年 1 月） 　　　　　高冬瑞（女，2004 年 8 月改任） 　　　　　赵玉民（2004 年 8 月改任） 　　　　　余庆斌（2005 年 8 月任） 　　　　　许永波（2004 年 11 月—2007 年 1 月）	本届期间的 2004 年 8 月，撤县建区后，机构及职务名称随之相应变更。

（续表）

机构名称、年限	职务姓名及任职时间	备　注
韶关市曲江区 第十三届 人民政府 （2007 年 1 月— 2011 年 11 月）	区　长：阙定胜（连任—2007 年 3 月） 　　　　吴春腾（2007 年 4 月任） 副区长：余庆斌（连任—2011 年 9 月） 　　　　范国文（2007 年 4 月—2010 年 4 月） 　　　　朱裕华（2007 年 4 月—2011 年 9 月） 　　　　高冬瑞（女，连任—2007 年 4 月） 　　　　孙江平（2007 年 1 月任） 　　　　卢春燕（女，2007 年 1 月任） 　　　　卜师带（2010 年 4 月任） 　　　　罗永东（2010 年 8 月—2011 年 9 月） 　　　　宋宇林（2007 年 8 月—2010 年 4 月） 　　　　沈河民（2007 年 1 月—2010 年 4 月） 　　　　沈建图（2011 年 9 月任）	
韶关市曲江区 第十四届 人民政府 （2011 年 11 月— 2016 年 10 月）	区　长：吴春腾（连任—2012 年 8 月） 　　　　范国文（2013 年 1 月—2015 年 6 月） 　　　　高冬瑞（女，2016 年 1 月—2016 年 8 月） 代区长：范国文（2012 年 8 月—2013 年 1 月） 　　　　高冬瑞（女，2015 年 8 月—2016 年 1 月） 　　　　伍　文（2016 年 8 月—2016 年 10 月） 副区长：卢春燕（女，连任—2016 年 8 月） 　　　　孙江平（连任—2012 年 3 月） 　　　　卜师带（连任—2016 年 10 月） 　　　　钟秋华（2011 年 11 月任） 　　　　陈夏广（2011 年 11 月任） 　　　　沈建图（连任—2016 年 7 月） 　　　　罗永东（2012 年 6 月—2016 年 8 月） 　　　　曾　颢（2012 年 7 月挂任—2013 年 8 月）	

（续表）

机构名称、年限	职务姓名及任职时间	备 注
韶关市曲江区第十四届人民政府（2011年11月—2016年10月）	高瑞坤（2016年7月任） 包玉兰（女，2016年8月任） 曾烈省（2016年9月任） 李春城（挂任—2016年8月）	
韶关市曲江区第十五届人民政府（2016年10月—　　）	区　长：伍　文（2016年10月—2017年12月） 副区长：陈夏广（连任—2017年12月） 　　　　包玉兰（女，连任—2017年12月） 　　　　钟秋华（连任—2017年12月） 　　　　高瑞坤（连任—2017年12月） 　　　　曾烈省（连任—2017年12月） 　　　　蓝振球（2016年10月—2017年12月） 　　　　殷河满（2017年3月—2017年12月）	

四、曲江区（县）历届政协领导成员名录

机构名称、年限	职务姓名及任职时间	备 注
政协曲江县第一届委员会（1981年1月—1984年5月）	主　席：卢定周（1981年1月—1983年9月） 副主席：王和清（1981年1月—1984年5月） 　　　　栾锡斌（1981年1月—1984年5月） 　　　　陈　可（1981年1月—1984年5月） 　　　　林　锦（1981年1月—1984年12月） 　　　　朱运泉（1981年1月任） 　　　　林得众（1981年1月任） 　　　　江英中（1983年7月任）	曲江解放后，在1950年至1952年，先后召开了五届各界人民代表大会，这几届会议只选举了委员，没有设领导职位，故无名录。从社会主义改造至"文化大革命"时期，各界人民代表会议制度中断。1981年始成立政协曲江县委员会

（续表）

机构名称、年限	职务姓名及任职时间	备　注
政协曲江县 第二届委员会 （1984 年 6 月— 1987 年 2 月）	主　席：杨　瑰（1984 年 6 月—1985 年 4 月） 　　　　孙静刚（1985 年 4 月—1986 年 2 月） 副主席：江英中（连任） 　　　　林得众（连任） 　　　　朱运泉（连任—1987 年 2 月） 　　　　吕凤翔（1984 年 6 月—1987 年 2 月） 　　　　方兰池（1984 年 6 月—1987 年 2 月） 　　　　孙天喜（1984 年 6 月任） 　　　　张升南（1984 年 6 月—1987 年 2 月） 　　　　吕良棣（1984 年 6 月任） 　　　　陈环芷（女，1984 年 6 月任） 　　　　丘智生（1984 年 6 月任）	
政协曲江县 第三届委员会 （1987 年 2 月— 1990 年 3 月）	主　席：佘　云（1987 年 2 月任） 副主席：江英中（连任—1989 年 9 月） 　　　　孙天喜（连任） 　　　　林得众（连任） 　　　　吕良棣（连任） 　　　　陈环芷（女，连任） 　　　　丘智生（连任） 　　　　廖克添（1987 年 2 月任） 　　　　钟宝活（1987 年 2 月任）	
政协曲江县 第四届委员会 （1990 年 3 月— 1993 年 3 月）	主　席：佘　云（连任—1992 年 2 月） 　　　　周月云（女，1992 年 2 月任） 副主席：陈环芷（女，连任—1993 年 3 月） 　　　　丘智生（连任） 　　　　廖克添（连任） 　　　　钟宝活（连任—1993 年 3 月） 　　　　张应维（1993 年 3 月任） 　　　　何　斌（1990 年 3 月—1993 年 3 月） 　　　　释传正（1990 年 3 月—1993 年 3 月）	

（续表）

机构名称、年限	职务姓名及任职时间	备　注
政协曲江县 第五届委员会 （1993 年 3 月— 1998 年 3 月）	主　席：周月云（女，连任—1998 年 3 月） 副主席：张应维（连任—1995 年 3 月） 　　　　廖克添（连任—1995 年 3 月） 　　　　丘智生（连任—1997 年 2 月） 　　　　龙昌弟（1993 年 3 月—1998 年 3 月） 　　　　李根基（1993 年 3 月—1998 年 3 月） 　　　　释佛源（1993 年 3 月任） 　　　　何伟源（1995 年 3 月—1998 年 3 月） 　　　　赵德贵（1995 年 3 月—1998 年 2 月）	
政协曲江县 第六届委员会 （1998 年 3 月— 2003 年 3 月）	主　席：李航海（1998 年 3 月—2003 年 3 月） 副主席：李根基（连任—2003 年 3 月） 　　　　廖和昌（1998 年 3 月—2003 年 3 月） 　　　　王锡穗（1998 年 3 月任） 　　　　张　晞（1998 年 3 月—2003 年 3 月） 　　　　释佛源（连任—1999 年 10 月） 　　　　释传正（2000 年 2 月任）	
政协曲江县 第七届委员会、 政协韶关市 曲江区 第七届委员会 （2003 年 3 月— 2006 年 12 月）	主　席：叶汉辉（2003 年 3 月—2006 年 12 月） 副主席：王锡穗（连任） 　　　　释传正（连任） 　　　　龙昌弟（2003 年 3 月—2006 年 12 月） 　　　　黄菊珍（女，2003 年 3 月任）	2004 年 8 月撤 县设区

（续表）

机构名称、年限	职务姓名及任职时间	备　注
政协韶关市曲江区第八届委员会（2006年12月—2011年11月）	主　席：刘灶金（2006年12月—2011年11月） 副主席：陈业明（2006年12月—2011年11月） 　　　　王锡穗（连任） 　　　　释传正（连任） 　　　　黄菊珍（女，连任—2010年10月） 　　　　刘求华（2006年12月任） 　　　　钟树梅（女，2006年12月任） 　　　　梁文华（2010年1月任）	
政协韶关市曲江区第九届委员会（2011年11月—2016年10月）	主　席：杨绍凯（2011年11月任） 副主席：王锡穗（连任—2016年1月） 　　　　释传正（连任） 　　　　刘求华（连任—2016年10月） 　　　　钟树梅（女，连任） 　　　　梁文华（连任） 　　　　林　英（2011年11月—2016年10月） 　　　　王爵承（2016年1月任）	
政协韶关市曲江区第十届委员会（2016年10月—　　）	主　席：杨绍凯（连任—2017年12月） 副主席：廖年娇（女，2016年10月—2017年12月） 　　　　释传正（连任—2017年12月） 　　　　钟树梅（女，连任—2017年12月） 　　　　梁文华（连任—2017年12月） 　　　　王爵承（连任—2017年12月） 　　　　张祥林（2016年10月—2017年12月）	

曲江老区英烈和革命人物简介

梁展如

梁展如（1901—1949），男，汉族，字擎柱，号泰然。广东省曲江县乌石镇展如（原鹅鼻洞）塘面梁屋村人。1924 年冬参加农民运动，是曲江农运的主要领导人之一。1925 年 12 月加入中国共产党，首任中共曲江县支部书记。1927 年广州"四一五"反革命政变后，任北江工农自卫军总指挥部军需长、南返农军总指挥，曾率部攻取仁化县城。1927 年 12 月后历任中共曲江县委书记、中共北江特委委员、宣传部部长，在国民党白色恐怖统治下，隐姓埋名，以各种身份作掩护，长期坚持地下斗争。抗日战争时期，于 1937 年秋创办马坝救亡书店，宣传抗日，恢复和发展曲江中共组织，同时选送了一批北江爱国青年北上延安学习，参与领导当地抗日救亡运动。1945 年 1 月曲江沦陷后，任曲江联乡抗日自卫委员会副主任委员兼第三大队大队长，多次领导伏击日军的战斗。4 月该委员会改为东江纵队北江支队曲南大队，梁展如任大队长。解放战争时期，组建了曲江第一支革命武装，配合粤赣边先遣支队领导了夜袭国民党南华农场和沙溪乡公所的战斗。于 1947 年 6 月后历任曲江县人民解放大队大队长、中共翁（源）始（兴）曲（江）工委委员、粤赣边先遣支队第三团副团长等职。1949 年 2 月，因病在翁源县黄竹坪战斗中被俘，在狱中坚贞不屈，同年 4 月 28 日英勇就义。他的一生是革命的一生，战斗的一生，无私奉献的一生。中华人民共和国成立后被评为革命烈士。曲江县人民政府将他家乡改为展如乡，在县烈士陵园建立梁展如烈士纪念亭，以志纪念。

欧日章

欧日章（1892—1929），男，汉族，广东省曲江县重阳暖水村（现属韶关市武江区）人。1912 年到新加坡、香港谋生。在与进步人士的接触中，深感旧中国必须大变革，就在左手臂刺上英文"革命"字样，誓为穷人谋解放。1924 年冬，回到家乡开展农民运动。1925 年春，任曲江县第十三区农会执行委员、区农军中队长。12 月加入中国共产党。1926 年后，历任县农会常务委员、县农军大队大队长、广东省农会北江办事处主任、广东北江工农自卫军北上总指挥部参谋，是大革命时期曲江农运的主要领导人之一。1927 年参加八一南昌起义，任第二十四师教导团营长。后随起义部队参加在广昌、会昌、汤坑等地的战斗，屡建战功。10 月后当选为中共广东省委委员，兼任中共曲江县委常委。12 月在曲江组织领导了声势浩大的西水农民武装暴动。1928 年 1 月暴动失败后，辗转于曲江、仁化一带山区坚持游击斗争。其间，主持改组和健全了第二届中共仁化县委及其革命委员会，成立了曲江县广东工农革命军北路第六独立团。1929 年 3 月在曲江龙归耙齿山反"围剿"战斗中壮烈牺牲。中华人民共和国成立后被评为革命烈士。

叶凤章

叶凤章（1887—1928），男，汉族，广东省曲江县东厢翻溪桥石村（现属韶关市浈江区）人。1924 年 9 月，参与组织曲江县

第一个村农民协会——翻溪桥农会，并被选为执行委员。同年 9
月 29 日带领翻溪桥、腊石坝农会全体会员参加孙中山在韶关南教
场召开的第二次北伐誓师大会。1925 年春，被选为曲江县第一区
农会执行委员，同年 11 月被选为曲江县农民协会执行委员。同年
12 月加入中国共产党。1926 年夏，任中共翻溪桥支部书记，兼任
农军中队长。1927 年 "四·一二" 反革命政变后，叶凤章贯彻执
行中共广东省委指示，亲率曲江东水 100 多名农会干部和农军到
韶关统一组成北江工农自卫军北上武汉，讨伐蒋介石。由于北上
受阻，一部分农军南返，他任南返农军大队长，于 1927 年 6 月 23
日参与指挥攻打仁化县城的战斗。返回家乡后，率领东水农军把
斗争的重点放在城镇和铁路沿线打游击，破坏敌人的交通运输。
1928 年秋，敌人疯狂反扑，两次派兵 "围剿" 翻溪桥、洋村、石
安等村。叶凤章率队秘密转移到乌石鹅鼻洞，统一组成曲江县第
四区农军大队，任副大队长。同年冬，敌人重兵包围鹅鼻洞，在
突围战斗中，叶凤章英勇果敢，突出重围，身负重伤，最后牺牲
在马坝南华圳背村的山窝里。中华人民共和国成立后被评为革命
烈士。

叶发青

叶发青（1891—1945），别名叶石妹，男，汉族，广东省曲
江县东厢翻溪桥石安村（现属韶关市浈江区）人。1924 年冬参加
农民运动，1926 年加入中国共产党，先后任中共翻溪桥支部组织
委员和支部书记。土地革命战争时期，任中共曲江县委委员。
1928 年 4 月在中共广东省委扩大会议上被选为出席中国共产党第
六次代表大会的广东唯一农民代表。在中共六大会议上，被选为
"农民土地问题委员会" 和 "广州暴动问题委员会" 的委员。中
共六大结束后回到曲江，继续与梁展如、欧日章、叶凤章并肩战

斗，积极协助县委做好工作，开展革命活动。

1945 年夏，叶发青参加了在韶关南郊八公里白芒河边对撤离韶关顺流南下广州的日军的伏击战，腿部中弹负伤，流血不止，依然与前来搜山的日军决一死战，后壮烈牺牲。中华人民共和国成立后被评为革命烈士。

官惠民

官惠民（1901—1937），字剑豪，广东省曲江县马坝石堡官屋村人。1925 年秋考入黄埔军校第四期学习，1926 年 10 月毕业后，历任排长、连长、营长、中校团副等职。参加过北伐战争和国民党新军阀混战。1930 年留学日本，1931 年回国。同年 11 月，考入南京陆军军官学校。
1935 年毕业后，任上校参谋、团长等职。1937 年 8 月，参加淞沪会战。罗店之役，官惠民杀敌守土，战功赫赫，受到通令嘉奖。1937 年 10 月中旬，升任第九十师二七〇旅少将旅长。10 月 17 日，日军突破中国军队防线数千米。官惠民所部奉命至罗店、南翔镇、马陆镇、石岗间地区，接替第六十六军部队的防线。10 月 26 日，日军再次突破中国军队防线。中国军队调整部署，官惠民所部调到嘉定县清水显一带布防，屡次迎击日军的疯狂进攻。战斗中，官惠民将军大智大勇、指挥所部第五四〇团、第五三九团沉着抵抗，两军反复短兵相接，肉搏数次，阵地数次易手。在此紧迫关头，官惠民将军不幸左膀中弹，裹伤继续指挥冲锋杀敌。10 月 28 日午后 3 时，终因日军调集飞机、重炮狂轰滥炸，官惠民将军在清水显阵地壮烈殉国。

根据官惠民将军在抗日战争中为国牺牲的贡献，1986 年 8 月 25 日，广东省人民政府批准其为革命烈士，并由中华人民共和国民政部颁发了烈士证书。1988 年 8 月，曲江县人民政府在该县烈士陵园建立官惠民烈士纪念亭，以示纪念，让后人继承发扬爱国主义精神。

罗玉麟

罗玉麟（1905—1949），又名玉深，别名罗称。男，汉族，广东省曲江县马坝镇阳岗陈子园村人。1925 年投身曲江农民运动。同年 7 月被选派到广州农民运动讲习所学习，为第四期学员（旁听生）。1926 年 2 月加入中国共产党。1928 年秋，受敌追捕，一度弃家外避。1933 年至 1937 年间，受聘为村、乡教师兼办夜校。1938 年秋，由梁展如恢复中共党员关系，至 1944 年间，在当地先后从事抗日救亡运动和兴办福利事业，是马坝消费合作社、马坝中学及马坝中陂水利工程创始人之一。1945 年 1 月曲江沦陷后，参与组织曲江抗日武装，先后任马坝抗日自卫委员会副主任、曲江联乡抗日自卫委员会马坝办事处主任。解放战争期间，他一直从事党的地下工作。1947 年秋，协同党组织成功地开展罢免马坝反动乡长张秉枢的斗争，1948 年秋任中共马坝支部书记，并受党组织派遣任国民党曲江县马坝乡乡长职务，建立了一个"白皮红心"的两面政权，对支援曲江游击战争和掩护中共地下党活动起到了重要作用。1949 年 9 月 28 日，罗玉麟及其妻陈慧贞被国民党曲江县县长龚楚拘捕入狱，囚禁于韶关，在狱中坚强不屈，严守秘密。10 月 4 日被国民党曲江当局秘密杀害。中华人民共和国成立后，罗玉麟夫妇先后被评为革命烈士。

徐毅平

徐毅平（1920—1945），又名徐沂，男，汉族，广东省东莞市石龙镇人。1937 年秋加入中国共产党。在广州读中学时组织"石龙抗日青年群社"，广州沦陷前夕，带领 30 余名进步青年参加"广东省动员委员会战时工作队"，深入农村进行抗日救亡运动，1939 年初到达曲江。同年 3 月，徐毅平参加了中共广东省委在韶关西河坝举办的党员干部培训班。7 月，由中共广东省委派任连（县）阳（山）工委书记。1940 年秋调韶关，以曲江县税务局职员的身份作掩护，利用其父亲徐民纲在国民党第十二集团军任职的关系，做该军上层人士的统战工作，收集情报，建立地下交通站，并担任中共广东省委的联络员。1942 年 5 月发生中共粤北省委遭国民党顽固派破坏事件后，他以曲江大塘小学校长身份作掩护，坚持斗争。1944 年冬任中共曲江特派员。1945 年初，他迅速恢复了曲江的中共党组织，领导了"曲江联乡抗日自卫委员会"的抗日武装斗争。同年 8 月，他在去英德向中共路东工委汇报工作的途中殉职。中华人民共和国成立后被评为革命烈士。

李 卡

李卡（1922—1949），又名李钧海，广东省化州县长岐乡双牌村人。中学时代积极参加抗日救亡运动。抗战胜利后，在《建国日报》任记者，发表数十篇内容进步的杂文、通讯和诗歌。后由中共广州地下党组织送往香港达德学院学习，1947 年 5 月派往粤北粤赣边先遣支队从事武装斗争，担任支队司令部参谋。同年 7 月加入中国共产党。1948 年 6 月调任中共曲南工委副书记、武

工队队长兼凡洞山区工作委员会主任。李卡对党忠诚、有勇有谋，在凡洞山区发动群众，组织农会、民兵，建立地下交通站，多次粉碎国民党武装的"清剿"，为巩固和发展曲南游击区作出了贡献。1949年1月15日在沙溪宝山张屋不幸被捕。狱中宁死不屈，坚持斗争，对革命胜利充满信心，还写下了甘洒鲜血浇乐园的遗书，感人至深："我们这一代就是施肥的一代，用自己的血灌溉快实现的乐园，让后代享受人类应有的一切幸福。这就是我们这一代的任务。是光荣不过的事业。死就是为了这，亦是生的努力方向，几多英雄勇士为此流血，抛出自己的头颅。我不过是大海中的一滴水，平原的一株草，大海既无干旱之日，烈火亦无烧尽野草之时。"同年9月4日，李卡在韶关旧机场（现中山公园）壮烈就义。中华人民共和国成立后被评为革命烈士。

何耀爵

何耀爵（1927—1949），男，汉族，广东省曲江县马坝镇阳岗上何村人。1945年4月加入中国共产党。中学时代，在中国共产党的影响下，开始阅读进步书刊和马列主义书籍，积极参加抗日救亡活动。1945年2月，参加曲江联乡抗日自卫委员会（即东江纵队北江支队曲南大队），任中队政训员，参加了攻打马坝汉奸武装密侦队、沙溪西瓜岭伏击日军等战斗，表现勇敢顽强。抗日战争胜利后，从事中共地下党工作，先后在白土小学、马坝龙岗小学任教，1947年初任三民小学校长，6月任中共马坝支部宣传委员，亲自介绍了近10人参加中国共产党。1947年夏，先后配合粤赣边先遣支队的主力成功夜袭国民党南华农场和捣毁沙溪乡公所。同年 10 月任马坝武工队队长，1949 年 2 月任中共清曲工委委员兼马坝总支部书记。在此期间，他发动群众广泛组织秘密农会，建立民兵武装，开展统战工作，建立起马坝的两面政权，为部队筹粮筹款，动员青年参军，特别是建立起秘密的交通线，保证了北江河东西两岸游击队的密切联系，又为中共韶关地下党给游击队输送人员、物资和传递情报开辟了重要的通道。1949 年 8 月，调任中共曲东区委书记兼武工队队长，为创立和巩固曲东游击区作出了贡献。同年 9 月 28 日，武工队在小坑遭国民党军袭击包围，何耀爵在突围战斗中，身负重伤，壮烈牺牲。中华人民共和国成立后被评为革命烈士。

梁 坤

梁坤（1924—1949），广东省曲江县乌石镇展如（原鹅鼻洞）塘面梁屋村人。私塾两年文化。1948 年春加入中国共产党。1945 年 1 月参加曲江联乡抗日自卫委员会（曲南大队）任战士，先后参加捕捉、骚扰和伏击入侵曲江日军战斗十多次，作战勇敢，被队友誉为梁展如大队长身边的一名敢打敢拼的"虎将"。1947 年 7 月，曲江重搞武装斗争，率先加入曲南大队，并串联发动十多名当地青年参队。先后参加夜袭国民党南华农场、长途奔袭沙溪乡公所、攻打翁源铁场联防队等多次战斗，在手枪队打前锋，表现出色，受到部队领导的表扬。1948 年春，经受住国民党军队和地方联防队对曲南游击队"围剿"、封锁等艰苦斗争环境的考验，革命意志坚定。同年夏，调任曲南武工队任班长，担负着护送情报、物资、参队人员进游击区，以及解决武工队给养的任务。1949 年 1 月 14 日晚，他与李卡、交通员严亚梅 3 人从乌石执行任务返回沙溪宝山途中，在宝山张屋被跟踪而至的国民党曲江县自卫队抓捕，押至韶关"基庐"监狱。狱中表现坚强，同年 9 月 4

日，在韶关旧飞机场（现中山公园）英勇就义。中华人民共和国成立后被评为革命烈士。

张世德

张世德（1927—1949），广东省曲江县白土镇（街）人。初中文化。1945 年 4 月加入民主青年同盟。同年 8 月后，按照中共曲江地下党组织的安排，在罗坑、樟市、白沙乌石洞等小学以教书为掩护开展革命活动。1947 年曲江重搞武装斗争，为组织"白沙起义"，他秘密发动群众、收集情报、筹集武器。同年 9 月 15 日参加曲江游击队捣毁国民党曲江县白沙乡公所的战斗。尔后，协助曲江县人民解放大队管理钱粮，并坚持在白沙山区进行游击斗争。10 月 3 日拂晓，随部队行动至白土大岭村宿营，由于地主告密，当日下午遭国民党县、乡反动武装包围，不幸被俘，押至韶关监狱。狱中表现坚强，被誉为热血青年。1949 年 9 月 21 日，英勇就义。中华人民共和国成立后被评为革命烈士。

李守纯

李守纯（1908—1944），原名宋耀宏，男，汉族，广东省广州市花都区县狮岭黎村人。1924 年加入中国共产党。参加过省港大罢工和广州起义，后到中共广东区委和中共广东省委任机要交通员。1933 年，到高明县以小学教员身份掩护进行革命活动。1936 年 9 月以后，积极协助中共南方临时工作委员会恢复西江和广西地下党组织。1938 年 11 月至 1940 年秋，历任中共西江特委书记、高明县委书记、罗定县委书记、中共后北江特委组织部部长和书记。1942 年 5 月发生中共粤北省委被国民党顽固派破坏事件，李守纯果断采取应变措施，保存了中共后北特委的党组织，贯彻落实了中共南方局"十六字"方针和"三勤"指示，并且组建了印刷工业社和樟脑生产合作社，保证了中共广东省委《新华南》半月刊和党内文件的印刷，并为党筹集经费。1944 年 6 月 19日，因叛徒出卖，在韶关东河坝住所被捕。李守纯被捕后，关进国民党的特务机关——韶关市"基庐"。敌人使用了种种毒辣手段，严刑逼供，将他折磨得体无完肤，但他坚贞不屈。后因日军进犯，韶关告急，国民党当局将关在"基庐"的共产党人解至南雄。当时正是酷暑季节，气候炎热，李守纯身染疾病，且日益严重。但是，他置个人的生死于度外，一有机会，就鼓励难友认清形势，坚持斗争，不向凶恶的敌人低头，最后胜利一定是属于人民的。不久，他又染上恶性疟疾，得不到及时治疗，日趋严重，终于在 1944 年 8 月病逝于狱中。

袁鉴文

袁鉴文（1914—2007），男，汉族，广东东莞市人。1928 年至 1935 年在东莞中学读书，积极投身爱国进步活动。1935 年秋考入中山大学，参加过广州市学生响应北平"一二·九"的抗日救亡运动。1936 年 6 月在北平加入中国共产党，后到延安抗日军政大学和中共中央党校学习。1938 年派回广东，历任中共东（莞）增（城）宝（安）和增（城）龙（门）博（罗）中心县委组织部部长、龙门县工委书记、增龙县委书记兼增龙独立大队政委、东江纵队第四支队政委。1946 年冬到新加坡，任中共马来亚华侨特别支部组织部部长。1948 年 1 月回国，在香港参加中共华南分局高干学习班学习。同年 2 月至 1949 年 8 月，任中共五岭地委副书记、北江第二支队副政委。1949 年 9 月至 1952 年 2 月，任北江第二支前司令部副政委、曲江县军事管制委员会副主任、曲江县警备司令部政委、北江军分区副政委兼中共曲江县委书记。1952 年"三反"运动中受迫害，后平反。1952 年 7 月至 1959 年，历任中南军区师范学校训练部部长、武汉军区战斗报社社长、武汉军区高级干部文化速成中学党委常委、训练部部长。1960 年后任武汉军区八一子弟学校副校长。1965 年转业后任武汉教师进修学院党委书记兼院长。"文革"期间再次受迫害，后获平反。1976 年 11 月调回广州，尔后离休，享受正厅长级、老红军待遇。2007 年 7 月 20 日在广州病逝，享年 93 岁。

赵学光

赵学光（1921— ），女，汉族，广东省东莞市莞城人。1936 年进东莞县立中学读书，参加秘密读书会，担任妇女抗敌同志会常委。1938 年 4 月加入中国共产党，10 月参加东莞抗日模范壮丁队。1939 年 1 月任东宝惠边人民抗日游击大队政工队副队长，3 月任东江华侨回乡服务团东宝队第一分队副队长。1940 年任中共增（城）龙（门）博（罗）中心县委派潭区委书记。1941 年任中共龙门县工委组织干事，1942 年任中共宝安县委组织干事、白石龙区委书记。1943 年在中共增城县特派员领导下，先后在白石、田心村、大石磨村开展妇女工作。1945 年任中共增城县委组织干事，兼任麻榨区委书记，后任东江纵队第四支队增龙博边区独立大队组织员、东江纵队第四支队政治干事。

1946 年冬，任中共新加坡、马来亚华侨特别支部星洲市支部副书记。1948 年 8 月，任粤北的南雄、始兴、曲江、乐昌、仁化、乳源和湖南的宜章 7 个县中共县工委书记兼组织部部长。中华人民共和国成立后，先后担任韶关市城关区副区长、中共韶关市委组织部

部长兼市人民政府民政科科长、中共北江地委秘书科科长、广州通
用机器厂党委组织部部长兼办公室主任、中共武汉市委和市人民委
员会视察室办公室副主任等职。1983 年后在广州离休。

杜国彪

杜国彪（1920—2005），原名杜敬祥，男，汉
族，广东南海人，中共党员，离休干部。

1945 年 10 月，原任中共清远县委副书记的杜
国彪调任中共曲（江）乳（源）特派员，迅速恢
复了中共曲江地下党组织并有效占领了部分农村
及学校阵地，领导开展了统战内线、争民主反独
裁的斗争。1947 年初任中共曲（江）乳（源）乐（昌）仁（化）
特派员。1947 年上半年，杜国彪在香港参加中共中央香港分局举
办的武装斗争干部训练班后，在曲江同陈克、何远赤、梁展如等
地下党员取得联系，部署领导了八、九月间配合粤赣边先遣支队
"飞虎"大队夜袭国民党南华农场、捣毁沙溪乡公所以及"白沙
起义"的武装斗争，组建了曲江县人民解放大队，任大队政委，
坚持在曲南、曲西地区开展游击斗争。是中共曲江地下党和曲江
武装斗争的主要领导人之一。1948 年 5 月，调离曲江。先后在广
东省南海县和广西省钦州市工作。1983 年离休。

李凌冰

李凌冰（1921—1987），原名李旭明，男，汉族，广东揭西
县灰寨鲤鱼湖村人。1937 年 8 月加入中国共产党并参加革命工
作。抗日战争时期在家乡从事党的地下工作，历任乡总支组织委
员，区委青年委员，区委书记，特派员。1942 年 8 月，因中共广
东党组织遭破坏，他离开家乡，先后在韶关《建国日报》，衡阳、

贵阳、南京的《大刚报》以校对、记者、编辑的
身份为掩护，通过国民党的报纸发表进步文章，宣
传党的抗日方针、政策，扩大我党的政治影响，坚
持地下革命活动。解放战争初期，他又奔赴新的战
场，于 1947 年冬参加中共曲江游击队。1948 年 8
月后，先后任中共曲江工委宣传部部长、曲江县委

宣传部部长，参与领导粤北和湘南的地下斗争，配合解放军南下
解放粤北。中华人民共和国成立后，先后任《北江日报》总编
辑、副社长、粤北行政公署文教处处长兼广东北江中学校长，致
力于党报和党的文教卫生工作。1955 年 3 月以后，先后任中共阳
山县委书记，英德县委书记，韶关地委宣传部部长、地委常委。
1961 年 3 月任中共曲江县委第一书记、书记。"文革"期间受迫
害，后平反。1971 年 10 月先后任广东梅田矿务局革委会副主任、
中共清远县委书记、韶关地委副书记兼秘书长。1983 年冬离休。
1984 年受中共韶关市委、市人民政府之托，出任韶关大学代理党
委书记，为创办韶关大学作出贡献。他曾是中共八大候补代表，
四届全国人大代表。1987 年 11 月 17 日在广州病逝。留有遗作
《李凌冰诗词选》。

何远赤

　　何远赤（1926—　），男，汉族，广东省曲江
县马坝镇阳岗上何村人。1933 年在三民小学读书，
1939 年在韶师念初中。1942 年在华英中学念高中。
　　1945 年 1 月，参加东江纵队北江支队曲南大
队。同年 4 月加入中国共产党，历任中队政训员、
政工队长。1945 年 5 月 18 日，日军三百多人"扫荡"沙溪抗日
根据地，他率第一中队在马坝塔子坳伏击，毙伤敌十余人，迫使

敌撤往乌石。同年 25 日，日军三百多人再次"扫荡"沙溪根据地，他率队在西瓜岭伏击，毙伤敌十余人，迫敌再次撤往乌石。这两次战斗，粉碎了日军阴谋，受到了大队领导的表扬。

解放战争时期先从事党的地下工作，曾任中共马坝地下党支部书记。1947 年 8 月曲江重搞武装斗争后，历任曲江县人民解放大队副大队长、曲（江）英（德）乳（源）人民义勇大队大队长、中共清（化）曲（江）工委书记、北二支队曲江独立大队大队长、中共曲江县委武装部部长等职。参与组织领导了曲江白沙武装起义、全歼翁源铁龙联防队、乳源白竹追击国民党县长、樟市径口伏击国民党第三十九军一部以及始兴竹子排伏击县自卫大队等战斗。

中华人民共和国成立后，长期在中国人民解放军部队工作。历任北江（韶关）军分区副科长、科长，广州军区政治部群众工作部副部长，广州军区司令部动员部副部长，广东省军区政治部副主任（正师级）等职。1964 年和 1965 年先后参加全国民兵政治工作和全国民兵工作会议，两次和会议代表一齐集体受毛泽东主席、周恩来总理等党和国家领导人的接见。

1957 年获中华人民共和国三级解放勋章。1988 年获中央军委独立功勋荣誉章。2015 年获中共中央、国务院、中央军委中国人民抗日战争胜利 70 周年纪念章。1984 年离休。

杨维常

杨维常（1908—1960），字仲和，别名彝甫。广东省曲江县马坝镇小坑杨屋村人。1935 年在暨南大学毕业。1937 年秋参与创办马坝救亡书店。1938 年 2 月北上陕西省泾阳县安吴堡青年训练班学习，并加入中华民族解放先锋队。同年 8 月返曲江后加入中国共产党，任中共马乌支部宣传委员。1938 年秋后，以社会职业作掩护从事革命活动，先后组织领导马坝、周田的抗日救亡活动，有效保障中共广东省委在马坝举办两期党训班和护送各级领导出入马坝的安全。1945年1月参与组织曲江抗日游击队，同年4月，任东江纵队北江支队曲南大队政委。解放战争时期，于1947年3月参加中共广东区党委举办的军事骨干训练班。同年6月组织曲江人民武装队伍，任曲南大队政治指导员，在曲南地区开展游击斗争。中华人民共和国成立后，初任曲江县人民政府秘书。1950年调广东省革命干部学校学习，后随省土改工作分团到兴宁、惠阳县参加土改。1952年4月在"土改整队""反地方主义"政治运动中受到不公正待遇。1953年被开除党籍后被分配到乳源县粮食局工作，1956年恢复党籍后任乳源县工商科副科长。1957年反右派运动中再次受到开除党籍行政降级处分，下放劳动。1960年10月，在韶关市北郊毅洲农场逝世。1979年5月获得改正，恢复党籍和一切政治名誉。

范家祥

范家祥（1925—2000），男，汉族，广东省韶关市曲江区白土镇龙皇洞人。1942年5月在曲江中学由李式存同志介绍加入中国共产党。1946年以教师作身份掩护在罗坑、樟市、白土开展革命活动，发展了邹泽民、张世德等一批进步青年加入中国共产党的外围组织——民主青年同盟。

1947年7月参加曲江河西游击队，历任文化教员、指导员、中队长。参加组织白沙起义。以后，长期在曲江河西坚持游击斗争，领导打反动豪绅、组织农会、动员一批贫苦农民参加游击队。

1949 年 8 月，任中共曲西区委书记，并曾被国民党出钱悬赏人头。

曲江解放后，任曲江县第二区区长；1951 年 11 月，任乳源县第一区土改工作组组长；1952 年 11 月，任佛冈县建设科科长；1954 年 2 月后，先后任韶关森工局局长，乳阳林业局科长、副局长、局长。1980 年 8 月，任韶关专署森工局局长、党委书记，中共韶关市委农村工作部副部长；1983 年 9 月，任中共韶关市委农村工作部巡视员。1985 年 11 月离休。

何耀恒

何耀恒（1926— ），男，汉族，广东省曲江县马坝镇阳岗上何村人。1944 年初中毕业。1945 年 1 月参加曲江联乡抗日自卫委员会（后编为东江纵队北江支队曲南大队），任特务中队政训员。8 月抗日战争胜利后，游击队暂时分散隐蔽，由组织安排到三民小学、龙岗小学任教。1947 年 6 月加入中国共产党，7 月由组织派到粤赣湘边纵队（后为北二支队）干部训练班学习，尔后参加了三年的解放战争。1949 年 8 月任中共曲东区委副书记兼大塘武工队队长。10 月 7 日曲江解放时，遵照上级指示，率队接收了大塘乡公所，并发动群众开展支前。

中华人民共和国成立后，任曲江县第四区（大塘、枫湾、火山、小坑四个乡）第一任区长；1951 年任区委书记。1952 年调广东花县任区委书记、副县长、县委副书记、县委书记。此后，先后担任过台山、封开、紫金等县县长、县委副书记、县委书记等职务，兼任中国人民解放军紫金县武装部第一政委。1962 年参加中共中央在北京召开的七千人大会。1965 年任中共广东耕读师范学院党委副书记、中共广东省委纪检委员会委员（副厅级干部）。后曾任中共惠阳地区纪委副书记。1986 年离休。

杨宜华

杨宜华（1923—1964），男，汉族，广东省曲江县罗坑镇中心坝上杨村人。少年时读私塾，后考入南雄中学就读，在校期间参加进步的学生组织。1945 年加入民主青年同盟。1947 年加入中国共产党。同年调中共五岭地委举办的青训班学习，结业后返罗坑从事游击斗争。曲江河西游击队建立后，以其家为秘密联络点。他动员全家大力支持游击队，将家中钱粮捐献给党组织作活动经费。和范家祥一起组建了河西武工队，组织农会、民兵，开展筹枪筹粮，与反动乡绅作斗争，为建立和发展河西游击区作出了贡献。1949 年 6 月后，任河西武工队队长，中共曲西区委宣传委员。中华人民共和国成立后，任曲江县第二区副区长，多次参加剿匪战斗。后调往佛冈县、从化县工作，先后任中共佛冈县委宣传部部长、佛冈县人民政府副县长、从化县人民政府副县长等职。

何国文

何国文（1913—1997），男，汉族，广东省曲江县马坝镇水文村人。1938 年 2 月参加革命，1938 年 4 月加入中国共产党，后任中共马乌支部组织委员。1938 年 4 月至 1940 年 4 月从事中共地下党工作；同梁展如创办马坝救亡书店；组织抗日救亡活动；参与选派粤北一批进步青年北上延安（陕北）学习；协助中共广东省委和中共北江特委在马坝开办了几期党员和党员干部训练班。1940年4月至1941年9月受中共地下党组织指派到英德国民党游击挺进纵队任干事；1942年1月以后受中共地下党组织安排先后在连县任教，在国民党第九兵站第10粮库当库员、分库长等。1948年11月至1949年10月在中共地下组织领导的韶关交通联络处工作，兼任支前委员；1949年10月至1950年任曲江县第三区区长、县民政科科员；1951年至1958年在韶关专署税务局任科员；曾长期受不公正待遇，并被开除党籍。1983年4月平反，恢复党籍，1983年在韶关地区财政局离休、享受副处级待遇。

林永福

林永福（1906—1989），男，汉族，广东省曲江县乌石镇展如斗龙湾村人。1926年5月加入中国共产党，任中共曲江乌石支部组织委员。大革命时期，曾任乌石鹅鼻洞农民协会（犁头会）组长、区农军中队长，参加过广州农民运动讲习所农干训练班学习。1927年四一二反革命政变后，随北江工农自卫军北上声讨蒋介石以及参加攻打仁化县城的战斗。抗日战争时期，1945年2月任曲江抗日联乡自卫委员会第三大队副大队长、曲南大队第五中队中队长。解放战争时期，在曲南地区坚持革命斗争活动。1948年4月任中共乌石地下党支部书记，1949年7月改任支部宣传委员，直至曲江解放。中华人民共和国成立后，历任曲江县属下区民政助理、区委组织委员、区委副书记、区长、县委机要秘书等职。是离休老干部。1989年1月22日逝世，终年83岁。

杨际春

杨际春（1905—1968），又名杨绍新、杨织庭，广东省曲江县马坝镇大文山村人。中山大学毕业。民主人士。抗日战争时期与共产党人合作，在当地参加和支持抗日救亡运动和兴办群众福利事业。1945年1月，协同组织曲江抗日游击队，历任马坝抗日自卫委员会主任、曲江联乡抗日自卫委员会主任。解放战争时期，竭尽全力支持中共地下党和曲江游击队工作，1949年9月后参加组织支前、筹借粮草，支援南下大军。中华人民共和国成立之初，任曲江县人民政府文教科科长、农林科科长职务。1950年任曲江县各界人民代表大会筹备委员会秘书长、曲江县各界人民代表会议协商委员会委员。1952年后受不公正对待。1962年回家当农民。在"文化大革命"期间的1968年2月被误杀。1981年5月平反昭雪，恢复政治名誉。

曲江革命遗址和纪念地简介

一、革命旧址

孙中山曲江誓师北伐旧址

1924 年北伐，孙中山在曲江督师一个多月，对曲江工农运动的开展产生了积极的影响。为壮大北伐声势，争取更多的民众支援北伐，孙中山于9 月 20 日电令广东工团军和广东农民自卫军从广州开赴韶关进行军事训练和担任北伐后方宣传工作。农工团军于 21 日到达，同行的有共产党员谭平山、阮啸仙、罗绮园等，孙中山当天亲往营地巡视并发表演说。次日队伍即按孙中山的指示，分组到韶城工人所在地及附近数十里的乡村宣传发动群众支持、赞助北伐，收到显著效果，为曲江工农运动播下了革命火种。9 月 29 日，由广东农工团军和南韶连民团总局联合倡议，在曲江县城韶关南教场（今韶关中山公园）召开了韶州各界赞助孙中山北伐大会，到会的有 26 个团体 3000 多人。孙中山在会上作了题为《北伐的目的》的长篇讲演，还表扬了韶州各界人民赞助北伐的革命精神，对韶州商民特别给予高度的评价和嘉奖。会后在城内举行盛大的游行。此次大会，声势之大，人数之多，代表之广，影响之深是曲江前所未有的。由于孙中山的大力支持，曲江的工农运动迅猛发展。

曲江县农会旧址

1925 年 11 月 20 日，曲江县第一次农民代表大会在县城韶关下后街"宏仁善堂"（今韶关市建国小学）内召开，出席大会代表 112 人。由于曲江是北江地区第一个成立县级农会的县份，中共广东区委和省农会对这次代表大会的召开给予高度重视，正值彭湃率广州农讲所第五期学员 111 人来韶训练，即委派彭湃为代表并

率领这期学员参加大会，受到各区农会百余人在火车站的列队欢迎。省妇协代表杨洁贞和湖北省党部代表蔡以忱也参加了大会。会议由国民党中央农民部特派员刘胜侣主持，彭湃代表省农会向大会致贺词，发表了热情洋溢的讲话。他对曲江农运工作所取得的成绩和经验给予了充分肯定，并希望继续努力，巩固现有的成果，发展大好形势。他还向大会授犁头大旗和农会印章，亲自指导成立了曲江县农民协会执行委员会。

曲江县农会旧址还是中共曲江县第一个支部和中共曲江县委成立地。

马坝救亡书店旧址

刘光军（左一）、何国文（左二）等在马坝救亡书店旧址合影

2017 年 12 月 30 日竣工的马坝救亡书店旧址牌座

马坝救亡书店于 1937 年秋由共产党人梁展如在曲江马坝创办，何国文任书店老板。至 1940 年 4 月，书店通过出售各种进步报刊和书籍，向各界人士宣传共产党的抗日主张，同时借以联系和教育青年。1938 年 8 月，中共广东省委在书店恢复了抗战时期曲江的第一个中共支部——马（坝）乌（石）支部。该店是中共曲江地下组织活动和领导当地抗日救亡运动的中心，也是中共广东省委的重要交通站，中共广东省委妇女部部长张越霞、秘书长黄松坚多次到该店指导革命工作。

马坝救亡书店旧址原在马坝街康乐巷，已于 20 世纪末旧城改造时被拆毁。纪念牌座在今马坝中华园小区内。

中共广东省委党训班旧址白马庙和演山楼下谢屋

1938 年 10 月广州沦陷后，中共广东省委机关大部分成员分散随省抗先队陆续迁到粤北曲江。为使党员干部尽快适应抗战新形势的需要，中共广东省委召开了两次重要会议，举办了四期干部训练班。

1939 年 7 月，中共广东省委对外以举办抗先干训班名义在距离曲江县城韶关十多公里的马坝演山楼下谢屋村（开办前期训练班设在转溪白马庙，后转移到演山谢屋）举办了第二期县级党员干部训练班，学员四十多人。至 11 月结束。紧接着继续在马坝演山谢屋村举办第三期县级党员干部训练班，学员三十多人。该班开办不久，适逢第一次粤北战役开战。于 12 月底，中共广东省委将党训班转移至南雄继续办班学习。

演山谢屋

转溪白马庙

中共曲江特派员秘密联络点旧址枫湾黄泥坳村

1944 年 12 月，上级党组织任命徐毅平为中共曲江特派员，负责恢复曲江县党的组织活动。1945 年 1 月 27 日曲江沦陷，徐毅平把母亲和三个年幼的弟妹安顿在曲江枫湾乡陈下黄泥坳村避难，同时把黄泥坳村作为党的秘密联络点。至 1945 年 8 月，徐毅平牺牲前，中间曾回来过几次，

短暂停留就走。

1945 年端阳节（阳历 6 月 14 日），徐毅平最后一次在黄泥坳村写下了绝笔无题诗："人间遍生死，何须为此悲。若为事业计，蹈火亦不辞。"体现了一个坚定的革命者的高大形象。

曲江联乡抗日自卫委员会总部旧址沙溪廖屋

曲江联乡抗日自卫委员会总部旧址位于广东省韶关市曲江区沙溪镇村委会廖屋。

1945 年 1 月，日寇侵占曲江后，马坝的中共党员杨维常、罗玉麟、陈乃仁、陈志奋、甘锦轩、丘世柱等，发动群众，以苍村、演山为根据地组织起一支一百七十多人枪的抗日武装，成立了马坝抗日自卫委员会，推举民主人士杨际春任主任委员，杨维常、罗玉麟为副主任委员，与此同时，乌石的共产党员梁展如、林永福和侯义强等以鹅鼻山为依托，组织起一支三十多人枪的抗日武装。梁展如率队来马坝苍村，同马坝抗日自卫委员会商讨解决沙溪维持会问题。1 月底，马坝抗日自卫委员会派出杨维常、杨宜民和甘锦轩三人前往沙溪，向沙溪维持会会长郭耀庭晓以大义，促使郭耀庭同意撤销维持会，共同联合抗日，并决定把马坝抗日自卫委员会扩大为曲江联乡抗日自卫委员会，增补梁展如和郭耀庭为副主任委员，罗玉麟改任委员会驻马坝办事处主任，委员会驻地由马坝移至沙溪村廖屋。

355

抗日伏击战旧址茶子墩

茶子墩伏击战旧
址位于广东省韶关市
曲江区乌石镇展如村
委会赖屋村边，地处
展如村委的东面。

1945 年 3 月间，
梁展如率领曲江联乡
抗日自卫委员会第三
大队在此伏击日军一
个中队，打死日军一人，打伤三人，缴获驳壳枪一支，指挥刀一
把，解救几十名民夫。

抗日伏击战旧址塔子坳

塔子坳伏击战旧址位于
广东省韶关市曲江区沙溪镇
与马坝镇交界的塔子坳。
1945 年 5 月 18 日，日军三百
多人，从马坝据点到沙溪
"扫荡"，马坝第一中队在塔
子坳设伏，毙伤鬼子十多人。

5 月 25 日，日军三百余人，再次从马坝到沙溪"扫荡"。在
杨际春、梁展如、杨维常的统一指挥下，马坝第三中队在塔子坳
设伏；第一中队在西瓜岭设伏；第二中队与特务中队和沙溪中队
在新牛形后山设伏；乌石中队在东池瑶佬坳设伏。沿公路两边夹
击敌人，战线长达数公里。此役共毙伤日军十多人。

曲江大塘人民智杀日军旧址伟记饭店

曲江大塘人民智杀
日军旧址伟记饭店位于
广东省韶关市曲江区大
塘镇圆墩街 10~11 号。

1945 年 6 月 22
日，原大塘维持会会长
王镇和何尧芳意欲弃暗
投明，将功赎罪。两人
向驻大塘日军谎报将有

国民党正规军进攻大塘。日军不疑，将全部兵力 70 多人分成两
股：一股守大塘圩，一股守通往韶关的新岭头。王、何两人当晚
在伟记饭店大摆酒席，"慰劳"守大塘圩的日军。席间频频敬酒，
将日军灌得头重脚轻。王镇见时机成熟，手举军帽为号，5 名大
刀手和十几个农民的大刀、扁担一齐出动。顷刻间，出席酒席的
30 多名日军全部尸横厅堂。

中共曲江地下党秘密联络点龙岗上厂村

1945 年 1 月马坝
沦陷以后，杨维常、
甘锦轩、罗玉麟、陈
乃仁等中共地下党员
在龙岗上厂村甘锦轩
家先后两次开会。发
动了龙岗、阳岗各村
青年 60 人，携带 50

多支枪，到苍村参加曲江联乡抗日自卫委员会（曲南大队）。解放战争时期，甘锦轩家也成为地下党的联络点，并曾为粤赣湘边区人民解放总队黄康大队在塔下村安全掩蔽，为游击队筹枪筹粮，动员青年参军，接待中共地下党人员作出贡献。

解放战争时期曲江第一支人民武装成立旧址乌石坳头山

1947年初，中共广东区委作出关于"恢复武装斗争"，由"小搞到大搞"的重要决定。在中共五岭地委和中共曲江地下党的领导下，1947年6月19日，梁展如串联发动了原抗日游击队的骨干梁镜、梁坤、徐强、徐绍先、徐灵、赖潮、邓强、何仕添等共9人在乌石坳头山组织起一支有8支步枪的武装，并且秘密将队伍拉到粤赣边先遣支队司令部驻地——翁源金竹坑，接受了一个多月的军事训练。这支队伍回来以后，主要在乌石的鹅鼻、马坝的石堡、沙溪的凡洞一带活动。通过宣传群众，动员参军，筹粮借枪，队伍很快扩大到30多人枪，沿用"曲南大队"称号，这是解放战争时期组建的曲江县第一支人民武装。

中共曲（江）乳（源）乐（昌）仁（化）
特派员领导机关旧址白土小学

　　1946 年下半年，中
共曲（江）乳（源）特
派员杜国彪在白土小学任
校长，以教书作掩护。
1947 年初杜国彪已担任
中共曲（江）乳（源）
乐（昌）仁（化）特派
员，负责领导四县中共地下党的工作。白土小学既是领导机关，
也是中共地下党的据点。当时，中共地下党员陈克、胡军等同志
也在该校任教掩护。

马坝镇石堡马口下村地下交通站

　　解放战争时期，
马口下村是中共地下
党和革命人员的重要
活动据点。1945 年日
本投降后至 1947 年上
半年，梁展如经常到
石堡进行秘密的革命
活动。1947 年下半年
后，何远赤及马坝武工队何耀爵、何英、何耀恒等在石堡开展活
动，于 10 月就在该村设立了地下交通站。还先后发展了村中林志
明、林安昌、林满娇、林顺娇、林满娣等积极分子加入中国共产
党。1949 年春，石堡组建了男、女两个中共支部。1949 年农历七

月，在林永生家里，由何远赤、何英传达中共曲江县委指示，成立中共曲南区委，同时宣布区委下辖的党支部和单线联系同志的名单。

马口下地下交通站，站长林志明，12个交通员中马口下村就有8人。其贡献主要有：（1）运输物资和护送学生、青年和各级首长来往。其中护送了从韶关、广州、香港和新加坡前来参加革命的人员150多人，马坝各地青年20多人；部队首长张华、袁鉴文、陈克、李卡等都在交通站住过。从各地购买、筹借的大量枪支弹药、药品、被服等军需品，均由交通员送入山区部队，一些重量大的物资则发动石堡农会会员协助运送。（2）安排部队首长的家属在石堡掩蔽。其中林铭勋的父亲、叔父、胞弟妹等5人，就安排在马口下村住了近一年，还有涂锡鹏的家属邱红也安排在马口下村掩蔽。（3）筹借、募捐粮食。3年解放战争中，石堡共筹粮稻谷近10万斤支援游击队。

中共曲江工委领导机关旧址马坝转溪饶屋

抗日战争期间，转溪饶屋许多青年参加曲江联乡抗日自卫委员会，编为第三中队，并先后参加了两次攻打马坝伪密侦队、饶屋反击日军"扫荡"、

乌泥塘伏击日军等战斗，为打击日军、保卫家乡作出了重要贡献。解放战争期间，饶屋村先后有10多人参加革命。该村民主人士饶克明思想进步，他听从中共曲江地下党的安排，几度出任马坝乡

的正副乡长，掩护地下党的活动，带头为部队捐粮三千多斤。中共曲江工委书记赵学光曾在他家里隐蔽过一段时间，领导党的地下斗争和武装斗争。

中共曲南工委徐屋交通站旧址

中共曲南工委徐屋交通站旧址位于广东省韶关市曲江区乌石展如老徐屋村。

解放战争时期，曲南大队大部编入北一支三团后，余下十多人枪组成曲南武工队坚持斗争。曲南武工队划归中共曲南工委领导，武工队队长由曲南工委副书记李卡兼任。武工队分成两支进行活动，由李卡率领的武工队主要在以沙溪凡洞、宝山为中心的山区活动；由梁镜率领的武工队在马坝、乌石平原地区活动。两支武工队都建立有交通站：乌石鹅鼻洞徐屋交通站（徐兴湘家）、转溪上丘屋交通站（丘廷家）、石堡曹屋交通站（曹石养家）、宝山交通站（交通员严亚梅家）。徐屋交通站与武工队密切配合，曾养护负伤的游击队员，多次完成传递情报，护送大批物资，干部和参队人员进入瀚江游击区的任务。1948 年春，中共曲南山区工委副主任叶楠从广州、香港带来一批知识青年参加粤赣边先遣支队，就是由曲南武工队员经徐屋交通站护送，然后进入瀚江游击区，安全抵达粤赣边先遣支队的。

马坝小坑细坝渡口旧址

细坝渡口旧址位于广东省韶关市曲江区马坝镇小坑村委细坝村北江河边。

解放战争时期，民主人士杨新是国民党曲江县马坝联防大队大队长，但为人有正义感，同情共产党。中共曲江地下党将其争取过来后，他不但为游击队购买过急需的炸药和子弹，还利用经营马坝至韶关的汽车客货运输业务的三辆汽车为中共曲江地下党的活动提供交通方便。他把老家细坝村和邻村渡头村两个渡口进行掌控，使其成为中共地下党领导的游击队横渡北江的秘密渡口。不论人员多少，何时需要，只要通知他，他都会及时解决渡河船只和船工问题，从未出过事故。1948 年 5 月，中共五岭地委副书记袁鉴文率黄康大队从北江河西返回河东，就是由杨新提供船只从细坝渡口过江的。

中共曲南工委宝山卢屋交通站旧址

中共曲南工委宝山卢屋交通站旧址位于广东省韶关市曲江区沙溪镇窝子村委卢屋村。卢屋交通站于 1948 年 8 月由中共曲南工

委副书记、武工队队长李卡率领的武工队建立。卢屋交通站由卢迈负责，交通员严亚梅。

卢屋交通站与武工队密切配合，多次完成传递情报、护送大批物资、干部和参队人员进入滃江游击区，沟通了粤赣边先遣支队同中共曲南地下党和武装队伍的联系，为革命作出了贡献。

粤赣湘边区人民解放总队黄康大队隐蔽旧址

1947 年冬，龙岗交通站由马坝武工队何耀爵、何英建立，有邹屋（崩岗下）、塔下、甘屋、杨屋、高屋 5 个交通点。分别由邹玉彬、甘炳其、甘锦隆、杨发纪和高志云任交通员。

1948 年 4 月，国民党军队对始兴游击队进行大“扫荡”，中共五岭地委副书记、粤赣湘边区人民解放纵队副政委袁鉴文等率黄康大队突围，100 多人带着轻重武器秘密来到马坝，由龙岗中共地下党员和武工队具体安排，在龙岗交通站塔下交通点安全隐蔽了 3 天，然后西渡北江同何远赤、陈克率领的曲英乳人民义勇大队会合。在隐蔽期间，部队集中住在塔下村甘氏祠堂大厅，邹屋、伍屋、塔下、杨屋等地的村民共同掩护，民兵帮助放哨。一日三餐由几家堡垒户负责供应。当时，国民党第三十九军军部就设在离村 3 ~4 千米的马坝黄家祠，游击队大部队能在敌人鼻子底下安全隐蔽极为不易。战士们称“马坝是秘密的解放区”。

中共曲江地下交通站罗坑旧址

罗坑交通站旧址位于广东省韶关市曲江区罗坑镇中心坝村上杨村祠堂老厅东侧，建筑占地面积约 300 平方米。

解放战争时期，中共曲江地下组织在上杨村杨求新、杨宜华家建立起地下交通站。

该交通站是中共曲江地下党和游击队在罗坑的重要交通站和据点，接待和掩护过杜国彪、陈克、范家祥、何远赤等领导。动员了村中青年杨平、杨清、杨龙、杨良、杨奕才、杨石泉等人参加游击队。杨求新在其儿子杨宜华（中共党员、河西武工队队长）的影响下，将自卫的枪支给游击队使用，接济游击队粮食等物资，同游击队生死与共。1949 年 2 月，杨求新被罗坑的国民党反动派杀害。中华人民共和国成立后，被评为革命烈士。

小坑乡人民政府旧址

小坑乡人民政府旧址位于广东省韶关市曲江区小坑街，占地面积 300 平方米。1965 年因建设小坑水库需要，小坑旧街已成为库区。

1949 年初，上级从曲英乳人民义勇大队抽调约 60 人充实到主力部队，余部则与始兴县清化的莫世延中队合并成立清曲大队，由何远赤任大队长。同时又成立中共清曲工委，何远赤任书记，

属中共粤北工委领
导。在已解放的区
乡建立人民政权，
建设巩固的后方，
是这个时期中共清
曲工委和清曲大队
的主要工作内容之
一。1949 年 4 月，

在始兴县建立了清化区人民政府；在曲江县小坑乡建立了由钟波
和何龙分别任正副乡长的小坑乡人民政府。乡人民政府成立后，
担负起维护地方治安、建立民兵和农会组织、为南下解放大军筹
集军粮、动员青年参军、开展对敌军家属的政治思想工作瓦解敌
军、设立税站为人民政权征收过往商人的税金从经济上巩固人民
政权等工作。

龙岭战斗旧址

　　龙岭战斗旧址位于广东省韶关市曲江区樟市镇径口村委龙岭
村山地。1949 年春节后的年初六，何远赤大队长、陈克政委率领
的曲英乳人民义勇大队正在樟市龙岭村集结，当地群众送来情报

称，国民党第三
十九军一个连要
进罗坑"扫荡"，
扬言要血洗罗坑
游击根据地。当
时，部队只有六
七十人，但指战
员斗志旺盛，求

战心切。经部队领导研究，决定在敌人入罗坑的必经之路——径口枫树坪设伏，利用这里的有利地形，打一场伏击战。陈克和陈德元率部在前沿埋伏，何远赤和李球指挥其余战士负责堵截，实行两侧掩护，用"关门打狗"的战法速战速决。当国民党军队进入部队伏击圈后，轻重武器一齐向敌人猛烈开火，当即毙敌二十多人。敌人遇此袭击，迅速抢占制高点，用猛烈火力向我方扫射。战斗打了两个多小时，十分激烈，游击战士重伤两人。此时发现原来的情报不准确，来犯的敌人不止一个连，而是一个加强营，敌我力量悬殊，要歼灭敌人已不可能。为避免重大伤亡，部队领导立即决定由张志明战斗小组留下掩护，部队撤去瑶山。张志明带领文北华、陈志雄、华昌三名战士英勇阻击敌人。后来，他们被敌人包围在一个长满茅草的小山上，从中午一直坚持战斗到下午四点，敌人多次喊话，劝他们投降，但回答的是愤怒的子弹。敌人无法接近，便放火烧山，四位战士在烈火中依然坚持战斗，最后全部牺牲。第二天，在收殓烈士遗体时，发现虽然他们的衣服和背包被烧去了，手脚和脸部多处被烧焦，但个个仍然紧握手中的武器。这次战斗，受重伤的是班长何才和战士杨武，大队领导决定将他俩交给瑶族同胞赵金才负责医护。为防止国民党军队进瑶寨搜捕伤员，第二天赵金才背着何才，引领着杨武转移到离村寨七八里路的一座高山岩洞里隐蔽起来。每天送茶送饭，采草药给他们治伤，还打猎为伤员补充营养。经过赵金才一个多月的精心护理，何才和杨武很快伤愈归队。

解放军与曲江游击队会师地点上寨村

解放军与曲江游击队会师旧址位于广东省韶关市曲江区沙溪镇凡洞村委上寨村。

1949年9月下旬，解放大军已顺利解放南雄县城和始兴县

城，随即展开解放曲
江的行动。在攻打曲
江之前，中国人民解
放军第二野战军第四
兵团十五军已和粤北
的地方武装粤赣湘边
纵队北江第一支队和
第二支队取得了联

系，由北江第二支队派出一个班的武装引领他们的侦察队伍从始
兴进入曲江侦察敌情，并寻找中共曲江地方武装。10 月 4 日，第
四兵团十五军由一位侦察科科长率领的三十多人的侦察排，在曲
江沙溪凡洞上寨村与中共曲江县委领导赵学光、何远赤等会师。
县委领导将敌守军主力第三十九军已撤离曲江的情况向侦察排作
了汇报，侦察排随即派人向军部报告后又继续率队向翁源、英德
方向前进。同时，中共曲江县委武装部部长何远赤随即率领曲江
独立大队下山接收马坝、沙溪、乌石等地的国民党乡政权。

梁展如烈士故居

　　梁展如烈士故
居位于广东省韶关
市曲江区乌石镇展
如村委梁屋村。

　　大革命时期，
梁展如在这里积极
组织农会、农民自

卫军，开展减租减息运动，同反动地主豪绅作斗争。同时，考察
培养了乌石和白沙农运积极分子及农军骨干林永福等 12 人加入中

国共产党，1926年5月15日，在这里举行入党宣誓仪式，成立了中共曲江乌石支部。这是曲江县第一个农村党支部。

梁展如烈士故居坐南向北，一间结构，面积46平方米，面阔3.6米，进深13米，砖木结构。由一间房屋和横向的走廊组成，大门设在走廊北面。房屋为土坯砖墙，灰瓦顶，是一栋普通的粤北农村民居建筑。大门西侧墙上镶有两块石碑，上一块刻"中共曲江县农村第一个支部诞生地"，下一块是"梁展如同志故居重修记"。

梁展如烈士故居已成为韶关市曲江区爱国主义教育基地之一。

（二）革命烈士纪念设施

曲江革命烈士陵园

曲江革命烈士陵园位于广东省韶关市曲江区马坝镇陵园路1号，马鞍山东北侧，广韶公路西侧，面积2300平方米。建于1976年。2005年重修。纪念建筑现有牌楼、革命烈士纪念碑、梁展如烈士纪念亭、官惠民烈士纪念亭、朱骥烈士纪念亭。该烈士陵园与马鞍山森林公园连成一体，四周青松翠柏、绿树成荫，环境幽静肃穆。为韶关市爱国主义教育基地之一。

朱骥烈士纪念亭　　　　梁展如烈士纪念亭　　　　官惠民烈士纪念亭

曲江烈士墓园

2011 年 3 月 17 日，民政部、财政部下发《关于加强零散烈士纪念设施建设管理保护工作的通知》后，曲江区对零散烈士纪念设施和零散烈士墓进行了大规模的普查，发现零散烈士墓 70 座，其中在马坝新村画眉山有近 30 座 20 世纪五六十年代驻区部队所建的烈士墓。因此，区民政部门与驻区某部队携手共建了这

座永久性墓园，还对墓园周边进行了绿化、美化。2013 年 4 月 2
日曲江烈士墓园竣工。随后，辖区各乡镇零散烈士墓将陆续迁移
到园内集中管理。

罗坑革命烈士纪念碑

罗坑革命烈士纪念碑位
于广东省韶关市曲江区罗坑
镇罗坑居委中心小学东北约
50 米处。建于 1980 年，
2007 年重修。面积 980 平方
米，纪念碑坐东向西，为方
尖碑，碑顶竖一颗五角星，
水洗石米饰面，通高 3.5
米。碑身正面直行阳刻"革命烈士纪念碑"。碑座正面有黑色大
理石刻碑文，记载罗坑镇革命历史。背面是革命烈士英名录，镌
刻有抗日战争和解放战争时期的 33 位烈士的姓名。革命烈士纪念
碑具有革命纪念意义，是很好的革命历史教育场所。

白沙革命烈士纪念碑

白沙革命烈士纪念碑位于
广东省韶关市曲江区白土镇横
村村委老街村后约 300 米的山
坡上。纪念碑建于 20 世纪 80
年代。2014 年重修。坐西北向
东南。为方尖碑，砖砌、水泥
批荡，通高 3 米。碑身正面直

行阴刻楷书"革命烈士纪念碑",顶部竖一颗立体五角星。纪念碑富于革命纪念意义。

大塘革命烈士纪念碑

小坑镇烈士纪念碑

后记

《韶关市曲江区革命老区发展史》一书，是遵照中国老区建设促进会的统一部署和要求，为弘扬老区革命精神、挖掘红色文化、展现老区发展成就、促进老区更快发展，由曲江区革命老区发展史编纂委员会办公室主任、区老促会会长刘灶金主持，办公室全体人员经过艰辛努力集体编写、初审的，并经曲江区革命老区发展史编纂委员会审议批准。

本书的编写工作由 2017 年 10 月开始，2019 年 2 月正式完稿，历时一年多。

为本书提供第一章初稿的人员是：甘峰、伍时毅、罗炳荣；提供第二章初稿的人员是叶利辉、侯龙妙、杨良清；提供第三章初稿的人员是冯禄源、何建峰、徐炳根、曾广清、杨良清；提供第四章初稿的人员是尤其、徐炳根、曾广清、冯禄源、叶利辉、甘峰、杨良清。

全书由刘灶金、李景昌统改全稿并加序言。

在本书的编写过程中，中共韶关市曲江区委、韶关市曲江区人民政府领导十分重视、关心，并给予指导。区史志办、档案馆、各镇人民政府、各有关职能部门提供了大量资料和照片。区史志办还整理了附件材料，统计局核实史中各项数据，给编写工作很大的支持。韶关市怡成投资有限公司在本书的编纂过程中给予经费赞助。

在这本三十多万字的史书中，我们试图对曲江老区九十三年的革命斗争历史和所走过的发展道路作一个比较完整的叙述。虽然作了努力，但书中对章节结构的安排，对史实叙述的详略、深度、材料的运用，以及对文字的把握等方面难免有不当、不周、欠准之处，恳切希望广大读者给予批评指正。